蒙台梭利文集

第五卷

［意］蒙台梭利 著

田时纲 译

人民出版社

目 录

儿童的心智

目　录

教育与和平

儿童的心智

La mente del bambino

序

　　本书根据马利亚·蒙台梭利博士在印度被拘禁后，在艾哈迈达巴德举办的第一期培训班的讲稿整理而成，她在印度一直逗留至第二次世界大战结束。

　　在本书中她论述儿童的心智能力，这种能力能够让儿童在几年内构建并巩固人的个性的所有特征，这是在没有教师、没有任何通常教育帮助、没有阻碍的情况下，几乎放任自流，完全由儿童独立实现的。新生儿身体极其脆弱，实际上精神生活要素还没有发展，从而被称作"一无所能"的生物体，却具有巨大的潜能，在6年间就超过所有其他生物，这种成就确实是生命的最大奥秘之一。

　　在本书中蒙台梭利博士不仅显现出其敏锐直觉的光辉，那是建立在对人类生命初期、关键时期各种现象的深入观察和准确评价基础上的，而且指出成人对儿童应负的责任。作者实事求是地提出"从出生起教育"的必要性，现在这一教育原则被普遍接受。显而易见，如果教育本身未成为"对生活的帮助"，未超逸教学的、认识或观念直接传播的狭隘局限，就不可能实现上述教育原则。蒙台梭利方法的著名原则之一是"准备环境"；在生命的这个时期，即在儿童上学前很长阶段，准备环境是"从出生起教育"的关键，是从生命初期就真正"培育"人类个体的关键。

　　这是一部建立在科学基础上的著作，而且这一著作已被在全世界帮助儿童本性表现的人们的经验所证实。它可以证明儿童表现的心智和精神的伟大力量，这种力量和人类的现状形成鲜明对比，人类在幼儿期（形成期）被丢弃不管，从而构成对自身生存的最大威胁。

马里奥·蒙台梭利[1]

卡拉奇，1949 年 5 月

---

[1] 马里奥·蒙台梭利（Mario Montessori,1898—1982），蒙台梭利的独子，蒙台梭利事业的支持者和继承人，长期担任国际蒙台梭利协会主席。

一　在重建世界中的儿童

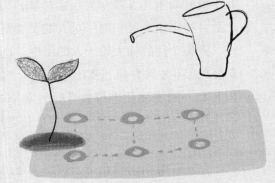

本书是我们捍卫儿童巨大力量的思想和事业发展的一个环节。

今天，当世界四分五裂、人们构想未来重建方案时，教育被普遍视为实现这一重建的最有效手段之一，由于从心理观点看，人类无疑处于文明宣扬已达到的水平之下。

我也认为人类距离热烈渴望的进化（即建设一个和平、和谐社会并消灭战争）所需的准备进度很远。人们尚未能够控制和引导种种事件，反而成为这些事件的牺牲品。

虽然人们承认教育是提升人类的有效手段之一，但仍然并仅仅根据旧观念考察，视为一种"智力教育"，从未想过从教育中获取改革和建构的力量。

无疑，哲学和宗教对改革作出巨大贡献。然而，在这个"超文明"世界，过去和未来会有多少哲学家？崇高理想和高尚情感一直存在并通过教学传播，但战争从未停止。如果教育总按传播知识的旧模式来理解，那么世界未来就没有任何希望了。如果对人的全面培养都漠不关心，传播知识又有什么价值？在众多个体中，存在一种心理本质、一种社会人格、一种巨大世界力量，应当引起重视；如果世界能获得帮助和拯救，只能来自儿童；因为儿童是人类的建构者。

儿童具有许多不为人知的能力，这些能力能够引向光辉未来。如果人们确实渴望重建世界，那么发展人类潜力必须作为教育的目的。

儿童的心智

在现代，新生儿的心理生活引起极大兴趣，某些心理学家把出生后几小时的新生儿发展作为观察对象。其他心理学家在经过细致入微研究之后，得出生命最初两年对人的发展至关重要的结论。

人类个性的伟大始于人的出生。这一论断特别神奇地导致另一颇显奇怪的结论：教育应当从出生开始。然而，这样说，实际上如何能对新生儿和一两岁婴儿进行教育呢？如何给不懂我们话语，甚至不会活动的小生命上课呢？当谈及新生儿和婴儿教育时，或许我们仅仅涉及卫生学？肯定不是。

在这一时期，教育应当理解为帮助发展人类个体先天心理能力；也就是说不能采用普通的并众所周知的讲授教学形式。

未利用的财富

近期的观察业已广泛证明，幼儿具有特殊心理性质，这一点为我们指出一条教育新道路；这种不同心理形态关乎人类本身，尚未引起人们重视。儿童的真正建构性能力、生命力和能动性，几千年来不为人知。正如人类起初践踏地球，进而在地表耕种，却没有认识并关注埋藏在地球深处的丰富宝藏，同样现代人在文明中不断进步，却没有认识到在儿童精神世界中的宝藏。

从人类诞生之日起，就不断地压制并消灭这种能量，直到今天人们才直觉到其存在。譬如，卡雷尔①写道："无疑幼儿期是最丰富的时期。应当通过教育以一切可能的与可想到的方式利用它。这一时期的损失无法弥补。因此，我们的责任是全力以赴地培育生命最初几年，而不是对此漠不关心。"

---

① 卡雷尔（A.Carrel,1873—1944），法国外科医师、社会学家、生物学家。因创造缝合血管的方法荣获 1912 年诺贝尔生理学或医学奖金。其著作有《人的奥秘》（1935）、《对生命的见解》（1952）。

人类开始认识到这一尚未开采宝藏的重要性。它们比黄金都宝贵，因为它们是人类精神本身。

生命的最初几年展现出新远景，揭示出至今不为人知的心理构建规律。儿童本身送给我们这一厚礼，让我们认识到和成人心理截然不同的心理类型。这就是新道路！不是教授把心理学运用于儿童，而是儿童本身向学者揭示其心理。

这一切可能显得暧昧不明，但如果细致入微地考察就清晰可辨。儿童具有善于吸收知识的心智和自己教育自己的能力。只要表面观察就足以证明这一点。子女说父母的语言；现在，掌握一种语言是巨大的智力成果。虽然没有人教儿童说话，但他们将能准确地使用名词、动词和形容词。

追踪儿童的语言发展是一种趣味无穷的研究。所有从事这一研究的人们一致认为，词汇和名称（语言的基本要素）的使用恰在生命的确定时期，仿佛严格时间规则制约着儿童活动的这种表现。儿童似乎忠诚地遵循自然预定的严格方案，其精确性是任何学校（包括管理规范的学校）都无法与之相比。儿童遵循这一方案，特别勤奋地学会语言不规则词法和句法结构。

生机勃勃的年龄

可以说每个儿童都有一位警觉的内在教师，他能让各国儿童取得相同成果。无疑，人们完美地学会的唯一语言是在幼年掌握的语言，那时没有人能教幼儿语言；不仅如此，伴随儿童长大，应当学习一种新语言，无论教师如何帮助，他们说新语言的准确性达不到幼年掌握语言的程度。由此可见，一种心理力量帮助儿童发展，这种力量不仅涉及语言，在两岁时幼儿已经能够认出其环境中所有的人和物。如果我们思考这一事实，就会日益清晰地认识到：儿童完成的建构事业十分强大，我们拥有的一切都由儿童在生命的头两年建构。幼儿不仅识别我们周围的

儿童的心智

一切，或认识并适应我们的环境，而且在此时期他们无师自通，建构我们智力的结构，构建我们宗教情感、我们特殊的民族与社会的情感基础。仿佛自然通过给予启示儿童的内在教师优先权，把他们从成人智力影响下拯救出来。在成人智力能够接触并影响儿童心灵之前，儿童已有可能构建完整的心理结构。

3岁幼童已经奠定人格的基础，并需要学校教育的特别帮助。他们取得的成就，可以说他们3岁入学，已经是大人了。心理学家断言，如果用成人能力同儿童能力进行比较，需要60年刻苦工作才能达到3岁幼儿的水平。他们的表现恰恰如同我说过的话："3岁幼儿已是大人。"然而，在整个童年，儿童从环境中吸收的特殊能力远未穷尽。

3岁儿童进入我们第一批学校；无人能够教他们，因为他们接受力不强；他们却为我们令人惊奇地揭示出人类心智的伟大。我们的学校与其说是所真正的学校，不如说是所"儿童之家"；也就是说专门为儿童准备的环境，在这里不需要教学，学童可以直接从环境中吸收弥漫的文化。我们第一批学校的学童属于最卑微阶层子女，他们的父母都是文盲。但这些学童在5岁时就会读会写，而无人直接教他们。如果学校的参观者问他们："谁教你写字？"他们往往惊愕地回答："教我？没有人教过。"

4岁半的学童会写字，并且在无人教的情况下会的，在当时仿佛一个奇迹。

新闻界开始谈论"自发获得文化"；心理学家问这些学童是否与众不同，我们自己也长时间迷惑不解。直至多次重复实验之后，我们才确信所有孩子毫无区别地具有"吸收"文化的能力。如果事情果真如此（当时我们对自己说），如果文化可以不费力获得，我们就能让儿童"吸收"其他文化因素。当时我们发现儿童"吸收"的东西远远超过读和写，他们同样毫不费力地、自发地学习植物学、动物学、数学、地理学。

这样我们发现教育不是教师讲授，而是人类个体自发地进行的自然过程。个体受到教育不是通过听讲，而是由于在环境中获取的经验。

教师的任务不是讲授，而是在特设环境中准备并安排一系列文化活动动因。

我在不同国家进行的实验已有40多年，伴随孩子成长，父母们要求我对长大的孩子继续教育。从而我们发现个体活动能够刺激和促进发展，这不仅对学龄前儿童适用，而且对初小和高小的儿童也适用。

新人的涌现

我们眼前显现一个新形象。它不再是学校或教育的形象，而是人本身，是在自由发展中揭示其真正特性的人，是当成人心理不再限制其内在工作并压迫其心灵时，显现其伟大的人。

因此，我坚持任何教育改革必须建立在人格发展基础上。人本身应当成为教育的中心，必须牢记人不是在大学才发展，而是从出生起就开始心智发展，并且在生命头三年其发展特别迅速。精心关注这一时期儿童发展比其他任何时期都重要。如果我们顺应这一趋势，儿童不仅不会让我们疲于奔命，反而向我们揭示出自然的最伟大、最令人鼓舞的奇迹。于是，我们发现面对的儿童不再被视为软弱无力的生命，仿佛一个有待用智慧去填充的空容器；而是让我们亲眼目睹，他们具有自己的尊严，是我们智慧的建构者，是受内在导师指导并按精确程序，在愉快与幸福中，为建构人（自然的奇迹）而孜孜不倦的工作者。我们教师只能像仆人帮助主人那样帮助儿童业已进行的工作。那时，我们将成为人类心灵发展的见证人、新人涌现的目击者，新人不再是事件的牺牲品，而是由于其敏锐洞察力，能够成为人类社会未来的领引者和塑造者。

二 为生活而教育

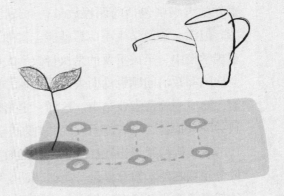

学校和社会生活

从一开始必须确立我们理解的理念——为生活的教育从出生起开始，必须详尽讨论问题的细节。最近，一位民族领袖甘地宣布，教育不仅要扩展到生活内在进程，而且教育中心必须成为"捍卫生活"的阵地。这样的断言首次由一位政治的和精神的"领袖"作出。相反，科学不仅早就阐明这种必要性，而且从 20 世纪初就证明，教育扩展到全部生活的理念是可以成功实施的。然而，任何一个公共教育部都没有把这一教育理念列入行动规划。

今天的教育充斥方法、目标和社会目的，但完全可以说教育没有重视生活本身。在各个国家众多法定教育方法中，没有一个提出从出生起就帮助个体并保护其发展。今天，人们理解的教育完全脱离生物生活和社会生活。进入教育界的所有人都同社会相隔绝。学生必须遵守所属学校预先制定的各种规章，还必须遵循教育部制定的教学大纲。可以说直至不久前，学生身体的和社会的条件没有受到重视，丝毫没有引起社会本身的兴趣。如果学生营养不良，或因视力、听力缺陷而降低学习能力，无疑会获得低分数。现在身体缺陷已经引起重视，但仅仅从身体卫生学观点出发，相反直至今天无人认识到，学生心智受到错误和不当教育方法威胁并造成损害。令克拉帕雷德[①]感兴趣的新教育方针,主要考察教学大纲中包括的课程数量,并致力于减少课程以避免学生精神疲劳。但没有触及学生不劳累就能丰富知识的方法问题。在公立的大部分正规学校中,至关重要的是执行教学大纲。如果年轻大学生的精神被社会缺陷和政治问题触动而去追求真理,下达的命令是青年不应当关心政治,而应当等待学业结束。这样,走出大学校门的青年,由于其智力有限并受过损害,没有能力发现并判断生活于其中时代的问题。

学校机构脱离当代社会生活,正如当代社会生活及其问题被排斥在教育领域之外。教育界是一座孤岛,这里的岛民与世隔绝,为生活做准备却置身于生活之外。譬如,一位大学生可能患上肺结核并因此丧命;他生活的大学对他的健康状况一无所知,现在却作为官方代表突然出现在葬礼上,这不令人感到悲哀吗?有些个体特别神经质,一旦进入社会,不但自己一事无成,而且给家庭和朋友带来痛苦。然而,学校当局根本不关注特殊心理现象,还振振有词地为这种无动于衷态度辩护,说什么制度规定学校的任务只是教学和考试。通过考试的学生将获得毕业文凭或学位证书,请看,这就是当代学校到达的终点。社会学家指出,专科和本科大学毕业生没有为生活做好准备,不仅如此,在大多数情况下甚至其水平降低。统计数据表明,疯子、罪犯和被视为"怪人"的数量惊人增长。社会学家呼吁学校找到根治这些弊端的良策;但学校是自我的世界,是对社会问题封闭的世界;学校没有重视、更没有认识到这些弊端。学校是具有特别古老传统的社会机构,只有通过官方才能改变其规章制度,只有通过外部力量才能改变和革新,才能纠正各级教育的弊端。很不幸,如果不加以纠正,这样的弊端将会影响这些学生的一生。

---

① 克拉帕雷德(Claparède,1873—1940),瑞士心理学家。代表作为《实验教育学和儿童心理学》(1905)。

学前期

从出生到六七岁这一时期怎样呢？真正意义的学校对这一时期不感兴趣，于是这一时期被称作学前期，即是说这一时期在正式教学领域之外。学校能对新生儿做什么呢？无论何处，建立的学前儿童机构很少受学校中心权力或教育部制约，而是受市政府或私人机构控制，那些私人机构通常出于慈善目的，对保护幼儿心理生活根本不感兴趣，更没有作为社会问题而受到关注。此外，社会还武断地说幼儿属于家庭而不属于国家。

人们对生命最初几年重要性的新认识并没有导致他们采取特殊措施；人们只想改善家庭生活，也就是说现在必须对母亲进行教育。但家庭不属于学校，而是属于社会。结果，人格或对人格的关心被粉碎了。一方面，家庭属于社会，但家庭生活与社会隔绝，社会忽视或不了解家庭；另一方面，学校也脱离社会，大学同样如此。没有统一的观念，只有支离破碎的认识，而大学被理解为关注最后阶段教育的学校。揭示这种相互脱节弊病的新科学——社会心理学和社会学，也脱离学校。由此，不存在帮助儿童社会发展的体制。正如我已指出，这种教育观对科学来说并不新颖，但在社会领域并未实现。这就是文明应当尽快迈出的一步：道路已经指明，目前条件的错误被批判被揭示，生命不同阶段要采取的纠正良策业已廓清，今天，一切都已准备好，就需要采取建设性行动。对科学的贡献可以和加工好的石料比较，那些石料注定用来建筑大厦；现在需要找到建设者，让他们拿起这些石料，把一块块石料垒起来，让文明不可或缺的新大厦拔地而起。

教育的任务与社会

把生活作为教育功能核心的教育理念，改变了从前所有教育观念。教育不再必须建立在预先制定的大纲基础上，而是应当基于对人类生活的认识。根据这一信念，新生儿教育突然具有重要意义。新生儿确实一无所能，不可能教（在通常含义上）他们任何东西，只能作为观察对象和研究对象，通过对他们的观察和研究揭示其生活不可或缺的东西。我们恰恰进行这种观察，目的在于发现生命的规律。因为，如果我们想要帮助生命，首要的条件是认识制约生命的规律。但仅仅认识还不够，如果我们仅把认识作为目的，我们还停留在心理学领域，尚未深入教育领域。

然而，对儿童心理发展的认识应当广泛传播，直至教育能够获得新权威，并能够对社会说："这些是生命的规律；你们不能对它们一无所知，你们的行动应当符合它们；因为它们指出扩展到整个人类的普遍的人的权利。"

如果社会认为必须实行义务教育，这就意味着教育必须符合实际，并赞同教育应当从出生起开始，从而社会必须认识儿童发展的规律。教育不能再让社会漠不关心，而是要在社会上确立权威。社会机构必须适应新观念的内在需要：生活应当受到保护。所有人被要求进行合作，父亲和母亲必须负起其责任；但当家庭没有充分能力的话，社会不仅要对儿童进行教育，而且要提供养育儿童的必要手段。如果教育意味着对个体的关怀，如果社会承认儿童发展需要手段，而家庭又不能提供，那么就要由社会本身来提供，要由不能抛弃儿童的国家来提供。

由此可见，教育将致力于靠权威命令社会、一直和教育脱节的社会。显然，如果社会应当对个体实施有益的监控，如果教育真正被视为对生活的帮助，这种监控就永远不应是强制和压迫，而应当对身体和精神提供帮助。换言之，社会应当迈出的第一步，将是对教育奉献更多、更广泛的手段。

对儿童在成长期的需求已经进行过研究，社会对研究结果也很清楚；社会应当自觉地担负起教育的责任，而教育以自身进步成果慷慨回报社会。这样理解的教育不仅和儿童及其父母有关，而且和国家及国际财政有关，是对每个社会团体成员的激励，是对彻底革新社会的激励。还有什么比今天的教育更停滞、更僵化、更无关紧要的？当一个国家实行财政紧缩政策时，毫无疑问教育是第一个牺牲品。如果问一位国家官员，他对教育有什么看法，他回答教育不是他管的事，他把子女的教育托付给妻子，而妻子又托付给学校。好吧，将来绝对不会发生这种情况：一位国家官员这样回答，表现得如此冷漠。

儿童——成人建构者

我们考察了不同心理学家对一岁儿童的研究报告，从中得出什么结论呢？无论何地，个体成长受到科学指导和精心护理，就能保证其实现更好的发展。大家一致认同的观点是，受到更多关爱和帮助的个体，注定成长得更强壮、心理更平衡、性格更坚毅。换言之，结论是：儿童不仅应当受到生理卫生学的保护，而且应当受到心理卫生学的保护。科学对生命最初时期还有其他发现：儿童表现出巨大力量，这是人们通常难以想象的。从心理角度看，出生时的新生儿毫无作为；不仅仅是心理，由于新生儿在出生时不会协调运动，其关节几乎不动，让他们无能为力；即使看见四周的事物，他们也不会说。一段时间后，婴儿会说，会走，从一个成就转向另一个成就，逐渐实现其伟大和才智，直至成长、建构为成人。于是，一个真理指明了道路；儿童不是虚空的生物体，要由我们去填补空白、灌输全部知识。不，儿童是成人的建构者，没有一个成人未做过儿童，不是从幼年开始塑造的。儿童的伟大建构力量（对此我们已经多次说过），引起科学家的注意，但此种力量迄今被有关母性的种种观念所掩盖；人们说，母亲塑造儿童，母亲教他说话、走路，诸如此类，不一而足。现在，这一切完全不是母亲的功劳，而是儿童的成就。母亲创造的是新生儿，而新生儿创造了人。如果母亲去世，孩子照样成长并实现人的建构。一位印度孩子被带到美国，由美国人照料，他将学会英语而不是印地语。可见儿童对语言的认识不是来自母亲，而是儿童适应语言，正如适应生活其中的人们的风俗习惯一样。因此，在这类成就中没有任何遗传的东西，儿童从周围环境中吸收，并自己塑造未来的成人。

承认儿童这种伟大事业并不意味着削弱父母的权威。当父母确信自己不再是建构者，而仅仅是建构的合作者，就能更好地履行自己的职责，并用宽阔胸怀和远见卓识帮助儿童。只有适当地给予这种帮助，儿童才能实现良好塑造。因此，父母的权威不是建立在自身尊严上，而是建立在对自己孩子的帮助上，这才是父母真正伟大的权威和尊严。

然而，我们从另一个观点考察在人类社会中的儿童。

马克思主义观念描绘出工人形象，当代意识已接受这一形象：工人是福利和财富的生产者、文明生活伟大事业的主要合作者，社会已经承认他们道德和经济的价值及作用，他们在道德和经济上有权获得从事劳动必不可缺的物质手段。

现在，我们把这种观念引入我们的领域。我们认识到，儿童也是工人，他们工作的目的是塑造人。千真万确，父母为这种劳动者提供生活和建构性工作的主要手段，但涉及儿童的社会问题更为重要，因为儿童的工作不是生产物质产品，而是创造人类本身，不是一个种族、一个种性、一个社会集团，而是整个人类。如果这样认识该事实，如下结论就顺理成章：社会应当关爱儿童，承认他们的权利并满足他们的需求。当我们把生活本身作为我们关注和研究的对象，我们就能够向揭示人类的秘密迈进，我们就能够照料并帮助人类。此外，当我们提及教育，我们在宣告一场革命，在于我们认识的一切都将通过教育改变。我认为这是最后一次革命，一次非暴力的、不流血的，甚至排除微小暴力的革命，因为哪怕存在暴力的阴影，儿童的心理建构都会被毁灭。

人类正常性建构必须保护。我们所做的一切努力，难道不是为了清除儿童发展道路上的障碍，不是为了让儿童远离面临的危险和误解？

　　这就是教育，被理解为对生活帮助的教育；从出生开始，推动无暴力革命并团结所有人为着一个共同目标，吸引他们朝着一个中心前进的教育。父亲、母亲、国家官员，所有人携起手来，尊重并帮助这种微妙建构工作；这是在内在导师指引下，以神秘心理条件进行的建构。这是人类新的美好希望。这不是重建，而是帮助人类心灵被召唤要完成的建构，建构就是人类之子——儿童具有的全部巨大潜力的发展。

三　成长期

　　某些心理学家追踪从出生的新生儿到大学生青年的成长过程，他们认为发展过程分为截然不同的时期。这一思想源于斯特恩①，很快被其他人，尤其是比勒（Ch.Büler）及其追随者所接受，但从另一观点看，可以说弗洛伊德学派明显发展了这一思想。这一思想和从前通行的思想截然不同，以前认为几岁幼童空空如也，要随着成长不断丰富；而这一思想认为幼童是发展中的小生命，是不断成长的小生命，但总保持相同的形态。抛弃了旧观点，心理学在今天承认，在生命的不同时期存在不同类型的心理和智力。这些时期之间存在明显差异，并且有趣地证明它们和发展的不同阶段相吻合。从心理学上看，变化特别显著，以致某些心理学家尝试清晰表达，竟然夸张地说："发展是一系列出生。"在生命的某个时期，一个心理特性中止，另一个心理特性产生。第一个这样的时期是从出生到 6 岁。在这个时期，虽有明显不同的表现，但心智类型相同。从出生到 6 岁的时期分两个阶段：第一阶段，从出生到 3 岁，显现出的心智类型让成人不能接近，也就是说成人不能对其施加直接影响，事实上不存在幼儿学校。接着是第二阶段：从 3 岁到 6 岁，心智类型没有变，但儿童开始以特殊方式接受影响。这个阶段的特征是儿童个

_____

① 　斯特恩（W.Stern,1871—1938），德国心理学家，代表作为《儿童和青少年的智力》（1920）。

体发生巨大变化。为了确信这一点，思考新生儿和 6 岁儿童之间的差异足矣。这里不提变化如何发生，事实是 6 岁儿童，按普通说法，已变得相当聪明、可以上学了。

下一个时期是从 6 岁到 12 岁，这是成长期，但没有变化。从心理学角度看，这是平静和从容的时期，是健康、强壮和稳定的时期。罗斯（J.S.Ross）在描绘这个年龄段的儿童时说："这种身体和精神的稳定性是童年最典型的特征。一个对人类一无所知的外星人，能够很容易地把 10 岁儿童当成成人，如果他没有机会看到真正的成人的话。"

其后，在身体方面存在将两个心理时期分开的迹象。身体发生的变化特别明显；我只提一个事实：儿童掉第一批牙，开始长出第二批牙。

第三个时期是从 12 岁到 18 岁，这一时期变化让人记起第一个时期。这一时期可以分成两个阶段：第一个阶段从 12 岁到 15 岁，第二个阶段从 15 岁到 18 岁。这一时期的特征是身体变化——发育成熟。18 岁以后就可以看作完全发育的成人，不再发生明显变化，只长年龄。

令人奇怪的是正规教育承认这些不同心理类型，它似乎对此有模糊的直觉。从出生到 6 岁的第一个时期，明显被承认，被排除在义务教育之外，相反注意到 6 岁儿童相当成熟可以入学。由此可见，已经承认儿童已知大量事物，这保证他们能够上学。事实上，如果 6 岁儿童不能辨别方向，不会走，也不理解老师讲课内容，他们就没有能力参加集体生活。我们可以断言，这种变化在实践中已经获得承认。但教育者从未思考过，如果儿童可以上学，能够辨别方向，能够理解传授给他们的观念，他们肯定在心理上发展，鉴于他们在出生时一无所能。

第二个时期也无意中得到承认，因为在许多国家 12 岁少年通常离开小学进入中学。为什么从 6 岁到 12 岁时期被认为适合教给儿童最基本的文化概念？由于在世界各国都是如此，无疑不是偶然的灵感所致。只有所有儿童共同的心理基础才能使这种学校体制可以实施，无疑是以经验为基础推理得出的结论。其实，经验证明，这一时期儿童已胜任学校要求的智力工作，能够理解教师所讲的内容，具有充分耐心来听讲和学习。在这一整个时期，他们持之以恒地工作，身体非常健康。因此，它被视为最适宜接受文化的时期。

12 岁以后，开始在中学学习，这意味着正规教育承认，在这一年龄个体开始一种新的心理类型。也承认这种心理类型通过两个阶段表现，正如事实证明中学分成初中、高中两部分：初中 3 年，高中有时 4 年；教学具体分为几年无关紧要，我们感兴趣的是中学也分成两个阶段。从整体上看，这一时期没有前一时期那样平静、轻松。对青春期教育感兴趣的心理学家认为，这一时期心理变化不亚于前一时期——从出生到 6 岁的时期；通常在这个年龄没，青少年性格不稳定，表现出不守纪律和反抗的倾向。身体健康也不似第二个时期那样稳定。但学校对此并不担忧。某个教学大纲已经制定，无论学生是否愿意，都必须照办。在这个时期还要坐着听教师讲课，应当服从并用很多时间记住教给他们的知识。

学校生活的顶峰是大学，但大学除学习强度外，和以前学校类型无实质性差别。在大学仍然是教授讲，大学生听。我上大学时，男生时兴留胡须，看见这些青年坐在大教室里很滑稽，有的留着令人生畏的大胡子，几乎全体都留着形形色色小胡子。然而，这些成熟的男人像儿童那样被对待：他们必须坐着听讲；服从教授的安排；香烟和交通工具取决于父亲的慷慨，如果考试没有通过，会受到父亲的斥责。他们已经是成人，终有一天他们要用自己的智慧和经验指导世界，他们注定从事更高职业的劳动工具是心智，他们是未来的医生、工程师、律师。我们补充一句，今天毕业文凭有何用处？或许能保障拥有者的生活？谁愿找刚毕业的医生看病？谁敢让刚走出校门的建筑师设计房子？谁敢让刚拿到营业执照的律师去辩护？如何解释对他们缺乏信任？原因是这些青年用几年时间听教授上课，而听课并不造就人；只有实际工作和经验引导年轻人走向成熟。这就是我们看到的，年轻医生在医院长时期实习，年轻律师在富有经验的律师事务所实习，工程师在独立工作之前也要实习的原因所在。还要补充说，大学毕业生为了找到实习单位，必须寻找支持和推荐，并战胜形形色色的困难。可以说在每个国家都存在这种可悲的现象。一个典型情况发生在纽约，那里几百名找不到工作的知识分子举行游行示威。他们举着标语牌，上面写着："我们没有工作，我们饥饿。我们应该怎么办？"形势没有改变。教育失去控制，不会抛弃根深蒂固的惯例。人们仅仅承认，在个体的成长过程中，在生命的不同时期，存在发展的不同类型。

创造期

在我的青年时代，没有人关注 2 岁至 6 岁的儿童。相反，现在已有各种接纳 3 岁至 6 岁幼儿的学前机构。然而，今天和过去一样，大学仍被视为教育的重镇，因为那些能够更好培养人类本质能力——智力的人们出自大学。但现在心理学家转向研究生活本身，逐渐形成一种（可以说）完全对立的倾向。今天，许多人像我一样认为，最重要的生活时期不是大学学习时期，而是第一时期，即从出生到 6 岁的时期，因为恰恰在这一时期形成智力——人类的伟大工具。不仅仅是智力，还有心理能力的总和。这种新观念对心理生活敏感的人们产生巨大影响；许多人致力于研究新生儿和 1 岁婴儿，正是 1 岁婴儿创造人的个性。关注这种生命奥秘揭示的学者，其兴奋之情不亚于古代人沉思死亡时的激动之心。人死后会发生什么事呢？过去，这个疑问推动沉思并激活敏感；相反，今天，人刚一生下，就成为深入思考的对象。在新生儿那里揭示人。为什么人有如此漫长和艰辛的童年呢？任何动物都没有如此艰难的幼年期。在这一时期发生什么呢？

无疑，童年期是创造期；出生时的新生儿一无所能，一年后婴儿就能认识各种事物。儿童出生时没有一点儿智力、一点儿记忆、一点儿意志，准备在下一时期成长和发展。小猫刚下生就喵喵叫，即使还不清晰；刚下生的小鸟和小牛犊也能发出本物种的声音，只是音量小，以后会变大。人刚下生只有一种表达方式——哭。因此，对人类来说，不是发展，而是从零开始的创造问题。儿童迈出从无到有的神奇一步，我们的头脑很难把握这一奥秘。

　　为完成这一步，心智类型必须和我们成人的截然不同。儿童具有其他能力，他们实现的创造并非小事：那是整体的创造。儿童不仅创造语言，而且塑造让其说话的器官。他们创造身体的各种运动、我们智力的各个要素、人类个体具有的一切。令人惊奇的成就并非有意识心智的产物。成人是有意识的，如果我们成人有意志，学习某些东西的愿望就会促使我们去学，但在儿童那里不存在意识、意志，因为意识和意志都应当被创造。

　　如果我们把成人心智称作有意识的，那么我们把儿童心智称作无意识的，但无意识心智并不意味着低级心智。无意识心智可以具有丰富智能。这种智力类型在每个物种，甚至在昆虫中都很容易发现。这种智力即使有时显得具有理性，但仍是无意识的。由于儿童具有这种无意识心智，才能从认识环境开始，取得令人惊奇的成就。儿童如何能够吸收其环境？恰恰由于我们在他们那里发现的一种特性：强烈的敏感性，由于这种敏感性，儿童周围的事物激活其兴趣和热情，并仿佛渗透到其生命本身。儿童吸收所有这些印象，不是用心智，而是用生命本身。掌握语言就是一个最明显的例子。儿童如何学习说话呢？人们回答说，儿童具有听力，听到人声而学习说话。即使承认这一点，我们还是要问，为什么在环绕他们的成千上万种不同声响中，他们只听到并把握人声，如果他们确实只把握人类语言，这标志着人类语言应当对他们产生强烈印象。这些印象必然强烈，引起强烈情感和满腔热忱，从而让其身体上的看不见的纤维颤动，这些纤维开始颤动以便复制人声。为了做比较，我们想想音乐会上的情况：不久听众脸上就显现出陶醉表情，他们的头和手开始活动。如果不是音乐产生的印象，又是什么让他们摇头挥手呢？在儿童的无意识心智中应当出现类似情况。人声对他们产生的印象，比音乐对我们产生的印象更强烈。我们几乎可以看见他们舌头的运动、声带和面颊的颤动，都在颤动并伸展，在寂静中准备复制引起无意识心智高度兴奋的声音。儿童如何准确和果断地学习说话，以致语言成为其心理个性的一部分？这种童年掌握的语言被称作母语，母语和他们以后学习的其他语言截然不同，就像长出的真牙和后配的假牙截然不同

儿童的心智

一样。

这些起初无意义的声音，如何突然让其心智理解并具有含义呢？儿童不仅"吸收"词语，还恰恰吸收句子、句子的结构。如果我们不理解句子的结构，就不可能理解语言。譬如，当我们说"杯子在桌子上"，我们赋予这个句子的意义通过我们安排的词序得以显现。如果我们说"杯子、上、是桌子"，则很难把握句子的意义。我们根据词序把握句子的意义。儿童吸收句子结构。

吸收性心智

这一切怎样发生？我们说"他们记忆事情"；但为了记忆需要具有记忆力，而婴儿没有，需要建构记忆力。为了理解句子结构赋予句子意义，需要推理能力。但婴儿没有推理能力，他们应当自己创造这种能力。

我们的心智不能获得儿童心智的成果；一种成果，例如掌握语言的成果，需要一种不同类型的心智，儿童恰恰具有这种心智，和我们截然不同的智力类型。

我们可以说，我们靠我们的智力获取知识，而儿童靠其精神生命吸收知识。只要婴儿活着，就学习说母语。这是一种心智化学对他们起作用。我们的心智是接受型的；印象倾注给我们，我们的头脑回忆并记住这些印象，但我们和我们的印象截然不同，就像水和盛水的杯子不同一样。相反，儿童经历改造：印象不仅渗透到心智中，而且就此构建心智。印象在儿童那里具体化。儿童应用其环境中的事物，创造自己的"心智血肉"。我们把这种心智称作吸收性心智。我们很难想象幼儿的这种心智能力，但无疑它是一种优越的心智形态。如果我们能够保留儿童的惊人能力，想象一下多么神奇，儿童总是愉快地生活，欢蹦乱跳，擅长学习语法复杂的语言。如果所有知识仅仅因为我们活着就进入头脑，就像呼吸和进食无须付出巨大努力，该有多奇妙！起初，我们没有注意到特别之处，其后，已掌握知识突然显现在脑海里，就像闪闪发光的知识之星。我们开始注意到，它们在那儿显现，我们意识到，无须努力，所有知识都将成为我们的财富。

如果我对你们说，有一个星球，在上面没有学校，没有教师，没有任何学习必需品，星球上的居民活着、散步，不要求付出巨大努力，只需呼吸和进食，他们竟然能够认识所有事物，他们的大脑能够牢记全部知识，你们不觉得这是个美丽的童话吗？虽说听起来如此奇妙，仿佛是丰富想象力的虚构产物，但却是事实、是现实；因为这是无意识儿童学习的方式。这是儿童要走的小径。他们无意识地掌握一切，逐渐地从无意识到有意识，满怀喜悦和钟爱，在这条小径上前进。

我们觉得人的意识是伟大的成就。人有了意识，也就具有人的心智！但我们要为这一新成就付出代价，由于我们刚刚变得有意识，我们要掌握任何新知识，都要付出艰苦劳动。

运动是儿童取得的另一惊人成就。新生儿在其小床上静静地躺上几个月。但过了一段时间，他们开始走路，在环境中活动，做些事，在享受，很幸福。他们一天天地这样生活，每天都学习更多活动；他们的心智掌握语言及其复杂性，也拥有根据生活需要指挥其运动的能力。然而，不仅如此，他们用神奇的速度学习其他许多东西。他们周围的所有事物，使他们做自己的事：将习惯、风俗、宗教铭刻在心。

儿童掌握的运动不是偶然实现的，而是在特定发展时期确定实现的。当儿童开始活动，他们的头脑能够吸收时，已经拥有自己的环境；在他们开始活动之前，无意识的心理发展已经发生，当他们开始最初活动时，就开始变得有意识。如果你们观察一个 3 岁幼童，看见他总在玩某个东西。这意味着他用双手不断地建构，把以前无意识心智吸收的东西放入其意识中。通过这种环境的经验，以玩耍的形式，他在审视吸收到其无意识心智中的事物和印象。通过工作，他变得有意识并造就成人。儿童被这种神秘力量所指引，并逐渐地将这种惊人力量具体化；这样，通过其双手，通过其经验，变成人并造就人：起初通过玩耍，其后通过工作。双手是人类智慧的工具。凭借这些经验，儿童具有最终和有

儿童的心智

限形态，由于意识总比无意识和潜意识更受限制。

儿童开始人生，开始其神奇的工作；逐渐地形成适应其时代和其环境的神奇人格。他们构建自己的心智，直至一点儿一点儿地建构记忆力、理解力和推理能力。就这样，他们长到 6 岁。此时，我们教育者突然发现，每个个体能够耐心听课，理解我们所说的内容，而以前我们没有办法接近他们。他们生活在另一领域，和我们截然不同的领域。我们这本书就关注这第一个时期。儿童最初几年生活的心理研究，向我们揭示这些奇迹，无论谁接触并理解这些奇迹，都不能不对此产生深刻印象。

我们成人的工作不是讲授，而是帮助儿童在工作中发展其心智。如果靠我们的帮助，靠睿智地对待儿童，靠对其生活需求的理解，我们能够延长心智吸收期，那将是个奇迹。如果我们帮助人类个体无须费力就吸收知识，如果人类能够掌握丰富知识，自己又不知道原因，仿佛是魔力所为，那我们对人类有什么贡献。自然不是充满魔力和奇迹吗？

发现儿童具有吸收性心智，在教育领域引起一场革命。现在，人们很容易理解，在人类发展的第一个时期形成性格，为什么这一时期最重要。在人生的任何其他时期，都没有像在这个时期，需要最大的智力帮助，为儿童设置的障碍更能减少其创造性工作完善的可能性。因此，我们帮助儿童，不再因为把他们视为弱小的生命，而是因为他们具有巨大的创造力，这种力量是如此脆弱，需要爱护和聪明捍卫，以便避免受到破坏和损害。我们想对这种力量提供帮助，不是要帮助幼童及其弱点。当我们理解这种力量属于一种无意识心智，这种心智要通过工作和环境经验，才能变成有意识心智，当我们懂得儿童的心智和我们的截然不同，我们靠口头讲述不能深入那种心智，我们不能直接干预从无意识到有意识的进程、建构人的能力的进程，从而整个教育理念改变了，教育的宗旨变成帮助儿童生活、人的心理发展，不再强迫儿童记住观念和事实、我们的话语。

这是教育走上的新道路：在不同发展过程中帮助儿童心智，提高并强化其各种能力。

四　新方向

　　在近期，人们注意到生物学研究终于转向新方向。以往所有研究都围绕生物成体进行，科学家在研究动物和植物时，只重视成体标本。对人类的研究也是如此；无论是伦理学研究，还是社会学研究，都把成人作为研究对象。这样，学者特别注意和喜欢思考的问题是死亡，由于成人在人生道路上走向死亡，这也就顺理成章了。同样，伦理学研究也涉及成人之间关系及规则。今天，科学家朝反方向前进，仿佛在倒退，无论在对人类的研究，还是对其他生命形态的研究。他们不仅重视生命幼体，而且上溯到生命起源。生物学转向胚胎学和细胞生命研究。从这种朝向起源的新方向中，一种非唯心主义性质的新哲学应运而生。我们可以说它主要是科学的，因为它源于观察，不是源于思想家的抽象推理。这种新哲学的发展和实验室里的不断发现同步进行。

　　当人们进入个体起源领域即胚胎学领域，成年生命领域不存在的东西就向我们显现，或者即使存在，其性质截然不同；科学观察揭示出一种生命类型，它和人类习惯考察的类型截然不同，导致对儿童个性的清晰认识。

　　最平常的观察就能证明，儿童不像成人那样走向死亡；他们向着人生前进，由于他们的目标是建构富有生命力的人。当长成成人时，儿童个性就不再存在。儿童的整个生活是不断充实、完善的过程。这种观察足以推断出，儿童在从事发展和完善的工作时感到喜悦。儿童生活特征是，工作、履行自己职责会给他们带来欢乐和幸福；而对成人来说，工作通常代表艰辛的职责。

对儿童来说，这种生活进程是对自身的充实和提升：他们每长一岁，智慧和力量就长一分。他们的工作和活动帮助他们获得智慧和力量，而成人随年龄增长每况愈下。不仅如此，在童年时代不存在竞争，因为没有人能够代替儿童完成建构人的全部工作（这是自己的职责）。换言之，没有人能够代替他们成长。

我们还要上溯到儿童出生前时期。儿童出生前就和成人有过接触，由于其胚胎生命是在母体中度过的。在胚胎之前存在第一个细胞，它是来自成人的两个细胞的结果。由此可见，无论我们上溯人类生命起源，还是追踪儿童成长历程，总能发现成人。

儿童生活是两代成人生活的连接线。儿童的生活是创造的和被创造的，始于成人并终于成人。这是道路、人生的道路，研究兴趣和新启示可以源于这种生活、和成人密切相关的生活。

两种生活

自然对儿童提供特殊保护。儿童诞生于爱，爱是其真正起源。他们一出生，就受到父母无微不至的关爱；从而他们降生在和谐氛围中，这就是对他们最初的保护。自然启示父母对子女的爱，这种爱不是矫揉造作的、出于理性的情感，比如博爱的理念，为实现人类团结大家努力相爱。在儿童生活领域，可以发现一种爱，显现为成人集体的道德理想天赋，由于这里只能发现爱，自然善于启示牺牲、自我为他人献身、自身牺牲为他人服务。在心灵深处，所有父母都乐于为自己子女献出生命，对他们来说，这是非常自然的，会给他们带来欢乐，而从不觉得是牺牲。从没有人说："那人真可怜，他有两个孩子！"相反，认为这个人很幸运。父母对子女作出的牺牲，是带来欢乐的牺牲，是生命本身：儿童在成人世界中启示道德理想：忘我和无私，这是在家庭温情之外几乎不可能达到的美德。当一个商人可能拥有所需的一种商品，从来不会对自己的商业对手说："您拿走那种商品，我让给您。"然而，饥饿的父母没有吃的，他们也会把最后几片面包让给饥饿的子女。由此可见，存在两种截然不同的生活，成人有特权参与两种生活：一种作为父母，一种作为社会成员。最好的生活是父母为子女操劳，由于接近儿童，可以让成人发展崇高的情感。

如果我们以动物而不是人作为研究对象，同样会发现这两种不同的生活。凶猛的野兽对它们的幼崽似乎改变了本能；老虎和狮子对其幼崽显现出脉脉温情，而胆小的黇鹿捍卫自己幼崽时变得异常勇敢。所有动物在有幼崽要保护时，仿佛本能发生了改变，似乎特殊本能胜过习惯本能。甚至比人类更胆小的动物都具有自我保护的本能，但它们有了幼崽时，这种本能就转变为保护本能。鸟类也是如此：当危险来临时，它们的本能是飞走，但当它们有"子女"要保护时，就不会离开鸟巢，它们一动不动地用翅膀遮蔽易暴露的白色鸟蛋。其他的鸟儿假装受伤，为使隐藏的雏鸟不被狗爪抓住，它们随时起飞引走敌人。在每种生命形态中，都存在类似例证，并显现出两种本能：一种是自卫的本能，另一种是保护幼崽的本能。生物学家法布尔的著作对这些事实作出最精彩说明。法布尔的伟大著作得出结论：物种的生存得益于强大的母性本能。确实如此，因为如果物种的生存仅仅得益于所谓生存斗争的武器，那么幼小生命还未发展其武器之前如何自卫？小老虎不是没有长牙，鸟巢中的小鸟不是未长羽毛吗？因此，如果生命要被拯救，物种要生存，必须首先对幼崽提供保护，幼崽没有武装，但正在准备自己的武器。

如果生命的存活仅仅依靠强者的斗争，物种就要灭绝。因此物种存活的真正原因、主要因素，是成体对幼体的爱。

对自然的研究中，最有魅力的部分是对最低级动物智能的揭示。每种最低级动物都具有不同的保护者本能；每种还具有不同的智能表现，这种智能全部用来保护幼体；相反，如果研究自卫本能，它们没有显现出相当智能，也没有各种表现。它们距离法布尔用整整16卷著作描绘的昆虫保护者本能甚远。

　　由此可见，我们研究生命的不同类型时，证实两种不同本能和两种不同生命的必要性，如果把这一论断引入人类生活，只是由于社会原因，对儿童生活的研究显现出对成人不可或缺。我们对儿童生活的研究应当上溯到源头。

五　创造的奇迹

在今天重视个体生命的各门科学中，胚胎学从一开始就饶有兴味。在任何时代思想家都被神奇事实所打动：起初不存在的东西，其后变成男人或女人，并注定具有自己的智慧和思想。这是怎样发生的呢？人的复杂、奇妙的器官如何形成的呢？如何形成眼睛、说话的舌头和大脑，以及其他众多的器官？在18世纪初的科学家，尤其是哲学家相信先成论，认为在卵细胞中应当存在一个袖珍男人（或女人）。这个袖珍人由于太小，人们看不见，但存在并注定成长。他们还认为所有哺乳动物都是如此。他们分成两个学派，一个是精子派，另一个是卵子派。他们意见不合，展开学术论战：袖珍人存在于雄性生殖细胞还是雌性生殖细胞中。

沃尔夫①博士使用刚刚发明的显微镜，观察并实际发现创造过程，他开始研究鸡受精卵中的生殖细胞。在其著作《生殖理论》中得出结论：预先什么都不存在，是自身建构的，他描述了形成过程。生殖细胞分裂成两部分，这两部分又分裂成四部分，正是通过细胞增殖才形成新生命（见图1）。

为先成论争论不休的学者对沃尔夫群起而攻之，大声斥责他无知并批判他的异端邪说。从而沃尔夫的处境非常艰难，胚胎学的创始人被

---

①　沃尔夫（K.F.Wolff,1733—1794），德国生物学家，现代胚胎学创始人。

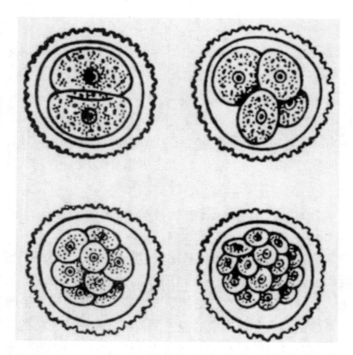

图 1　生殖细胞的增殖

驱逐出祖国。他流亡国外并死在异国他乡。虽然显微镜不断增多，但他离世 50 年里无人敢于探索生命起源奥秘，不过在此期间他的论断也有进展。另一位科学家贝尔[①]进行相同研究，并发现沃尔夫的观点是正确的。他证实了新真理，这次大家也都接受了这一真理，一门新的学科——胚胎学——诞生了。

　　无疑，胚胎学是最有魅力的学科之一。它不像解剖学只研究高级动物的器官，也不像生理学只研究器官的功能，还不像病理学只研究它们的疾病，它的研究目的是生命创造过程，揭示不存在的机体如何形成，并最终进入生物世界。

　　每一种动物，每一种哺乳动物，甚至作为神奇动物的人，都源于一

[①]　贝尔（E.von Baer,1792—1876），爱沙尼亚胚胎学家，地理学，人种学及自然人类学的先驱。

个圆形的、无差别的细胞，这个原始细胞非常简单。这些生殖细胞因其极小而令人称奇。人的生殖细胞只有 1 / 10 毫米。为了对此有印象，我们用削尖的铅笔画 1 个点，再紧挨着画 10 个点，由于它们太小，总长超不过 1 毫米。从而，我们看到人的生殖细胞多么微小。这个细胞和产生它的生物体分开发展，以便被某种包膜包裹和保护，这个包膜将它和成体隔离。所有动物都是如此。这个细胞和母体隔离，以便让幼体真正是生殖细胞工作的产物。这让人浮想联翩，因为最伟大的人物，无论在何种领域活动，从拿破仑到亚历山大，从莎士比亚到但丁，到甘地，同最卑微的人一样，都源于这些微小细胞中的一个。用高倍显微镜对生殖细胞进行观察，可以发现生殖细胞包含一定数量的小体。由于这些小体用化学方法很容易染色，因而被称作"染色体"。物种不同，它们的数量也不同。人体内有 48 个染色体。有的动物含 15 个染色体，也有的动物含 13 个染色体，由此可见染色体的数量构成物种的明显特征。人们认为染色体是遗传的物质基础。目前，使用更精密的新型显微镜——超级显微镜进行观察，就能看到每个染色体都是某种盒子，内装约 100 个极小颗粒组成的链条或项链；当染色体打开时，颗粒就获得解放，细

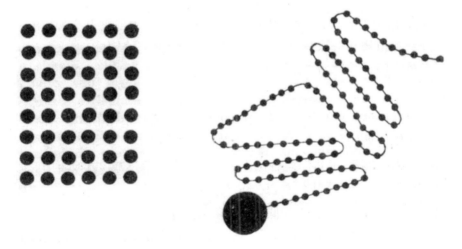

图 2　100 个基因按线段构成的链条；左边为人细胞 48 个染色体中的一个包含的基因。

胞就变成约 4000 个被称作基因的染色体的保护者（见图 2）。术语基因内含生殖的意思。人们达成共识，清晰地解释说，每个基因可以携带一个独特遗传特性，例如鼻子的形状或头发颜色。

显然，不仅仅凭借显微镜帮助就能达到这种科学认识，而因为人的智力是创造性的，不是像拍照那样在头脑中接受印象，而是那些印象作为想象力的刺激。通过想象，也就是凭借"看见事物内在的东西"的智力，可以重构事实；凭借人的这种能力，所有科学和发现都能不断发展。

当我们思考生命起源揭示的真理，我们会感到在科学枯燥证明中存在某种神奇的东西，因为细胞如此微小肉眼看不见，却包含所有时代的遗传物质；在这个微小颗粒中，可能存在整个人类经验、整个人类历史。在原始细胞发生任何明显变化和开始分裂之前，在基因之间已经趋向协调；基因之间展开斗争和竞争；于是导致在它们之间进行选择。由于不是包含在细胞中的所有基因都致力于构建新生命；只有某些基因在竞争中获胜。这些获胜的基因是"显性特征"的携带者，相反其他基因是"隐性特征"携带者。这一神奇事实，作为对生殖细胞创造性工作的准备，由孟德尔① 所发现。他进行了著名的创新实验，研究开红花植物和开白花同种植物的杂交，然后把杂交种子播下。从这些杂交种长出三株开红花植物和一株开白花植物。在三株植物中红色基因占优势，相反白色基因是隐性的。这可以证明特征之间的选择斗争遵循数学组合规律。

今天，对基因组合的数学假说的进一步研究复杂化了。但结论是，根据细胞所处的条件，可以有一个美或不美的个体、一个强或弱的个体；这取决于其"基因"是否占优势。人类个体千差万别就取决于形形色色的组合。于是，我们看到在同一家庭，同一父母所生的子女，在外貌美丑、体力强弱、智力高低上存在很大差异。

今天，人们怀着极大兴趣研究让优异特征占优势的条件，从而诞生

---

① 孟德尔（G.J.Mendel,1822—1884），奥地利遗传学家、孟德尔学派创始人。

一门新科学——优生学。

关于基因组合的研究建立在所有假说基础上，同对基因组合完成现象的直接研究相脱节。

于是，形成机体的真正胚胎过程已经开始：这是细胞分裂的过程，这一过程如此明显，从而沃尔夫第一次用显微镜观察，就能提供关于胚胎发展连续经历阶段的清晰报告。细胞开始分裂为两个连在一起的、完全相同的细胞，接着两个变成4个，4个变成8个，8个变成16个，诸如此类，不一而足。这一分裂过程持续进行，直至出生成百上千个细胞。就像盖房子时，开始要睿智地备好足够的砖。随后，细胞形成明显的三层，仿佛用砖砌墙（同房子比较来自赫胥黎①）所有动物的连续进程都不变。起初，细胞形成中空的球体，就像橡皮球的球面（桑葚体），接着球面向内弯曲，形成重叠的壁。最终，在最初两层中渗入第三层。这就形成了三壁，全部建构就从这三壁展开（见图3）。

因此，这些层，或生殖叶，就形成一个外层或外胚层、一个中层或中胚层、一个内层或内胚层；它们构成一个加长小体，小体内所有细胞相同，但比它们源于的原始细胞要小。

这三壁中的每一壁都产生器官整体。外壁产生皮肤、感觉器官和神经系统。这证明外层和环境有关，因为皮肤起保护作用，神经系统把我们和环境联系起来。内层发展或营养器官，比如肠、胃、消化腺、肝、胰和肺。神经系统的器官被称作"关系器官"，因为它们使得我们和环境发生关系。消化系统和呼吸系统的器官被称作"植物性器官"，因为能够保障植物性生命。第三层或中层产生支撑整个身体的骨骼和肌肉。

近期研究证实器官的发展。在这些相同的层内出现一些点或中心，这些点在生物学意义上突然变得更积极，从这些点显现出趋向形成器官的生发层细胞，或更确切地说，对一个器官的设计。

---

① 赫胥黎（J.Hexley,1887—1975），英国生物学家、科学哲学家，老赫胥黎之孙。研究过激素、发育程序、鸟类学、生态学。

几童的心智

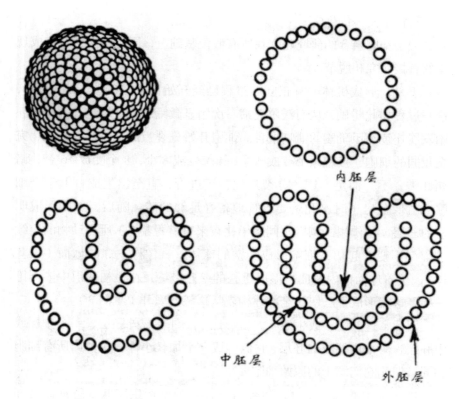

图3　左上，由单壁（右）构成的原始细胞球（桑葚体）。左下，内屈双壁的原肠胚。右下，可以看到原肠胚内形成的第三壁。

对每一个器官，都重复相同类型进程：不同器官源于这些彼此远离、积极活跃的中心。芝加哥大学柴尔德（Child）教授发现这一过程，并把这些中心称作"梯度"。

几乎在同时，另一位胚胎学学者道格拉斯（Douglas）不依赖柴尔德，在英国独立完成类似发现。他特别观察神经系统，把建构活动点称作"桑格利"（sangli），把特殊敏感性归因于它们。

起初，所有细胞相同，当器官开始形成时，它们开始改变并产生巨大差异，根据器官注定担负的功能。也就是说发生"细胞专门化"，以适应形成中的相应器官功能。由此可见，微妙的细胞专门化，鉴于根据确定功能进行，所以在功能开始起作用之前就发生。

　　如图 4 所示，某些细胞差异很大：肝细胞呈六边形，就像地板砖彼此相连，但没有结缔组织。而骨细胞呈卵形，分离并稀少，由纤细的纤维连接，器官的重要部分、骨骼本质部分，是由细胞本身构成的某种固体结缔组织。饶有兴味的是气管外膜：微小"杯"不断渗出一种黏性物质以粘住空气中的灰尘，这种物质分布在三角形细胞之间，那些细胞具有一个不断颤动的边缘，将黏液带到身体外部。皮肤细胞独特，扁平并分层排列，其中外层细胞注定死亡并脱落，以给其他细胞让位，被内层细胞不断代替。它们保护身体的外表面，就像时刻准备为祖国献身的士兵。

　　神经细胞是发展最完善、最重要的细胞，是不可代替的。它们总坚守领导岗位，其长长的纤维走得很远，就像通信线路将各大洲相连。

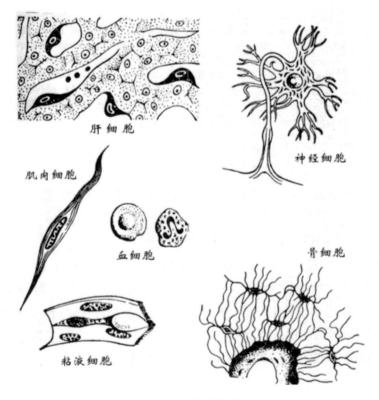

肝细胞

神经细胞

肌肉细胞

血细胞

骨细胞

黏液细胞

图 4　细胞的种类

儿童的心智

细胞之间的差异饶有兴味，因为它们都源于相似的细胞，但它们为不同功能做准备，改变自身以适应尚未从事的工作。当它们根据所从属的特殊器官目的实现改变后，就不再容易变化。一个肝细胞不可能变成一个神经细胞。也就是说，为了承担的工作它们无须做准备，只需要改变（正如我们所说）。

人类社会不是也发生类似情况吗？我们可以说，存在特殊人类集团，它们构成人类机构。起初，每个个体从事许多工作，在原始社会正是如此，当时人数很少，每个人都要从事各种劳动（没有专门化）：一个人是瓦匠、医生、木匠，总之什么都干。当社会进化、劳动专门化时，每个人选择一种劳动，他越是投入该工作，在心理上越是只能干该工作，不能从事其他工作。职业培训不仅意味着学习一门技术，而且作为主体的个体，致力于一种特定工作，专注于该工作所需的心理变化，从而个体不仅做好技术上的准备，而且形成适应那特定工作的独特心理个性（这更为重要）。个体在这种工作中实现自己的理想，该工作成为其人生的目标。

于是，现在回到胚胎上来，每个器官由专门化细胞构成，每个器官都有自己的功能（和其他器官的功能分开）。但所有器官功能都是维持整个机体健康不可或缺的，因此，每个器官都是为整个机体存在并工作。

胚胎的发展不仅产生器官，还促使它们不断地相互联系。功能的统一是由两大系统确立的：循环系统和神经系统。它们是最复杂的器官，但它们的功能只是实现其他所有系统的统一。

循环系统如同一条河，通过它把物质输送到人体所有部分。然而，这个系统不仅作为送货员，还作为收集者。事实上，循环系统是普遍运输通道，通过毛细管把营养送到所有细胞，同时通过肺吸收氧，进而运输氧；而血液运输内分泌腺中形成的特殊物质——激素，激素能够影响所有器官，刺激它们，尤其控制它们，旨在其功能和谐统一，从而保证所有器官的健康。

激素是距离产生激素器官较远器官所需的物质。由此可见，循环系统在履行功能时实现了完善。每个器官仿佛从河里汲取生活所需的东西；又把自己产生的东西倒入河中，以便其他器官可以利用。

神经系统是实现整体活动统一的系统。它起领导作用，指挥部集中在大脑，通过神经纤维把指令传输到整个机体的所有部分。

在我们社会，某种循环系统也得到发展。由不同个体和民族生产的产品进入流通领域，每个个体从中获取对其生活有用的东西；贸易的大江大河可让商品到达其他个体和民族。商人和流动商贩不正像血液中的红血球吗？在人类生活中也是如此，一国生产的产品被遥远的异国他乡民众所消费。

近几年，人们重视确定类似生理学领域中激素对各个器官的分配功能。诸大国试图对环境进行安排、控制流通、刺激、激励和指导各国，声称为实现所有人的和谐和福祉这个唯一目的而努力。可以说，这些存在明显弊端的企图，说明社会循环系统没有完成"胚胎"的发展，即使已经进入组织相当先进的时期。

然而，在人类社会中仍然缺少和神经系统专门化细胞相一致的东西。从今日世界的混乱状态，我们可以得出结论：在社会中，和人体指挥器官相一致的机构还没有发展。由于缺少这种特殊功能，也就不可能齐心合力地影响整个社会机体、和谐一致地指导整个社会。民主是我们文明的最高组织形式，使得每个人通过选举选择自己的领袖。如果这发生在胚胎学领域，将荒谬绝伦、难以想象，因为若每个细胞都应当专门化，那么领导整体功能的细胞就应当最专门化。领导工作是最困难的工作，比其他任何工作都要求专门化。因此，不是选举问题，而是胜任和适合此工作的问题。领导其他人的人，应当改造自己。如果某人没有为胜任领导工作而努力锤炼，就不可能成为领袖和导师。这一原则把专门化和功能相连，强烈地吸引我们思考，甚至这个自然方案仿佛适用于生活的方方面面：这是自然在创造时的方案本身。

然而，在活的机体中，它显现出自己的神奇。因此，胚胎学能为我们指明方向、提供启示。于是，赫胥黎概述胚胎的奇迹。"从无过渡到个体的复杂机体，这是生命的永恒奇迹之一。如果我们不被这一伟大奇迹所打动，只能有一个理由：在日常生活经验中，它不断呈现在我们眼前。"

我们观察任何动物，鸟、兔或任何其他脊椎动物，都会发现是由自身特别复杂的器官构成，更令人称奇的是，看到这些非常复杂的器官紧密相连。如果我们考察循环系统，将会发现一种引流系统，其精密、复杂和完整，连最先进文明所发明的任何系统都无法相比。还有运用智力，智力凭借感官收集从感觉环境中获取的印象，它如此神奇，任何现代工具都不能与之媲美。什么东西可以和眼睛和耳朵的精巧相比？如果我们研究人体中发生的化学反应，我们将会发现存在大量设备特别精良的实验室，在这里物质被处理和发展，并和其他物质结为一体，而在我们设备最好的实验室里都不可能做到这些。和人体中神经系统创造的通信网络相比，我们最先进、完善的技术成就——电话、收音机、无线电报以及其他宝贝，都显得有缺陷和不完美。

如果我们考察组织得最好的军队，将会发现它不似肌肉那样服从，立即执行唯一指挥官和战略家的命令。温顺的仆人要训练一种特殊工作，做好特殊准备——执行下达给他们的任何命令。如果我们想想，这些复杂的器官——通信器官、肌肉、渗透到人体所有微小细胞的神经，都源于一个细胞——呈圆形的原始细胞，我们将感受到大自然的全部奇迹。

六　胚胎学与行为

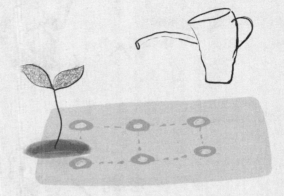

　　胚胎发展的连续阶段，在高级动物和人类那里不断重复。低级动物的发展是不完整的，它们与高级动物的差别就在于此，它们只停滞在最原始阶段。

　　譬如，团藻在小球时就停滞了，最终像个中空的小球在海水中滚动，在其单层细胞外壁上长着颤动的绒毛随滚动而移动。

　　腔肠动物符合具有向内壁凹陷的双壁胚胎，只有两层细胞构成——外胚层和内胚层。

　　一旦三层细胞都得以发展，形成的最初阶段极为相似，以致很容易把一种动物胚胎和另一种动物胚胎相混，正如图5所示。

　　人们认为这是"动物性"不同等级之间亲缘理论的有力证据之一。由此可见，人类源于猿猴，哺乳动物和鸟类源于爬行动物；而爬行动物源于两栖动物，两栖动物源于鱼类，如此上溯，直至最简单动物和单细胞动物。相应的胚胎都必须经历所有前辈继承的阶段，于是胚胎代表物种进化的综合。也就是说个体发育过程重现了种系发生历史。

　　这一观念被纳入达尔文进化论，成为该理论最有说服力的证据之一。然而，在德·夫里厄斯[①]的发现之后，胚胎学尝试对生命进行解释，趋向内容更加丰富。

-----

① 德·夫里厄斯（De Vries,1848—1935），荷兰植物学家、遗传学家。

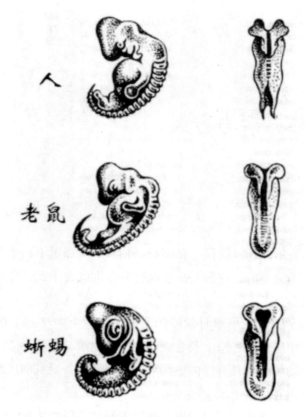

图 5　某些动物的胚胎

从《突变理论》开始，德·夫里厄斯发现在没有环境影响情况下，不同形态源于同一植物。这一现象让人想到自发变化，其原因恰恰不应在环境中探寻，而应在胚胎的内在活动中寻找。因为在胚胎中只存在迅速变化的可能性。

因此，除生物在不可胜数时间内缓慢适应环境的可能外，这让人们想到其他可能性：人们思维能够更自由地趋向新直觉，对新问题更敏感。

事实上，在显微镜下能够观察的胚胎发育，仅仅涉及机制部分的发育；相反，生物不仅仅是行使唯一功能的器官联合体。真正神奇的现象是，爬虫、鸟类、哺乳动物、人类，其胚胎发育进程相当相似。

　　四肢、身躯、牙齿等最终形态，构成动物之间的差异，和胚胎的原始状态无关，而和动物在环境中的行为有关。

　　于是，自然中"唯一建构规划"观念产生：一种建筑方法，正如人修建各类建筑物（简单的或宏大的）那样，总从准备材料（石料或砖瓦）开始，再用材料砌墙，等等。然而，决定建筑物最终差异的不是材料，而是细节和装饰，是所采用的建筑设计。

　　从而，至关重要的是胚胎学已经能够从抽象理论阶段走出来。也就是说，它不仅仅启发理论的交锋，还开辟了一条实验的实际道路，沿着这条道路前进，直至形成一门可以实际应用的科学。

　　事实上，可以人为影响胚胎使其变化；人作用于胚胎，能够实验地确定生命进程。人们正是这样做的。

　　人们通过基因和基因组合，能够对植物遗传、其后对动物遗传进行干预，并取得重大的成果。巨大、广泛的兴趣不断增长，它不是学术性的，而是具有实际价值。胚胎的重要性在于各个器官尚未最终形成，因此可以容易地改变它们。于是，人类已经掌握生命的奥秘。几年前，胚胎学领域的首个专利在美国获批，因为培育出一种不带刺的蜜蜂，这种蜜蜂比普通蜜蜂产蜜多。同样，改变了某些植物，让它们产出更多的果实，或者让带刺植物失去刺。同样，培育出的植物的根更富有营养，或让有毒植物丧失毒性。

　　闻名遐迩的成果是培育出数不胜数的、美丽非凡的花。今天，虽说这一事实鲜为人知，但人类活动不仅限于陆地，而且进入水中的动植物王国。于是，可以毫不夸大地说，人类运用自己的智慧，可以使世界变得更美好更丰饶。如果像生物学家那样，只研究生命本身，并考察生命具有千差万别形态的相互影响，以及这种影响的结果，那么我们就将开始发现地球上人类生活的目的之一，并懂得人类也属于宇宙伟大力量。

　　人类由于其智力的贡献，事实上显现为创造者的接班人，仿佛派到世上使用其智慧力量帮助创造加速（正如赫胥黎所说），通过对生命本身的监控让创造更完美。

　　由此可见，胚胎学研究不再是抽象的和不结果实的。

儿童的心智

如果我们努力想象，就会认识到心理发展有着相似进程，我们可以想象：今天能够对生命本身进行干预以创造更高发展类型的人类，同样能够帮助和监控人的心理建构。

由于不仅儿童的身体发展，而且儿童的心理发展，仿佛受大自然创造预设的指导。

人的心理还从乌有开始，或者至少仿佛从乌有开始，就像身体从那个原始细胞出发，这个细胞似乎和其他细胞毫无差异。

新生儿仿佛没有任何心理建构，恰恰如同在那个原始细胞中尚未成形的人。起初，是积累材料的工作，类似于我们看到的通过增殖积累细胞的活动。在心理方面，这种积累活动，通过我们称作的吸收性心智来完成；在心理领域，所有器官都围绕一个敏感点进行建构。这些敏感点一旦产生，其活动性非常强烈，成人不可能在自身再创造，也不可能想象类似东西。我们已经说明儿童对语言的把握。从这些敏感点，不能发展心理，但能发展心理器官。在心理领域，每个器官独立于其他器官发展，从而决定掌握语言、计算距离的能力、在环境中辨别方向的能力、双腿直立的能力以及其他动作协调能力。每一种能力独立发展一种兴趣，这一敏感点相当敏锐，从而引导个体进行某种行为。任何一种敏感性不可能占据整个发展时期；每个敏感性都有充足时间保障一个心理器官的建构。当这个器官形成，该敏感性就消逝；但在存在期内产生巨大能量，能量之大我们甚至难以想象，由于我们一旦失去该能量，就再也不能在记忆中呼唤。当所有器官都形成后，它们彼此联合起来，以形成我们称作心理统一的东西。

陈述突变论的德·夫里厄斯，发现一种昆虫存在一些暂时敏感性，旨在引导刚出生的小昆虫从事保证生存和发展的活动。这第二个发现导致对不同动物进行生物学和心理学的研究。结果大量理论出现，并受到不同学者团体的热烈支持，以致在众多假说的混乱争吵中，一位美国心理学家沃森[①] 试图快刀斩乱麻。

---

① 沃森（J.B.Watson,1878—1958），美国心理学家。

"抛弃我们不能证实的东西，"他建议，"让我们遵循可靠事实：动物的行为是可靠的，让我们把动物行为作为新研究的基础。"

他从动物的外在表现出发，把它作为可靠地深入地研究生命现象的指南；他进而转向人的行为和儿童心理，仿佛那些都是可以直接理解的东西。但他证实儿童身上并不存在确定行为迹象，他也断言人没有本能和心理遗传，人的行为归因于一系列在更高层次上叠加的"反射"。这样，在美国产生并传播行为理论，但很快就遭到反对和批判，有人认为此理论不成熟和肤浅。

然而，该理论引起的兴趣驱使两位美国科学家对行为进行证实和研究，他们采用以通常实验室为基础的新研究方法。

他们是康希尔（Conghill）和格塞尔[①]，前者试图阐明行为问题而研究胚胎学；而格塞尔肩负系统研究儿童发展的任务，他创办著名的心理学实验室，该实验室今天仍引起大家的关注。

在 1929 年，费城生物学家康希尔的发现才发表，他研究多年一种动物的胚胎发展，这是一种低级两栖动物，名叫安利奥斯托马（amblyostoma），由于其结构简单，特别适于阐明研究结果。他研究了多年，因为他看到的事实似乎和生物学的根本理念严重冲突。尽管他越来越精确地进行相同研究，他不断发现如下现象：在大脑中神经中枢的发展先于其指挥的器官的发展，视觉中枢的发展先于视神经的发展。中枢应当由器官对环境可能功能决定其建构，因此应当因胚胎遗传而后建构，但为什么反而不仅先于器官，而且先于和器官的联络通道呢？

康希尔的研究对动物行为实际现象研究作出巨大贡献，此外还强调一个意想不到的观念：如果器官在中枢之后发展，恰恰因为它们具有其后应对环境服务一致的形态。从而得出结论：不仅肯定行为遗传事实（类似于本能的遗传），而且产生新观念，即器官形态根据对环境行为设计来建构。

事实上，在自然中业已证实动物器官形态和动物对环境的功能之间

---

① 格塞尔（A.Gesell,1880—1961），美国心理学家、儿科专家。

的惊人一致性，即使那些功能并不能给动物带来直接益处。吸吮花蜜的各种昆虫，为适应相应花冠长度而发展其吸管，但也发展软毛以收集花粉，并用花粉给以后探访的其他花施肥。食蚁兽有一个非常小的嘴，只容蠕虫状的长舌伸出，舌面上覆盖着黏性物质用以粘上蚂蚁，诸如此类，不一而足。

然而，为什么动物这样行动呢？为什么一种动物爬行，另一种动物跳跃或攀缘呢？为什么有的动物只吃蚂蚁，另一种动物恰恰适合那种花呢？为什么有的动物吃活物，有的动物却只吃腐败尸体？为什么有的动物吃草或木本植物，有的动物甚至吃腐殖土？大量形形色色物种的原因是什么？为什么它们都具有固定行为模式，并且彼此差异甚大？为什么一种动物具有侵略和凶残本能，而另一种动物却温顺和胆怯？由此可见，生物的目的不仅仅是生存，在生存斗争中获胜，让适者、强者通过自由选择从环境中脱颖而出，正如达尔文进化论所解释那样？因此，生命力前行并非只为实现连续完善、形态不断完善。就是完善本身也不是生命的真正目的。

这种观念具有势不可挡的变革力量！生物的目的仿佛要从新视角考察，与环境所需的功能的关系角度考察，生物似乎是创造的工作者，它们担负着完成特定工作的任务，就像大家族的仆人或大公司的职员。在地球表面上自然和谐通过生物努力得以实现，每个生物都肩负自己的任务。它们的行为也符合这一目的，因此它们超越物种纯粹生存的需求。

于是，怎样思考在科学界长期居于权威地位的进化论呢？它是否会衰败呢？不会，只是内容更丰富了。当然，不能只用陈旧的线性思维方式来考察进化，也就是朝着无限期的完善目标不断地前进。今天，进化观的内容更丰富，扩展到二维领域，包含不同生物作用之间的功能一致性，无论是直接的还是长远的。

这种关系不能理解为直接相互帮助的关系，而是特别趋向一个关乎环境的普遍目的：趋向自然整体性。根据这个宗旨，所有生物都拥有为自己生存所必需的要素。

生命能够具有一种关乎地球的功能，19 世纪的地质学家业已证实。和达尔文同时代的地质学家赖尔[1] 说明伴随各个地质时代不同物种实际出现的序列，他研究了岩层中的动物遗骸，这样提出地球上古代生命的观念。然而，其他地质学家进一步指出，动物行为和地球的形成有关。德国地质学家拉采尔[2] 的论文《地球与生命》，在 20 世纪初即使在我国也遐迩闻名。其他作家也不甘示弱，纷纷推出充满发现和推论的著作。起初，人们感到不可思议：在喜马拉雅山、阿尔卑斯山和许多山脉矿层中发现海生动物遗迹。那些遗迹仿佛无名建设者的"签名"，正是它们准备重建坍塌的世界。无疑，动物曾经竞相建构地球，其过程延续至今——那些珊瑚岛就像鲜花在大洋中盛开。

以后，研究和证实不断发展：地球上的状况不仅限于描述气候（风雨雷电），而且扩展到植物、动物和人类的本质贡献。意大利地质学家斯托帕尼[3] 指出，生物功能和地球的条件有关，他在结尾处喊道："所有动物组成一只纪律严明、训练有素的军队，为保持自然的和谐而战斗。"

然而，今天不需要进行个别和局部的观察，因为产生一门特殊科学——生态学，它研究生物之间的一致性，让人认识到生物行为相互作用的细枝末节，它如此精细，仿佛是自然经济学，能够实际指导以帮助解决地方问题，就像应用科学的农业解决问题。譬如，防止一种生长过快的引进植物对土壤的破坏，人的活动不够，就要求助于生态学，它指出必须引进昆虫，它们善于破坏那些植物，也就是说它们善于确立必要的平衡，就像在澳大利亚所发生的那样。

生态学可以称作实用生物学，因为它建立在生物之间关系的基础之上，不是基于各个物种的特性。

现代知识更好理解、更能应用于实际生活，因为进化观引入对环境的功能更完整，更接近统一的真理。正是生物的功能是最具启迪性和结

---

[1] 　赖尔（C.Lyell,1791—1875），英国卓越地质学家。

[2] 　拉采尔（F.Ratzel,1844—1904），德国地理学家和人种史学者。

[3] 　斯托帕尼（Antonio Stoppani,1824—1891），意大利地质学家和文学家。代表作《美丽国度》（1875）描述意大利风景。

论性的部分：在地球上的生命不仅为了自身生存，还为了完成创造性实质工作，因此也是所有生物所需要的工作。

一个规划，一种方法

源于现代科学的发现和理论都不足以解释生命的奥秘，但每一次提出的独特新见解都加深我们对生命的理解。

人们能够充分地观察外在事实，其后这些事实为我们提供实际指示，那些指示应当执行。

一切像我们一样致力于通过儿童教育帮助生命的人，不能不把儿童视为处于生长期的生物；发现或尝试说明儿童在生物学中的位置，也就是在整个生物界的位置。因为线性进化论用适应、遗传和趋向完善的冲力来解释物种起源，已经远远不够。存在另一种力量，不仅仅是物种趋向生存的冲力；而且是一种协调各个物种承担任务的力量。

于是，在儿童身上，除创造和自我完善的生命冲力外，还应当存在另一目的，即履行实现和谐及为整体服务的任务。

我曾听到有人提出如下问题："儿童的功能是什么？"

如果不解决这个问题，就不可能脚踏实地地投入科学教育事业。

因为儿童具有双重功能；如果只考察一个功能，即成长功能，就会存在扼杀其最佳能量的危险。

可以得出结论：儿童在出生时拥有建构性潜能，这种潜能应当凭借环境发展。

儿童下生时一无所能，含义是不具有心理素质，也没有先天运动能力，但具有决定其发展的潜能，并能从周围环境中获取特性。

新生儿的"乌有"可以和生发细胞的"乌有"相比较。

当然，这种观念不容易被接受。沃尔夫在他那个时代引起轰动，恰恰因为他证明生命机体自己建构，而不存在其预先构成，就像他同代哲学家所相信那样。

让人称奇的还有：新生儿没有携带自己种族、家族的任何成就，而靠他本人来建功立业。无论何地都是如此，在所有差异颇大的种族，包括原始种族那里，正如在最文明民族那里，总之在世界的各个地方。无论何地，新生儿都是那样毫无活力、一无所知和无关紧要。

然而，在其身上存在总体力量——"人类创造本质"，驱使他们建构他们那时代、文明化的人；遵循全人类普遍成长规律，他们依靠其吸收能力不断前进。

他们的职责是实现不断进化的现实生活，它建立在过去成千上万年的文明基础之上；他们还面对着可能成千上万年，甚至几百万年的未来。也就是说，现实没有过去的局限，正如未来没有现实的局限一样，现实不是一成不变的。

在没有特性遗传传播的唯一进步现象中，要实现儿童和成人之间必要任务分工非常困难。

儿童的"中立性"、生物中立性——能够吸收四周发现的任何东西并成为自己个性特征，作为人类统一性的实际证据，给人深刻印象。

恰恰在最近几年，人们认识了这一真理，从而促进对欠进化部落的研究，希望找到惊人现象的证据。

露丝·本尼狄克特（Ruth Benedict）博士在她的一本近作《文化模式》（纽约，1948 年版）中谈到，一支研究现代人种学的法国传教团来到巴塔哥尼亚①，那里幸存被视为最原始种族，其社会形态水平停留在石器时代。然而，那些"原始人"害怕白人，看见白人就逃。现在，在一伙巴塔哥尼亚人逃跑时丢下一个新生女婴。传教团收留了这个女婴；今天她成为一名聪慧的女青年，会说两种欧洲语言，身着西方服装，信仰天主教，在大学学习生物学。在 18 年间她实际上从石器时代迈进原子时代。

由此可见，在生命初期，个体可以创造奇迹——无须费力，由于处于无意识状态。

---

① 在阿根廷。

儿童的心智

从环境吸收特性是一种生命现象，让人想到生物拟态现象；此现象虽说少见，但不像过去人们认为的那样稀奇。人们遇到越来越多的拟态现象，以致柏林动物博物馆用整个展览部陈列丰富的拟态标本。现在，拟态现象是防卫特性之一，在于将环境外观吸收到自身。于是，北极熊长着雪白的毛皮，有些蝴蝶的翅膀呈叶状，有些昆虫像干树枝或绿树枝，一些鱼类的鳞片呈沙状。在自身复制环境特征，这一现象和那些特征的历史无关；和"对那些特征的认识"也无关。许多动物仅仅观察环境的面貌和特征，其他动物吸收环境特征。

动物生命现象实例可以帮助理解儿童心理现象，虽然两种现象的性质不同。

七　精神胚胎

因此，新生儿应当从事建构性工作，在精神领域让人记起机体在胚胎期完成的工作。新生儿拥有的生命时期，既不是机体胚胎期，也不似由他们建构的成人时期。这种出生后时期可以界定为"建构期"，是使儿童成为精神胚胎的胚胎学建构性生命期。

于是，人类有两个胚胎期：一个是出生前的，类似于动物；另一个是出生后的，是人类独有的。这样就解释了人类和动物的巨大区别：人类的童年漫长。在幼年，人类和动物之间存在明显障碍，在童年，人类作为单独生物来到地球上，其功能既不是高级动物功能的继续，也不是那些功能的派生。人类出现是生命的一次飞跃，是新命运的首创。

区分物种要根据它们的差异，而不是相似。新物种应当具有新东西，不能是旧物种的简单衍生，而展现前所未有的独特的、创造性的特征。它们的工作是原创性的，意味着新生命冲力。

于是，当出现哺乳动物和鸟类时，它们携带新奇性，不是以前物种的复制、适应或延续。当恐龙消逝时，鸟类显现出的新奇性是：精心保护卵，筑巢，保护小鸟，保护小鸟的勇敢；相反，愚笨的爬虫抛弃产下的卵。哺乳动物在保护其物种上超过鸟类：它们并不筑巢，而是让新生命在自己体内发育，用自己血液给新生命提供营养。

这就是动物的新特征。

而人类的新特征是具有双重胚胎生活，具有一种新设计，具有一种

（与其他动物相比）新目标。

我们必须关注这一点，并且应从这一点开始对儿童发展和人的心理的研究。如果人在地球上的事业和其精神、其创造性智慧有关，那么精神和智慧就构成个体存在和身体所有功能的基点，围绕这个基点组织人的行为，甚至人的器官生理学。完整的人在精神的照耀下成长。

今天，我们西方人也开始遵循印度哲学的清晰思想前进：通过实际经验，我们不断发现生理不适由心理状态决定，因为精神不能控制它们。

如果人受"笼罩的精神光环"控制和支配，从而个体行为也由它决定，那么比其他任何照料更重要的是，要特别关照新生儿的精神生活，而不仅仅如今天只关照其肉体生活。

儿童——适应手段

发展中的儿童不仅获得人的能力、力量、智慧、语言；而且同时使自己建构的个体适应环境条件。这是儿童特殊心理形态的功效，它不同于成人心理形态。儿童和环境的关系不同于成人和环境的关系。成人欣赏环境，并能记住环境，但儿童将环境吸纳于身。儿童记不住所见的事物，但这些事物构成其精神的部分；他们所见所闻的事物和他们融为一体。当我们成人没有变化时，儿童发生了变化；我们只记得环境，而儿童却适应环境。这种特殊生命记忆形态不是有意识地记忆，而是把意象吸纳到个体生命中。珀西·农（Percy Nunn）用一个独特名词称呼这种形态——"记忆基质"。

我们看到的实例来自语言。儿童记不住声音，但他们能将声音具体化，其后能准确地发出。他们能说一种语言，无论规则多复杂、特例有多少，不是因为他们学习过这种语言，也不是由于做过记忆的共同练习；他们没有有意识地记忆这种语言，但这种语言构成其精神及自身的部分。无疑，这是有别于纯粹记忆活动的现象，这是一种心理特征，是儿童心理个性的独特之处。儿童对其环境中的任何事物都具有吸收性敏感，只有通过观察和吸收环境，才能适应环境。这种活动形式揭示一种潜意识能力，这种能力恰恰属于儿童。

生活的第一时期是适应期。我们必须澄清"适应"的准确含义，从而把儿童的适应和成人的适应加以区分。儿童的生物学适应性是让出生地成为希望生活的唯一地方，恰如说得最好的语言是母语。一个去国外生活的成人，从来不能像这个国家居民那样适应。我们以自愿去遥远国度生活的人们为例，比如传教士，如果你们和他们交谈，他们会说："我们生活在这个国家，牺牲了我们的生活。"这段告白表明成人适应性的局限。

我们再来说儿童。儿童热爱自己的出生地，不管在故乡生活多艰难，都比在异国他乡感到幸福。从而，有人热爱冰冷的芬兰平原，有人热爱荷兰的沙丘，这种适应、这种对祖国的爱是从孩童时就有的。

儿童实现了这种适应，而成人感到做好准备，即已经适应，从而感到融入祖国，热爱祖国，感受其魅力，在异国他乡感受不到在这里的幸福和安宁。

过去，在意大利出生在乡村的人们，至死不离故土半步。后来，在意大利统一以后，有人由于婚姻或工作离开故乡，过一段时间通常显现患上怪病的迹象：面色煞白，精神忧郁，软弱无力，贫血。人们尝试多种疗法对付这种怪病，当所有疗法都实施后，医生建议本人返乡、呼吸故乡的空气。这一建议几乎总能取得很好疗效：病人的面色红润、恢复了健康。人们常说故乡的空气是灵丹妙药，即使故乡的气候远不如迁居的地方。但这些病人需要的是孩童时代生活过的朴素环境在潜意识中形成的平静心态。

再没有比吸收性心智形态更重要了，它塑造成人，让成人适应任何社会条件、气候和地域。我们的研究以此为基础，我们需要思考：有人说"我爱我的家乡"，不是肤浅或矫揉造作的话语，而是自身及其生活的本质流露。

因此，我们可以理解，儿童凭借这种独特心智吸收生活地域的风

儿童的心智

俗、习惯，直至形成自己种族的个体类型。人的这种"地域"行为是童年时进行的神奇建构。显然，当地习俗和特殊心理是人后天形成的，由于人的这些特征都不可能自然形成。这样，我们拥有儿童活动的完整画面；他们构建的行为不仅适应时代和地域，而且适应地域心理。在印度，对生命的尊重如此虔诚，以致引起对动物的崇拜，这种崇拜成为印度民族意识的本质要素。现在，这种情感不可能被成人所具有；只说"生命应受到尊重"不会让我们有相同感受。我可以说印度人有道理，我可以感受到我也应当尊重动物生命，但这不是我的情感，而是我的推理。印度人的这种特殊崇拜，譬如对奶牛的崇拜，我们不可能感受到，相反，印度人不可能让自己的意识摆脱这种情感。由此可见，这种情感仿佛是遗传的，虽然是儿童在环境中形成的。有一次，在当地蒙台梭利学校花园内，我们看见一个两岁多印度幼童全神贯注地凝视地面，他用指尖似乎在地上画线。地上有一只蚂蚁断了两条腿，在艰难地爬行。他被这不幸一幕所吸引，试图用指尖开辟道路帮助蚂蚁前进。有谁不会说，这个印度幼童"遗传"了对动物的友好之情？

然而，另一个孩子被其动作所吸引，他走近些，看见蚂蚁，踩上一脚送蚂蚁归天。第二个孩子是个穆斯林。一个信奉基督教的孩子也会这样做，或者冷漠地走过去。人们可能这样想：他遗传了人和动物截然不同的观念，尊重和仁爱只对人而言。

其他民族信奉其他宗教，即使一个民族的精神背叛那些宗教时，在心里仍会感到焦虑不安。这些信仰和情感构成我们自身的一部分，正如在欧洲我们常说："它们渗入我们的血液。"构成个性的所有社会、道德习惯，决定典型意大利人、典型英国人的等级情感和其他情感，都是在童年凭借那种神奇心理力量建构的，心理学家把这种力量称作"记忆基质"。这一真理也适用不同种族的千差万别的典型动作。某些非洲原住民具有防御猛兽素质。另一些原住民本能地做恰当听力训练，以使他们的听力超强。结果，超强听力成为这些特殊部落成员的特质。同样，儿童吸收的所有个性特征根深蒂固，即使以后理性拒斥，某些特征会在人的潜意识中坚守，因为在童年建构的东西不可能被完全摧毁。这种"记忆基质"可以视为一种高级自然记忆，它不仅创造个体的特质，而且让这些特质和个体共存亡：儿童建构的东西在个体个性中永存，对四肢和器官也发生相同情况，从而每个人都具有自己的个人特征。

试图改造成人个体是徒劳无益的。当人们说"这个人不会办事"，或者看到这个人或那个人行为不端，通常我们会让此人感到丢脸（我们希望这样），进而引导他承认有缺陷，但事实上这一缺陷无法改变。

我们可以说，这种现象解释了人们对不同历史时代的适应；从旧时代过来的成人不能适应现在时代，而儿童能适应当代文明水准，因为他们能够成功建构适应当代及其习俗的成人。这向我们证明：在人的个体发育中儿童的功能是让人适应其环境，并建构一种行为模式，让人能在那一环境中自由行动并能影响环境。

由此可见，今天儿童应当视为一个连接点、历史不同阶段和不同文明水平的汇合点。童年是真正重要的时期，由于当人们想要灌输新观念，改变或改善国家的风俗习惯，让民族特质更突出，我们就应当把儿童当成对象，由于对成人成效甚微。如果实际渴望民众拥有更好素质、更高文明程度，就必须想到儿童，才能实现预定目标。在英国占领印度的后期，一个英国外交官家庭经常让一位印度保姆陪两个孩子去豪华饭店用餐，在那儿保姆席地而坐，叫孩子们吃抓饭，这是印度的风俗习惯。其目的是，孩子们成长时不要像欧洲人通常看到土著人用手抓饭产生鄙视和厌恶之情。因为不一致的习俗和情感是造成民族间不理解的主要动因之一。如果有人认为世风败坏，想要恢复旧习俗，只能对儿童进行工作；对成人做工作毫无效果。为了对生活施加影响，就必须面向儿童。创办幼儿学校的重要性就源于这一真理，由于是他们在进行人类建构工作，并且利用我们为他们提供的条件建构。

我们能够对儿童进行的伟大行动以环境作为手段，因为儿童吸收环境，从环境中获取一切并在自身将环境同化。由于其无限可能性，儿童可以成为人类的改造者，正如他们是人类的创造者一样。儿童带给我们巨大希望和崭新前景：人们利用教育可以大有作为，让人类彼此更好理解，人类生活更加幸福、精神境界更加崇高。

精神胚胎生活

因此，儿童从出生起就需要受到关照，主要把他们视为具有精神生活的生命体。今天，刚出生及出生头几天儿童的精神生活，引起心理学家的广泛注意。这趣味无穷的研究对象，似乎应当引导创立一门新科学；正如为儿童生活的身体方面所做那样：创立卫生学和儿科学。

因此，如果新生儿存在精神生活，那么这种生活应当事先形成，否则不可能存在。事实上，在胚胎中就存在精神生活：当接受这一观点时，会问我们在胚胎生命的哪个时期开始的。事实上，正如我们所知，有时新生儿是 7 个月降生而不是 9 个月，而且 7 个月降生的新生儿已经长成，完全可以存活。因此，他们的精神可以像 9 个月降生新生儿那样活动。这个例证无须赘言，足以说明我的看法，整个生命是精神生命。事实上，每种生命都拥有不同程度的精神能力和独特心理，无论生命形态多么原始。即使我们考察单细胞生物，也会发现它们存在某种精神形态：它们远离危险，接近食物，等等。

然而直至不久前，人们仍认为儿童缺少精神生活，只是最近在科学领域，其某些心理特征（以前未被注意）才开始被考察。

一些事实就像新光点在成人的意识中闪烁，就像责任心新征兆在显现。出生事实突然在文学艺术领域和心理学领域引起兴趣。心理学家称"出生的艰难冒险"，是对孩子而不是对母亲而言；是指孩子忍受痛苦却不能抱怨，只有当痛苦和挣扎结束后才哭叫。

新生儿突然应当适应一个与其生活过的环境截然不同的环境，立即应当具有以前从未行使的功能，在难以言表的过度劳累的条件下，进行人一生中最艰难、最富有戏剧性的排演。心理学家得出如此结论，他们为了界定这一微妙、决定性的时刻，找到表达方式："出生的恐怖"。

这肯定不是意识到的惊惶失措，但如果新生儿有意识心理能力发展，他们将会以问话表达心境："为什么你们把我投入这个可怕的世界？

我将能干什么？我如何能够以截然不同的方式生活？以前我连树叶沙沙声都没有听过，现在如何适应大量可怕的噪声？我如何能像您——我的母亲为我所做的那样，肩负非常困难的职责？我怎样消化、呼吸？我在您体内享用过湿润和恒温，现在如何抵抗可怕的气候变化？"儿童没有意识到所发生的一切。他们不可能说忍受着出生的创伤。然而，他们存在每种心理感受，即使没有意识到，他们在潜意识状态中感受，大略地感觉上文表述的心境。

因此，生活研究者会自然而然地认为，应当首先帮助儿童适应环境。千万不要忘记新生儿能够感觉害怕。人们经常看到，新生儿出生几小时后被快速地放入澡盆，他们会手脚乱动，像感觉下落者那样乱抓。这种反应揭示新生儿有恐怖感。大自然怎样帮助新生儿呢？无疑，帮助他们完成这种困难适应，譬如自然赋予母亲一种本能——把孩子紧紧搂在怀里保护以避光，母亲本人在孩子生命初期让自然搅得也无能为力。为了自己好，母亲保持平静，并把这种必要的平静传递给孩子。发生这一切，似乎母亲在潜意识中承认其新生儿的创伤，她把孩子抱在怀里，旨在用自己体温温暖孩子，保护孩子避免接受过多印象。

在人类母亲那里，这种保护举动不像我们看到动物母亲那样满腔热忱。譬如，我们看到猫妈妈把猫宝宝藏在灰暗角落，有人靠近时就会小心翼翼。人类母亲的保护本能没有如此警觉，并且自然而然地逐渐丧失。孩子刚一出生，就有人把他抱起，给他洗澡、穿衣，把他置于光下为了看清眼睛的颜色，对待他总像对待一件物品，而不是一个生命。这不再是大自然在指导，而是人类理性在指导，人类是骗人的，因为它不由理解力启发，而是习惯认为儿童没有精神。

显然，这一时期，或者包括出生的短暂时刻，应当单独考察。

这不涉及一般儿童精神生活，却是人和外部环境的第一次接触。如果我们研究动物，我们看到自然对哺乳动物提供特殊保护。自然安排幼崽出生前母兽和兽群隔离，在产崽后一段时间内仍和幼崽独处。这是群居动物，如马、奶牛、大象、狼、鹿和狗的典型特征。所有这些动物行为相同。在整个隔离期，动物幼崽有时间适应新环境。它们和母兽单独生活在一起，母兽对它们关爱备至，精心看护它们。在这个时期，新生幼崽开始慢慢地显现出本物种的行为。在这短暂隔离时期，动物幼崽对环境的刺激不断作出反应，这些反应符合物种的行为特征；这样，当母兽重返兽群时，幼崽为进入群体已经做好准备，并根据确定方式生活。不仅从身体上，而且从心理上说，它们是小马、小狼、小牛。

我们可以注意到，即使家畜也保留这些本能。在我们家庭中，我们看到狗、猫用自己身体护住下生的幼崽；它们再现自由状态下的动物本能，并实施亲昵行为让幼崽依恋母畜。可以说幼崽从母体中降生，但并没有脱离母体。自然不可能提供比这更实用的帮助，让幼年生命向成年生命逐渐过渡。

今天，我们这样解释这一时期：在生命的最初几天，动物的物种本能被唤醒了。

因此，不仅仅是由困难环境引起的对此环境的本能帮助，而且是和创造有关的行为。

如果这发生在动物身上，相似情况也应当发生在人身上。这不仅仅是困难时刻，而且是对整个未来都是决定性时刻。在这一时期发生每种潜能的苏醒，其后这种潜能应当指导儿童进行伟大的创造性工作，即精神胚胎的伟大创造性工作。由于自然给心理发展连续变化打上明显的身体痕迹，从而我们看到连接新生儿和母亲的脐带在出生几天后就脱落。这第一时期最重要，因为在此时期发生神奇的准备工作。

这样，我们不仅应当考察出生的创伤，而且应当考察那些确定无疑存在的积极因素是否能够启动。因为儿童若没有预先确定的特征，像动物行为所发生那样，却应当存在创造那些特征的确定潜能。确实，儿童不等待隔代遗传记忆行为来唤醒，但等待星云推力确定方向，没有形态，但充满潜在能量，这些潜能应当指导环境中人的举止及行为并使其具体化，我们称作"星云"。

适应功能是幼年生命任务，它可以和动物胚胎中发生的行为遗传"预设"相比较。动物降生时一切齐备：运动形态、灵巧性、选择食物、所属物种特定自卫方式。

相反，人应当在自己的社会生活中准备一切：而儿童在出生后，应当确定其社会集团的个人特性，应当从外部环境吸收那些特性。

出生与发展

由此可见，研究儿童的发展饶有兴味，当我们认识到儿童行使的功能是人类生活的"一般机制"。

新生儿从身体上看是不完整的，应当发展成为完整生命体——人。他们没有"对本能的唤醒"，不像动物幼崽那样能够"唤醒本能"，刚下生就和外部环境接触。然而，新生儿已经来到世界，继续行使胚胎建构功能，并建构其后仿佛"人本能整体"的东西。

由于人预先没有确定，新生儿应当建构人的精神生活和表达这种生活的所有运动机制。新生儿是连头都抬不起的惰性机体，但会像耶稣让那个男孩一样恢复精力，先坐起来，后站起来，最后耶稣把恢复健康的男孩交还给其母亲。新生儿将被交给在地球上活动的人类。那种运动惰性让人想起康希尔的发现——器官为其功能做准备，在神经中枢之后形成。

儿童在运动之前也应当构建心理设计，这样，起初儿童活动是心理的而不是身体的。因为运动应当根据心理生活的指导和准则被创造。智力把人和动物区分开来，因此人心理生活的第一个行为就是构建智力。

其余一切都在等待。

器官本身尚未健全：骨骼没有完全骨化；运动神经尚未被髓磷脂覆盖，这些覆盖层把运动神经分割开，从而它们能够传输中枢的指令。这样，身体保持惰性，仿佛只是雏形。

于是，人类首先发展智力，其余发展恰恰取决于发展其行为特征的这种精神生活。

出生后第一年至关重要，智力的突出发展是儿童的特征。

现在，儿童的发展包括许多方面，各个方面在时间顺序上遵循适用于所有人的独特规律。对出生后胚胎发展的特殊研究，指出何时头盖骨长成，并且由于软骨各部分接合，囟门逐渐闭合；何时出现骨缝消逝，比如额骨的骨缝；其后身体整个形态按相对比例独特变化；何时四肢及手脚实现最终骨化。还指明何时脊神经髓磷脂化；何时小脑——身体平衡器官（出生时很小）突然迅速生长，直至和大脑形成正常比例。最终，指明内分泌腺和消化功能腺体如何变化。

这些研究成果早就家喻户晓，表明身体发展"成熟"的连续程度，并且和神经系统生理发展程度有关。于是，譬如，如果小脑和神经没有达到成熟程度，身体就不能保持平衡，因此幼儿就不能坐着或站立。

教育和训练不可能改变这些可能性的限制。运动器官伴随其成熟，逐渐接受心理指令；其后心理指令促使运动器官运动，不确定地取得对环境的经验。

通过这些经验和这些练习，儿童的运动变得协调，最终意志能够有目的地掌控运动。

人和动物不同，没有固定的和谐运动；人应当完全自己建构：没有目的，但应当探寻目的。相反，大部分哺乳动物幼崽，按其物种，一下生就会行走、奔跑和跳跃。它们很快就进行困难训练，如果遗传需要，必须攀援或跨越障碍，或迅速逃窜。虽然人本身天生不具有灵巧性，却是能够进行复杂多样运动的生物，比如工艺品大师、杂技演员、芭蕾舞演员、长跑运动员、运动健将的运动。

在这种情况下，动因不是人们器官的成熟，而是人们对环境的经验，也就是说是训练和教育。每个个体变成自己灵巧性的创造者，虽然自身具有不变的生理条件。由此可见，人是自我完美的作者。

现在，必须区分儿童的这些不同特点。

为了确定儿童研究的方向，必须首先接受如下事实：虽说身体条件成熟的儿童开始运动，但其心理条件并不由身体条件决定。然而，正如我们已经指出的，人首先发展心理，器官要等待一段时间——心理准备为它们服务。当器官起作用时，依靠运动帮助、通过对环境积极获取经验，心理得到进一步发展。这样，儿童还不能利用刚刚发育好的器官，在其心理发展上会遇到障碍。虽然心理发展没有限制，它主要取决于使用行动工具克服怠惰无能的羁绊，但心理在自身发展。

心理发展和一种神秘事物、儿童潜能的秘密有关，每个孩子具有不同潜能，当儿童仍处于精神—胚胎期时，我们不可能探究这一秘密。

在这个时期，我们只能注意到全世界儿童具有一致性。完全可以说：儿童在出生时都一样，他们都遵循相同的发展模式及其规律。在心理领域发生在身体胚胎中发生的类似现象：细胞分裂经过相同阶段，以致几乎认不出胚胎之间的差异，即使随细胞繁殖将形成差异很大的物种，比如蜥蜴、飞鸟或兔子。然而，其后，按相同方式形成的动物，却产生并显现出巨大差异。

同样，从精神胚胎中可以产生一位天才艺术家、一位民族领袖、一位圣徒或一个平庸者。普通人能够具有不同倾向，引导他们在社会中选择不同的位置。因为他们恰恰注定不做"相同事情"，不具有"相同行为"，不像动物具有受物种遗传限制的固定行为模式。

然而，这种发展，这些不同的终点，我们不可能预见，也不可能在胚胎形成期、在出生后人的形成期进行考察。

在这一时期，我们关注的是帮助儿童生活发展，所有儿童的生活都按相同方式发展。对所有人来说，都先存在一个"适应"期，所有人心理发展都以生命冒险开始。如果这个时期按人的目的给予帮助，每个个体都能够更好地发挥潜能。

因此，在幼儿期只能有一种对待和教育儿童的手段；如果教育应当从出生开始，只能有一种方式。由此可见，不能谈论对印度、中国或欧洲儿童的特殊对待方法；对属于不同社会阶级的儿童也同样如此，但可以谈一种遵循"人的自然发展"方法，由于所有儿童都具有相同的精神需求，都遵循相同进程，以实现人的建构：每个人都经历相同成长阶段。

由于这不是一种看法，无论是哲学家、思想家，还是实验室的科学专家，都不可能陈述或启示这种或那种教育方法。

只有确定某些规律、决定发展中的人的某些需求的自然，能够陈述目的决定的教育方法，目的是满足生活的需求和规律。

儿童本身应当在自发表现和不断进步中，在其平和、幸福的表现中，在奋发努力和持之以恒的自由选择中，指示这些规律和需求。

终于，心理学家识别出一个短暂但关键的时期：出生及随后发展；虽然他们的解释只根据弗洛伊德观点，但他们提供了实际数据，并把儿童与"出生创伤"有直接关系的"回归特征"，同儿童因发展中所处生活环境导致的回归特征区别开来。这里的回归不是一般的回归。它们意味着新生儿的某种无意识决定：在发展中不是前进，而是向后退，即退步。

这种"出生创伤"，正如今天人们观察那样，将导致比孩子抗议和哭叫更可怕的后果，将导致孩子在发展中形成错误性格。由此造成的严重后果是心理改变，或更确切地说是某种畸变。儿童没有走上（我们所说的）正常道路，而是沿着一条错误道路越走越远。

儿童没有前进，而是遭受对"出生创伤"消极反应引起的痛苦，仿佛依恋出生前存在的某物。这种回归特征有不同形式，但都有相同的表现。可以说儿童自己判断这个世界，并且自言自语："我重返我原处之地。"新生儿长时间睡眠被认为很正常，但时间太长就不正常，弗洛伊德把这视为一种庇护、儿童找到的自卫方式，并表达对于面对的世界和生活的厌恶感。

此外，这种长眠不是潜意识王国吗？如果我们遇到对我们心灵痛苦骚扰时，我们就会尝试在睡眠中求得安宁。由于在睡眠中存在梦想而不是现实，在睡眠中存在无须斗争的生活。睡眠是避难所，却远离世界。有待考察的另一事实是，在睡眠中身体的姿势。新生儿的自然姿势是两手靠近脸部、两腿蜷曲。然而，在某些成人那里继续保持这种姿势，我们可以说，这意味着躲避到出生前状态。其后，有另一事实清晰地表现回归特征：孩子在醒来时大哭，好像他们被吓着了，仿佛应当重现把他们带到艰难世界的出生可怕时刻。幼儿往往遭受噩梦之苦，那噩梦反映生活的恐怖。

再晚些时候，这种倾向还表现为依恋他人，仿佛害怕独处。这种依恋不是感情亲密的表现，而主要是由于害怕。儿童胆怯，总希望有人陪伴，尤其希望母亲陪伴。他们不想出门，总愿待在家里，与世隔绝。世上一切使人幸福的东西都令他们惊慌失措，都令他们对新尝试产生厌恶感。环境没有吸引力，对于处于成长过程中的人来说，环境本应具有吸引力，相反环境似乎摈斥他们。如果儿童从幼年起就对环境产生厌恶感，而环境本应成为其发展的手段，那么他们就不会正常发展。想要不断进取的儿童，注定吸收整个环境，并在自身将环境具体化，从来不会厌恶环境。对厌恶环境的儿童来说，吸收环境变得非常困难，并且不会完整。他们的想法可以用一句话表达："生活即痛苦。"他们感觉做什么都费力，连呼吸都感觉困难。任何活动都和其本性冲突。这类孩子比其他孩子需要更多睡眠和休息。他们甚至连消化都显得困难。很好想象这类儿童在将来准备过什么生活，由于这种性格不仅现在具有。这类儿童很容易哭，总需要有人帮助，他们懒惰、忧伤和压抑。这种性格特征不是短暂的，将伴随终生。长大成人后，他们仍将厌恶环境，害怕遇到他人，总是胆小如鼠。这种人在生存斗争中甘拜下风，在社会生活中他们缺乏快乐、勇气和幸福。

这是潜意识的可怕回答。我们用有意识记忆可以忘记，但潜意识虽说似乎没有感觉并没有记忆，造成的后果比记忆还要严重，由于潜意识印象已经在记忆基质中存储，并深刻影响个体的性格特征。这是人类的巨大危险：如果儿童没有遵循正常音养目的受到关照，其后就会由自己建构的成人对社会进行报复。我们的漫不经心没有激起造反者（就像在成人中所发生的那样），而是形成的人比正常的人要软弱；形成的性格将成为个体生活的障碍，而个体将成为文明进步的障碍。

"星云"

这里，我想重提上文的观察，它们倾向于强调出生时刻对人的心理生活的重要性。但迄今为止我们只停留在早期观察上，即对回归性格的观察。现在，至关重要的是将这种性格和自然现象联系起来，显然在哺

儿童的心智

乳动物中显现出对新生幼崽的保护本能。早期博物学家的结论是，在出生后头几天，母兽对幼崽的独具特色的关怀，和在新生幼崽中激活该物种普遍本能有关。这一结论对深入研究新生儿心理作出有益贡献。

这些观念强调儿童适应外部环境的重要性，出生引起的震荡，从而要求对新生儿特别照料，就像对产妇特殊照料一样。母亲和孩子面对不同危险，但他们一起经受巨大困难。最终，虽说幼儿身体面临很大危险，但其心理面临危险更大。如果回归性格只由出生创伤造成，那么所有儿童都将具有这种性格。这就是我们借助一种假设的原因所在，它将同时观察人和动物。显然，这一特别重要的现象发生在生命头几天；在哺乳动物幼崽身上唤醒与物种行为有关的遗传特性。正如我在上文指出的，在儿童那里也发生类似情况，儿童没有遗传行为模式可遵循，但具有促使自己发展的"潜力"，并且通过对其外部环境的吸收来实现。

根据这一想法，我提出了"星云"概念，把指导儿童去"吸收环境"的创造力，与经过连续过程形成天体的"星云"作比较。在星云中粒子彼此分开、相距遥远，它们没有密度，但整体上构成某种东西，从远距离看，如同一个天体肉眼可见。现在，我们可以想象"星云"的觉醒，恰恰如同动物遗传本能的觉醒。譬如，从语言的"星云"，儿童接受能在自身创造母语的刺激和指令，这种母语是其环境所特有的，是他们根据确定规律而吸收的。借助语言的星云能量，儿童变得能够从其环境中混杂的其他声音中区分出说话声。对社会特征也可以这样说，正是儿童吸收的社会特征使其成为其种族的成人。

语言的星云不包括儿童将掌握的语言特殊形态，但从这种星云中，儿童将发现其出生环境中的每种语言，在全世界儿童那里，每种语言都能按相同时间和相同进程被建构并发展。

这里，我们考察人和动物之间的本质差异。刚出生的动物幼崽，几乎立即就会发出其物种的特有声音，因为它们根据遗传模式；而婴幼儿长时间不会说话，过了一段时间后，才说在其环境中发现的语言。于是，发生如下情况：一个荷兰孩子在意大利人中间长大，他会说意大利语而不是荷兰语，尽管其先祖遗传的语言是荷兰语。

显而易见，儿童没有继承语言的预定模式，而是继承通过无意识吸收活动建构一种语言的能力。这种潜能可以和生殖细胞的基因相比（基因的能力是引导组织创造并形成精确、复杂的器官），我们把这种潜能称作"语言星云"。

于是，星云关乎适应环境和再现社会行为的功能，儿童在出生时在自己周围发现这些星云，这些星云并不通过遗传产生行为模式（在种族的特殊进化中不断发展，并从而达到一定文明程度），而是给予出生后的儿童从环境中吸收那种模式的能力。对于心智能力也是如此，正如卡雷尔正确地写道，他提及心智活动："科学家的儿子并不遗传其父的任何知识要素。如果把他一人留在一座荒岛上，他的智力不会超过我们的原始先祖。"

在继续这一论题之前，我想澄清一点。读者可能会有一种印象：当提及星云时，我们想象自身存在的本能潜能，这将会使心智本质统一性黯然失色。如果我们提及星云，只是借机讨论，不是因为我们倾向于心智原子论。对我们来说，心智组织是一种动态统一体，其结构通过对环境获取积极经验而变化，经验受一种能量（生命冲力）指导，而星云是生命冲力的千差万别的方式和程度。

我们考察，因一个尚未认识事实，语言星云不起作用，或因一个不可知原因，它处于潜在状态；于是，语言未能发展。这种并不少见的反常现象，会让听、说器官甚至大脑正常的儿童成为哑人。通常这些儿童聪明，并且和其他人的社会行为没有差异。我遇到不少这种情况，耳科和神经科专家面对这种现象，供认感觉面对自然秘密。考察这些情况，并探究这些生命最初几天发生的事情将饶有兴味。

这些研究将解释在其他领域许多模糊不清的现象，譬如涉及适应社会环境的现象。这些研究在科学上显得比"出生创伤"假设后果更实际。我坚持认为，这些心理回归现象是由于缺少指导适应社会的那种生命冲力造成的。在这种情况下，儿童因缺少特殊敏感性，从其环境中什么也没有吸收，或者很不完善地吸收。他们没有感受到环境召唤、环境魅力，相反对环境感到厌恶（正是凭借环境个体通过连续收获来实现独立），从而被称作"热爱环境"的发展不可能产生。

于是，种族的特征、习俗、宗教和诸如此类的东西，没有被儿童正常地吸收，从而造成真正的道德反常、错位、脱离社会，显现出许多业已指出的回归特征。如果在人们那里存在创造性敏感，而不是遗传行为模式，如果凭借这些创造性敏感，他们应当创造适应社会的功能，显然这种敏感性构成整个心理生活的基础，在人的生命最初几年要确立的基础。然而，现在我们要问：我们能够把这种创造敏感性的推迟或没有觉醒归于某些原因吗？对这个问题尚无答案，每个人应当到科学声明对他们无能为力并认为神秘的人们生活中去探究。

现在，我只了解一个个案，能够代表一个研究原则。这是一个不守纪律、不能坚持任何学习的年轻人，他是个爱挑剔的小伙子，脾气很坏，很难交往，只得把他隔离。他长得英俊，身材匀称，也聪明。然而，他在出生后头 15 天，因严重营养不良造成体重明显不足，骨瘦如柴，尤其是脸更显瘦。其后，请来奶妈给他喂奶，奶妈也讨厌他，称他是"骨头架子"。从出生两星期以后，直至整个人生，他的发展正常。此外，他是个强壮的孩子，否则早就死了，但这个活过来的青年命中注定要变成罪犯。

我们不要围绕有待证实的假设浪费时间，但我们考察一个至关重要的事实。敏感性星云制约新生儿的心理发展，正如基因制约受精卵在体内形成。因此，我们给予新生儿特殊照料，正如高级动物在唤醒物种心理特征短暂时期所作出的榜样。我们不仅谈论出生后头几年或头几个月对儿童的照料，更不应当只局限于对其身体健康的关注。相反，我们要确定对聪明母亲和一般家庭特别需要的重要原则：对刚出生和出生后前几天的新生儿，应当存在一个正确、谨慎的"特殊对待准则"。

八　赢得独立

　　儿童只要没有显现回归特征，就会清晰地展现努力争取独立的倾向。于是，发展驱使儿童获取越来越大的独立性，正如离弦之箭，准确、强劲、平稳地飞驰。人从生命之初，就努力争取独立；同时发展、完善自己，克服在前进路上遇到的障碍；在个体中存在一种强劲生命力，它指导个体不断进化。这种力量被珀西·农称作生命冲力。

　　如果我们要在有意识心理领域找到和生命冲力相近的东西，可以和意志力相比较，尽管两者之间极少相似之处。意志力是太小的东西，和个体意识联系紧密，而生命冲力是属于一般生命的东西，我们可以称之为神力、任何进化的原动力。

　　这种进化生命力驱使儿童进行种种活动，当儿童正常发展时，其活动没有遇到障碍，它显现为（我们称作）"生命欢乐"的东西。儿童总是满腔热忱、心满意足。

　　儿童赢得独立是所谓"自然发展"的进程。换言之，如果我们认真考察自然发展，我们可以把它界定为不断地赢得独立，不仅在精神领域，而且在身体方面；由于身体也有成长和发展的倾向，其冲力和推力非常强劲，只有死亡才能中断。

　　因此，我们考察这种发展。孩子出生如同走出监狱——母亲的子宫，这使他们脱离母亲的功能。新生儿具有冲力，需要应对环境和吸收环境。我们可以说，他们带着"赢得世界的心理"降生。他们把世界吸收于身，吸收同时构建自己的精神世界。

这是生命初期的典型特征。如果儿童感受到赢得环境的冲动，显然环境应当对他们具有吸引力。因此，我们用不太恰当的话说，儿童感受到对环境的"爱"。我们还可以用卡茨（D.Katz）的话说："世界向儿童展现了丰富多彩的敏感刺激。"

儿童最早活动的器官是感觉器官。现在，这些感官若不是吸收器官，用以把握印象（儿童应当使其具体化）的工具，又是什么呢？

当我们观察环境时，我们看见什么呢？我们看见环境中存在的一切东西。同样，当我们开始洗耳恭听时，我们会听到环境中发出的所有声音。我们可以说，吸收领域十分广阔，几乎是全球的，这就是自然路径。我们不是吸收一个一个的声音、一个一个的事物；我们一开始就吸收所有东西、吸收整体。其后再区分物与物、乐音与乐音、噪声与噪声，这是最初整体吸收的进化，"格式塔心理学"① 清晰地证明这一点。

这就是正常儿童的精神图景；儿童首先吸收世界，然后再分析世界。

现在，我们假设另一类儿童，他们没有感受到环境不可抗拒的吸引力；这类儿童对环境的热爱被害怕、恐惧所损害和破坏。

显然，前一类儿童和后一类儿童的发展情况截然不同。在考察儿童发展时，我们特别关注6个月大婴儿，他们显现出被视为正常成长迹象的现象。6个月大婴儿经受某些身体变化。有些变化是看不见的，只有通过实验才能发现。譬如，胃脏开始分泌消化所需的盐酸。6个月大婴儿还会长出第一颗牙齿。由此可见，遵循一定成长进程发展，儿童身体进一步完善。这种发展使得6个月大婴儿可以不吃母乳就能生存，或至少可以增加一些代乳品。如果我们记得此前婴儿绝对离不开母乳，因为他们受不了其他任何食品——消化不了，那么我们就会认识，在这一时

---

① 格式塔心理学为一种心理学方法。主要信条是无论如何不能通过对各个部分的分析来认识整体。要理解整体的全部性质，就需要"自上而下"地分析从整体结构到各个组成部分的特性。

期，他们赢得多么显著的独立性。这就仿佛 6 个月大婴儿说道："我不想再依靠母亲生存了，我是小生命，现在我能吃所有食品。"在青春期孩子身上也发生类似现象，他们由于自己家庭做主而感到羞辱，不愿再依靠家庭生活。

大约在这个时期（应当视为童年生活的关键时期），儿童开始咿呀学语。这是儿童将建筑的语言大厦的奠基石，而掌握语言是儿童为赢得独立迈出的一大步、另一伟大成果。当儿童掌握语言时，他们就能表达自己的意愿，不再依靠他人猜测其需求；他们开始和人类进行交流，因为只有语言才是人与人之间进行交流的工具。掌握语言和能够与他人进行聪明交流，代表在独立道路上迈出决定性的一步。起初儿童仿佛聋哑人，因为他们不会表达，也不懂得他人所说的话，由于掌握语言，他们仿佛同时获得听力和说话能力。

过了一段时间，1 岁儿童开始走路，这等于他们走出第二所监狱。现在，儿童可以用双腿跑了，如果你们追上他们，他们就能躲开、逃避你们，他们知道自己想到哪儿，双腿就能把他们带到哪儿。这样，人不断发展、成熟，由于向着独立不断前进，人才获得自由。这不是意志问题，而是独立现象。实际上，是自然给予儿童成长的机会，让他们独立，并指引他们走向自由。

"学会走路"至关重要，尤其考虑到走路动作特别复杂，而 1 岁婴儿就能完成，同时还能掌握语言、定向等等。对儿童来说，走路是非常重要的生理收获。其他哺乳动物不需要学走路；人在成长过程中，在会走路，甚至会双腿站立之前，应当取得三大成果。事实上，小牛犊及其他动物幼崽和人类截然不同，它们刚下生就开始走路，即使它们是比我们低级的动物，即使它们体形巨大。我们显得软弱无力，因为我们的成长更微妙，因此需要更长时间。走路和双腿站立的能力包含不同要素促使的巨大发展，这包括脑，尤其是小脑，它是脑的一部分，位于脑的基部（见图 6）。

恰恰在 6 个月时，婴儿小脑迅速发展，这种迅速发展期一直延续到 14—15 个月，这之后小脑发育放缓，一直到 4 岁半。双腿站立和走路

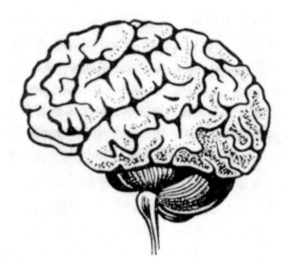

图6 小脑

的能力取决于小脑的发展。在儿童那里，这种发展很容易进行：这两种发展相继进行。6个月大婴儿开始坐立，9个月时开始用手和脚爬行，10个月时能够站立，12—13个月时会走，而15个月大的幼儿已经走得很稳了。

这一整体发展的第二个要素是某些神经发育完成。如果脊骨神经没有发育完整，正是通过这些神经对肌肉直接传递指令，那么指令就不可能传递。只有在此时期神经发育完成，肌肉才能运动。于是，为了获得"行走成果"，必须和谐地协调整体发展的诸多要素。应当参与合作的第三个要素是骨骼的发育，这是此时期儿童生活的另一成果。儿童在出生时，双腿没有完全骨化，正如我们所见，其中一部分是软骨，因此还不能站立。在此条件下双腿如何承受身体重量呢？由此可见，在儿童能够开始走路之前，骨骼应当发育完成。还要注意另一特殊情况：新生儿在出生时头盖骨的骨头尚未接合，只是现在才闭合。这样，当孩子跌倒时，不会冒损害大脑的严重危险。

在此时期之前，我们若想靠教育教孩子走路，我们注定以失败告终，因为行走取决于一系列身体同步发育，也就是说必须呈现局部成熟状态。试图强化儿童的自然发展，只能严重地伤害儿童，而徒劳无益。自然在指导，一切取决于自然，因此应当服从自然的精准命令。同样，当儿童已经开始走路，我们试图阻止，也不会成功，因为按自然规律，当一个器官发育成熟，就应行使其功能。按自然规律，创造不仅意味着制作出某些东西，而且还要让这些东西发挥作用。器官刚刚发育完成，就应立即在环境中行使其功能。在现代语言中，这种功能被称作"环境经验"。如果没有取得这种经验，器官就不能正常发展，因为器官起初不完备，必须被应用才能达到完备。

因此，儿童通过环境经验才能发展，我们把这种经验称作"工作"。儿童刚会说话，就开始滔滔不绝地说，无人能够强迫他们缄口不语；让一个孩子不说话是非常困难的事情。如果孩子不说话不走路，就不能正常地发展，其发展必将滞后；相反，孩子走、跑、跳，这样运动就锻炼了双腿。大自然首先创造工具，然后通过其功能及环境经验来发展它们。因此，儿童通过获取新的能力，扩大自己的独立性；只有让他们自由活动，他们才能正常地发展。儿童通过获得独立性的训练来发展。其实，正如现代心理学家所说，发展不是自身发生的；"每个个体的行为通过其对环境的经验得以确定。"因此，我们把教育理解为对儿童生活的帮助，每当儿童显现出实现某种程度的独立性时，我们不能不满心喜悦，每当儿童说出第一个词语时，我们不能不欣喜若狂，我们更加认识到，对这些变化的发生，我们无所作为。然而，当我们思考：虽说儿童发展不可阻挡，当我们不让儿童在环境中获取经验，他们的发展就会不完整或者滞后，就会出现一个教育问题。

教育的首要问题是为儿童提供一个允许其发展自然赋予功能的环境。这不仅仅意味着让儿童心满意足，允许他们做喜欢做的事情，而且意味着我们准备配合自然的命令，遵循自然的一个规律——儿童的发展通过在环境中获取经验得以实现。

迈出第一步，儿童的经验达到更高水平。如果我们观察此时儿童的发展，就会看到他们具有争取进一步独立性的倾向。他们想要按自己的意愿行事，也就是说想要自己搬运东西、穿衣、脱衣、进食，等等，这些不是我们提示促使的结果。他们内在的冲动如此强烈，以致我们通常竭力阻止他们行动。然而，我们成人反对儿童行动，不是反对儿童，而是反对自然本身，因为儿童的意志符合自然，他们一步一步地遵循自然规律；他们先服从一条自然指令，再服从另一条指令，从而越来越赢得独立性而摆脱对周围人们的依赖，直至那一时刻到来——他们想要在精神上独立。此时，他们显现出通过自己的经验而不是他人的经验，发展自己心智的倾向；他们开始探寻事物的原因。在整个童年时期，沿着这条发展路线，他们构建人的个性。这不是一种理论或一种见解，而是通过认真观察发现的清晰自然现象。当我们说应当给予儿童充分自由时，儿童的独立性和他们的正常活动应当由社会来保障，我们不是说空洞的理想，我们是说对生活、对自然（这一真理的揭示者）进行直接观察。只有通过自由和对环境的经验，人类才能发展。

当我们提及儿童的独立和自由时，不是指在成人世界认作理想的独立与自由的观念。如果成人应当考察自身，并给独立与自由下定义，他们不可能准确的界定，因为他们关于自由的观念相当贫乏。他们对无限大自然没有广阔视野。只有儿童自身显现大自然的雄伟景象，大自然给予生命，同时也给予自由和独立，大自然在给予时，遵循关乎生物体的时间和需求的确定规律；大自然把自由变成生命的规律：要么自由，要么死亡。我相信大自然帮助并支持我们理解社会生活。仿佛儿童为我们提供整个画面，而我们只把握社会生活的局部景象。儿童是正确的，因为他们为我们提供探索实在、真理的向导。当存在一个自然真理时，就不可能对它持怀疑态度，因此儿童的自由通过发展和成长得以实现，这一真理引起广泛兴趣和思考。

这种越来越大的独立性的目的何在？独立性源于什么？独立性在形成个性中产生，并善于控制自己的行动。然而，在大自然中每种生物都致力于这一目的；每种生物都独自行动，因此在此点上儿童服从大自然的规划。儿童获取自由，自由是所有生物的生命首要法则。儿童如何赢得独立？儿童通过持续不断活动获取独立。儿童如何实现自己的自由？通过持之以恒的努力；生命发展不能滞后和停滞。独立不是静止，而是连续不断的获取，通过持续的工作，不仅赢得自由而且增强力量、实现自我完善。

儿童的首要本能是独自活动、无须他人帮助，获取独立后第一个有意识行动是抗拒他人的帮助。为了独自行动，儿童总要作出巨大努力。正如我们中许多人所想，幸福的理想是坐享其成，让他人为我们工作，孩子出生前是最理想的状态。这就如同孩子重返母体内，以便让母亲为他提供一切。这样，可以说，由于掌握语言艰难——必须和同类进行交流；如果采用理想生活模式——休息，儿童就会放弃努力说话，放弃努力进食一般食物，放弃走路的艰辛，放弃为认识周围事物而引起极大兴趣的智力工作。

然而，儿童所证明的事实并非如此。儿童揭示出大自然的教诲与社会不断形成的理想截然不同。儿童通过工作获取独立——身体和心智的独立。他人了解的东西对他们并不重要，他们想要自己掌握知识，想要获取对世界的经验，靠自己个人努力来感知世界。我们应当清晰地认识到，当我们给予儿童自由和独立时，我们就给予积极活跃劳动者自由，他们不进行工作和从事活动就不能生存。这是生物存在的形态；人类也具有这种倾向，当我们试图阻止它时，我们将造成个体的退化。

创造中的万物生生不息地活动，生命是最高级活动，只有通过活动，生命才能追求并实现完善。通过上几代经验传给我们的社会渴望、生活理想：劳动时间要少，他人替我们劳动，日益懒惰。大自然显现并指出这些都是退化儿童的特征。上述渴望是这类儿童回归现象的标志，他们在出生前几天没有得到帮助以适应环境，从而他们对环境和活动感到反感。这类儿童显现出希望被伺候和帮助，被抱在怀里或放在童车里，厌恶与他人结伴并总喜欢睡觉。他们展现出自然证明属于退化的特征，这些特征被识别、分析和描述成回归胚胎生活倾向的标志。正常出生和生长的儿童向着独立迈进；逃避独立的儿童是退化的儿童。

这些退化儿童向我们提出截然不同的教育问题。如何治疗延迟并偏离正常发展的回归症？偏离正轨的儿童不爱环境，因为环境对他们过于艰难和抗拒。今天，偏离正轨的儿童已成为心理学科学研究的核心对象，这种心理学恰恰可以称作"心理病理学"。越来越多的指导儿童诊疗所建立了，一些新技术，比如游戏疗法被创造，以对付日益增多的偏离正轨儿童。教育学教导人们说，环境要呈现最小抗拒力，因此人们要尽量减少环境中可以避免的障碍，或许可能消除一切障碍。今天，人们千方百计让环绕儿童的环境具有吸引力，尤其当儿童对环境感到反感的情况下，必须帮助他们战胜冷漠和厌恶的情绪，培养同情和仁爱之心。我们还为儿童创造愉快有趣的活动，因为我们知道发展通过活动才能实现。环境应当富有动因，让各种活动饶有兴味，促使儿童在工作中获取自己的经验。这些是生活和自然启示的清晰原则，它们引导偏离正轨儿童（他们已经具有回归特征），从懒惰倾向朝渴望工作，从嗜眠和迟钝向积极活动，从害怕状态（他们有时显现出特别依恋他人，不愿离开他人）向满心喜悦的自由、促使赢得生活的自由转化。

从惰性向工作转化！这是治疗的方针，正如恰恰是儿童发展的路线。对于新教育来说，这应当成为基础；是大自然本身指示并奠定这一基础。

成熟的概念

虽然我不想在理论上展开深入、冗长的讨论，但在转到另一主题之前，我想澄清涉及"成熟"概念的某些内容，由于我认为这对于正确理解以下几章至关重要，对于本书的其他部分也很重要，使得我的学科观点清晰。"成熟"一词最初被遗传学和胚胎学采用，指受胎前一个不成熟生殖细胞变为成熟细胞的发展时期。

但在儿童心理学领域，这一概念的内涵更宽泛，指某种规范成长机制，它用以保证类型整体平衡和成长方向。格塞尔尤为坚持这个概念，虽然他没有形成非常简明的定义。然而，如果我们更好地理解他，他想说的是：个体的成长受确定的规律支配，这些规律应当遵循，因为儿童"具有大部分天生的体质特征和倾向，它们决定儿童在什么时限内学习、怎样学、学什么”。

换言之，格赛尔说儿童具有不受教育影响的功能。

就生理功能而言，这是正确的。事实上，正如我在上文业已指出，我们不能教儿童走路，在其部分器官没有成熟稳固之前；在一定年龄之前，儿童也不可能开始说话（同样，当他们开始说话时，也不可能阻止他们）。追踪我的工作的每一个人，都会知道我一直站在捍卫儿童成长自然规律先驱者之列，我甚至把这些规律作为教育的基础。然而，若格塞尔观点正确地应用于儿童精神成长，就显得过于偏重生物学了。根据他的一元论观点，他强调“儿童心智发展和身体发展同步，都经过相同发展进程”。但这并不确切。如果我们在一个与世隔绝的遥远地方扶养一个孩子，只给他提供物质营养，他的生理发育会正常，但他的心智发育会严重受损。伊塔尔[①]博士为我们提供了一个极有说服力的例证，他描述自己耐心教阿韦龙[②]野孩。千真万确，正如我以前说过，我们不可能造就一位天才，我们只能帮助个体实现自己的潜能，如果我们思考“生物成熟”，还必须考察“心理”成熟，正如我们在前几章尝试澄清那样，“心理”成熟和在胚胎学中所见现象类似。

在机体形成的生命进程中，不是全部、整体成长，也不是渐进的成长；各个器官发展围绕短时间活动的诸点分开进行，其后这些活动点就消逝了。这些活动点或活动中心起作用，其创造性目的是决定每个器官形成，除这些活动中心外，还存在涉及某些重要活动的敏感期，这些活动益于生物体在外部环境中生活。正如荷兰生物学家德·夫里厄斯已指出的那样。在心理学领域，我们发现类似进程，让我们确信人类本性符合心理学方法。由此可见，成熟概念比格塞尔理解的复杂得多。

“成熟”远非“在一个时间周期内、在自身局限内基因活动的总效果”，因为除基因作用外，还存在作为作用对象的环境，而环境在决定“成熟”方面扮演重要角色。至于心理功能的成熟，只有通过对环境的

---

①　伊塔尔（J.M.G.Itard,1775—1838），法国外科军医，杰出的耳科专家。

②　阿韦龙，法国地名。

经验才能实现；根据发展的不同阶段，对环境的经验不断变化；在生长进程中，生命冲力改变其结构，并在个体中表现为无目的地长时间重复特殊行为的强烈兴趣，直至从这些不断重复行为中突然爆发式地产生新功能。这样，该功能独特模式被一种外在地难以觉察的成熟建构，因为那些不断重复的行为和从中产生的功能没有直接关系，但功能刚一开始，那些行为就被抛弃，儿童有意识的兴趣转向准备另一功能的活动。正值自然对那些经验特别敏感时，如果让儿童远离那些经验，那种趋向经验的特殊敏感性将会消逝，发展和成熟都将受到干扰。

如果我们在心理学最近著作中考察成熟的更宽泛的定义，会看到"成熟在于主要为遗传的结构变化，也就是说它们源于受精卵的染色体。但它们还部分地是机体和环境相互作用的产物。"据此我们解释我们自己的确证，我们可以说，我们生来具有在吸收性心智一般结构中的生命冲力，还有在讨论"星云"时提及的其具体化及差异。

这种结构在童年，即在我们沿用的德·夫里厄斯的术语——敏感期里发生变化。现在，这些制约着成长和心理发展的结构，也就是吸收性心智、星云和敏感期以及它们的机制都是遗传的和人类特有的。但它们要实现必须通过对环境的自由活动以获取经验。

九　人生初期的关注

谁如果建议帮助人类精神发展，就应当从如下事实出发：儿童的吸收性心智趋向环境；尤其在生命初期，我们要特别谨慎，让环境具有魅力，让这种心智对环境产生兴趣并汲取营养、建构自身。

正如我们所见，存在不同的心理发展时期，而环境在每个时期都起着至关重要的作用；但出生后时期环境的作用最大。今日认识到这种重要性的人仍是少数，因为直至几年前人们仍怀疑两岁幼儿有紧迫心理需求，从而对这些需求一无所知会给其一生带来痛苦后果。

科学的注意力集中在儿童身体方面：尤其在 20 世纪医学和卫生学制订细致入微措施以降低过高的婴儿死亡率。但恰恰因为要战胜死亡，这些措施仅限于身体健康。心理健康领域还几乎不为人知，对此关注的人只能找到一些指示：童年的主要目的是培养适应其时代其环境并研究自然的个体。

现在，正如我们已发现的，自然揭示一个孤立期和对环境心理反应期，这一时期对于具有预定行为模式的哺乳动物也不可或缺。

如果我们认识到，人没有预定行为模式，儿童面对的问题不是激活、唤醒，而是心理创造，就会很容易地理解环境对于人类之子的作用有多大。环境的价值和重要性被夸大，正如它导致的危险被夸大一样。因此，我们应特别注意围绕新生儿的环境，以有利于其对环境的吸收，不要让其发展回归恶习，应当感受到其进入的环境的吸引而非拒斥。婴儿的进步、成长和发展都取决于此，都和环境能够提供的吸引力有直接关系。

在人生头一年可以区分出不同时期，要求特别关注。第一时期很短，是戏剧性地进入世界。我们不想详尽论述，只能陈述几点原则。在出生后最初几天，婴儿应尽可能和其母亲接触，并置于一个和在母体中差异不大的环境，譬如温度适宜，光线弱，没有噪声，由于婴儿来自一个温暖、宁静、黑暗的地方。在现代儿科诊所里，今天母亲和孩子被置于一个玻璃墙壁的房间，该房间温度容易控制，这样可以逐步达到室外正常温度。玻璃是蔚蓝色的，为的是进入房间的光线柔和。还需要注意触摸和移动婴儿的方式。不要像以往那样，把孩子快速放在地上的浴盆里，这样会惊吓孩子，不要很快就给他穿衣，毫不关注他的感觉，仿佛他是没有感觉的物品。今天科学认为，应尽可能少地触摸新生儿，也不应当给他穿衣，要置于无过堂风、温度充分的房间，以保证孩子身体温暖。现在移动新生儿的方式也已改变，把他轻轻地放在类似吊床的柔软床垫上；避免快速地抱起或放下新生儿，动作要像对待伤员那样小心谨慎。这不仅仅是纯粹卫生学的要求。护士都戴着口罩，以避免她们呼出的细菌进入新生儿的环境。母亲和新生儿就像在同一身体内相互关联的两个器官，需要受到相同的精心照料。这样，有益于遵循自然规律以适应环境，由于在母亲和新生儿之间存在特殊联系，就像磁铁吸引铁钉一样。

在母亲身上存在新生儿习惯的力量，这种力量为他提供不可或缺的帮助，在出生后困难的最初几天以适应环境。

我们可以说，对母亲而言，新生儿改变其位置；现在他在母体之外，但一切如初，他们之间总存在联系。今天，人们这样认识母亲和孩子的关系，但就在几年前，即使在最好的儿科诊所，都把母亲和新生儿分开。

我描述了（可视为）科学护理婴儿"最新措施"。其后，大自然告诉我们，在整个童年时期，这些特殊护理措施不是必需的；短暂时间过后，母亲和婴儿能够从孤立状态走出，并进入人类社会。

儿童社会问题不同于成人社会问题。可以说，迄今为止社会条件对儿童的重压和对成人的方式相反，由于在成人中是穷人受苦，而在儿童中是富家子弟更受苦，这种说法并不荒谬。除了衣服、社会习俗、亲朋好友结伙探视造成新生儿不便外，富裕阶层母亲通常把新生儿交给奶妈照料，或者求助于其他喂养方式，而穷苦母亲遵循自然方法——自己带宝宝。许多其他细致入微的考察可以告诉我们，在儿童世界，事物和价值创造的关系不同于在成人世界。

一旦这最初时期过去，儿童就能平静地适应环境，没有任何不情愿。他们开始走上（我们描述过的）独立的道路，我们可以说他们张开双臂拥抱环境，吸纳环境，直至把生活其中的世界风俗习惯变成自己的。这样发展的第一个活动，我们可以称作收获，是感官活动。由于儿童的骨骼组织发育不完整，他们尚无活动能力，其四肢也不能运动，因此其活动不能是运动活动。他们的活动只能是精神活动——吸收感官印象。儿童的眼睛非常积极，我们应当注意，正如科学近期指出，儿童的眼睛不仅仅受光线影响。儿童不是消极被动的。他们无疑接受各种印象，但他们是环境中的积极接受者：是儿童本身探寻这些印象。

现在，如果我们考察一种动物，就会发现野兽的眼睛和我们的视觉器官相似——某种相机。但这些动物受物种本能驱使应用眼睛，它们受某些东西的吸引，而对其他东西视而不见，从而不是全部环境给它们印象。它们的内在向导引导它们朝一定方向行动，它们使用眼睛就是跟从其行为的向导。

从降生起，它们就有内在向导；其后感官完善并形成，就是为了跟从这一向导。猫的眼睛由于夜晚的微光而完善（正如其他夜晚捕食动物一样），虽说猫对黑暗感兴趣，但只被活动的东西所吸引，对静止的东西毫无兴趣。在黑暗中某个东西刚一活动，猫会立即扑上去，对环境中其他东西丝毫不注意。猫对环境没有普遍兴趣，只对环境中特殊东西具有本能冲动。同样，某些昆虫只被一定颜色花朵所吸引，因为在那种颜色的花朵中有其吸食的营养。现在，一种昆虫刚从蛹中出来，不可能有任何经验以遵循此路线，只受其本能引导，而眼睛接受本能引导。通过

儿童的心智

这种本能引导，动物实现本物种的行为。因此，个体不是其感官的牺牲品，而是被其感官拖着走。感官存在，并且为其主人（向导）服务、工作。

儿童具有特殊能力。他们的感官也为一个向导服务，但不像动物那样受局限。猫只限于对环境中活动的东西感兴趣，仅被活动的东西吸引。儿童没有类似限制，他们观察四周的一切，经验向我们证实，他们趋向吸收一切事物。此外，他们不仅通过眼睛这个相机吸收，而且在其身上产生某种心理—化学反应，从而这些印象变成其心理的组成部分。我们可以进行如下思考（不意味着科学证明）：人仅仅被其感官拖着走，是感官的牺牲品，自身存在错误的东西。人的内在向导可能存在，但没有对其产生作用，而是变得非常衰弱，从而人成为被抛弃者、感官的牺牲品。

由此可见，关爱并唤醒每个儿童的内在向导至关重要。

为了澄清儿童吸收环境的机制，我想做一个比较。有些昆虫和叶相似，另一些昆虫和茎相似。这些被引证的昆虫和儿童心理发生的情况类似；它们在与之相像的枝、茎和叶片上生活，从而同其环境完美地融为一体。对儿童来说，也发生类似情况。儿童吸收环境，并且与环境和谐相处中自身改变，就像昆虫和它们赖以生存的植物所做那样。儿童从环境中吸收的印象是如此深刻，以致会产生某种生物的或心理—化学反应，最终他们和环境本身相像。儿童变得和他们喜爱的东西相像。人们业已发现，在每种生命中都存在吸收环境并同环境融合的能力，在我们引述的昆虫和其他动物中是一种身体能力，在儿童中是心理能力。这是有待考察的生命最大活动之一。儿童观察事物不同于我们成人。我们观察事物，可能呼喊："真美呀！"其后，我们可能观察其他事物，只保留下一种模糊记忆。但儿童不然，他们通过接受事物深刻印象来建构自身，尤其在生命的初期。在童年，凭借其幼稚的能力，获得独特个性，如语言、宗教、种族特征，等等。这样，儿童实现对环境的适应。在这种环境中，儿童吸收其习俗、语言，不断发展并感到幸福。

不仅如此，儿童实现对任何新环境的适应。适应环境意味着什么？

意味着改变自身以适合自己的环境，为了让环境构成自身的部分。因此，我们应当扪心自问：为了帮助儿童，我们要做什么，为他们准备什么环境。如果我们问 3 岁孩子，他本人会告诉我们。我们把他置于充满鲜花和美好事物的环境中；我们应当为他提供和其发展相匹配的活动动因。我们可以很容易地发现，某些活动动因存在于环境中，以便为儿童提供功能练习的机会。然而，如果"新生儿"应当吸收环境以实现适应，我们能为他准备何种环境呢？对这个问题没有答案。他的环境应当是世界、在世界中围绕他的一切。由于他应当掌握语言，就必须生活在说话的人们中间，否则就变得不会说话；如果他应当获得某些特殊心理功能，就必须生活在经常运用那些能力的人们中间。如果婴儿应当具有风俗习惯，就必须生活在遵循风俗习惯的人们中间。

事实上，这是极富革命性的确证；和最近几年人们所思所为大相径庭，由于按卫生学推理得出的结论（或不是结论）——幼儿应当隔离开来。

于是，把儿童置于专门房间，当发现儿童房在卫生学上并不适合，又以医院为样板，让孩子独处、尽可能多睡，仿佛他们是病人。请我们懂得，如果从身体健康上看代表进步的话，那么对社会是一种危险。如果儿童关在与世隔绝的托儿所里，只有一位保育员陪伴，他们得不到真正的母爱，他们正常发育和成长会受到阻碍；发育迟缓、心存不满和精神饥渴成为他们受害的结果。他们没有和母亲生活在一起，他们渴望和母亲在一起，因为和母亲能够进行特殊的情感交流；他们只能和少言寡语的保育员接触；他们通常被放在童车里，从而环境中一草一木都看不见。孩子出生的家庭越富有，这种不利条件越严重。幸好，战后这种状况有很大改变；贫困、新社会条件让父母慈爱地经常地陪伴儿童。

对待儿童的态度应当真正被视为一个社会问题。今天，对儿童的观察和研究使人们确信，一旦他们能够走出家门，就能够带着他们漫游，让他们看尽可能多的东西。于是，高篷童车又时兴了，儿童房也发生改变。除严格符合卫生标准外，现在房间四壁满是图画，儿童躺在稍稍倾斜的垫子上，这样他们可以将整个环境一览无遗，而不用被迫两眼紧盯

儿童的心智

天花板。

　　掌握语言是更为困难的问题，尤其当聘用的保育员家境不同于儿童家境时就更困难。这个问题还有另一方面：当父母和朋友谈话时，儿童是否应和父母在一起？尽管有许多不同看法，我们应当说，如果我们想要帮助儿童，就要让他们和我们在一起，为了让他们能看见我们做什么，听到我们说什么。即使他们不能有意识地把握四周的一切，他们将保留其潜意识印象，并将吸收印象，这将帮助他们成长。当儿童被带到户外时，他们更喜欢什么呢？我们不可能作出确切回答，但我们应当观察儿童。富有经验的妈妈和保姆发现儿童对某个事物特别感兴趣时，就会让他们随心所欲地注意观察。她们把孩子举起，让孩子凝视那东西，看到其小脸上洋溢着对吸引他的东西的勃勃兴致和喜爱之情。事实上，我们如何能够判断什么让儿童感兴趣呢？我们应当为他们服务。因此，以前的全部观念要推翻，新的革命意识必须在成人中间传播。成人必须确信，儿童生活要求适应环境，因此他们必须和环境进行全面而完整的接触，如果儿童不能适应环境，我们将面临一个严重社会问题。今天的许多社会问题，无论在道德领域，还是在其他领域，都是个体不能适应环境造成的。这是一个基本问题，它凸显：未来儿童教育将最有理由受到社会重要关注。人们可能会问，这样一个真理怎么能够不被认识呢？人们听到新生事物后的习惯看法：在过去不了解这些新概念，人类不是照样发展。我们听他们说："人类古老，千千万万人生活过；我自己也长大成人；我的子女也在成长，但并不存在类似理论。儿童同样把握自己的语言，还拥有风俗习惯，它们如此根深蒂固，以致变成偏见。"

　　现在，我们考察一下不同文明程度的民族的行为。我们觉得，在扶养儿童方面，他们比我们西方人睿智，掌握我们最现代的观念。在许多国家，我看到儿童没有像在西方那样，扶养方式背离自然的要求。在大部分国家里，无论母亲走到哪里，儿童总跟随她们，母亲和孩子如同一个人。一路上妈妈讲、孩子听。妈妈和一位商贩讨价还价，孩子一直在场；妈妈做任何事情，孩子都亲眼目睹、洗耳恭听，在整个喂奶期全是这样，这就是母子难舍难分的原因所在；由于妈妈要给孩子喂奶，每当她外出工作时就不能把孩子单独留在家中。除喂奶的原因外，还要补充上母子之间的亲情和天然吸引。于是，喂养孩子和爱把两个生命连在一起，解决了以自然方式适应环境的问题。由此可见，妈妈和孩子只是一个人。文明没有破坏这种习俗的地方，妈妈不会把孩子托付给他人；孩子参与妈妈的生活，并倾听妈妈的话语。常言说妈妈爱唠叨，这也能帮助儿童发展和适应环境。然而，如果孩子只听妈妈对他讲的话，那么他学习收获甚少；如果他倾听成人之间的完整对话，就不仅仅会说妈妈的单音节词，而且逐渐掌握句子的结构；这是一种表达思想的活的语言，通过观察成人动作意思会更清晰。

不同的人类群体、种族、民族都向我们展现出其他特征；譬如，带孩子的不同方式。这是人种学研究最有价值、最有趣的课题之一。一般说来，母亲都把婴儿放在小床上或袋子里，她们不抱着婴儿。在某些国家，当母亲去工作时，用束带把婴儿捆在一段木头上，再放在母亲肩上。有的母亲把婴儿系在胸前，有的系在背后，有的放在背篓里，但每个民族的母亲都找到随身带自己宝宝的方法。一般说来，当母亲背着宝宝时，为了解决呼吸的问题和避免窒息的危险，通常采取特别谨慎的预防措施。譬如，日本人让婴儿的头高过背负者的肩膀；从而首批在日本登陆的旅行家称呼日本人是"双头民族"。在印度，婴儿紧挨母亲髋部；而印第安人把婴儿放在摇篮里，再用背带背在肩上，婴儿和母亲背靠着背，这样婴儿可以看见母亲背后的所有东西。母亲很难产生抛弃自己婴儿的想法，正如发生在一个非洲部落的事实：女王带着自己的婴儿一起出席加冕庆典，这让参加庆典的传教士们惊叹不已。

还请注意许多民族都有延长哺乳期的习俗：有的国家是 1 年，有的是 1 年半或 2 年，有的甚至是 3 年。现在，这已不是婴儿的需要，因为他们早就能够消化其他食品，且延长哺乳期是母亲不离开婴儿的理由，也是母亲潜意识需要——帮助婴儿适应决定其发展的完整社会环境。由于，即使母亲不对婴儿说话，只要待在母亲身旁，他就能看到世界，看到在街道或市场上来来往往的人们、车辆、动物，听到市声，所有事物都在其心智留下印象，即使他尚未知晓它们的名称。事实上，你们会看到，当母亲在市场买水果讨价还价时，成人的话语和手势引起他强烈的兴趣，他的两眼闪烁着光芒。还请观察：婴儿和母亲在一起时，除非患病或受伤，从不啼哭，有时睡着，但不会哭。在一组记录某国社会习俗的照片中，人们发现所有母子合照中的孩子都不哭。因此，可以说儿童啼哭是西方国家的问题。我们耳边频繁响起父母抱怨孩子啼哭的声音，如何让孩子平静、不再啼哭的提问。今天，某些心理学家的答案是：婴儿啼哭、骚动不安、号啕大哭、大发脾气，因为精神饥渴造成痛苦。他们很有道理，婴儿在精神上营养不良，囚禁在一个狭小、充满妨碍锻炼其能力障碍的区域内。唯一的治疗方法是让婴儿摆脱孤独，允许他们进入社会。大自然启示我们的这种对待婴儿的态度，在许多民族那里被不知不觉地采取。在我们这里，它是思考和推理的结果，应当被深刻理解和自觉应用。

十　关于儿童的语言

　　现在，我们考察儿童语言发展问题。为了更好理解语言对社会生活的重要性，我们可以把语言视为社会生活的基础，因此思考此问题十分必要。是语言使人们结成群体和民族。语言决定我们称作文明化的环境变化。

　　我们考察区分人类和其他动物的本质差异。在人出生时，不能预见他在世界上将完成的任务；确定无疑的是，人们必须和谐一致，否则他们可能一事无成。为了实现和谐一致，仅仅思考是不够的，即使人人精神境界很高；彼此相互理解是不可或缺的。现在，让我们能够相互理解的工具是语言，语言是共同思维的工具。在人出现之前，地球上并不存在语言。什么是语言？一种纯粹呼吸、一种各种声音的混合。

　　事实上，各种声音没有逻辑性；构成词语"盘子"的各个音素本身也没有逻辑性；给予这些声音意义的是如下事实：人们约定把特殊含义给予那些特殊声音。对于所有词语都是如此。由此可见，语言是一个群体成员之间约定的表达方式，只有对那些声音进行约定的群体才能理解它们。其他群体约定用其他声音表达相同观念。

　　这样，语言变成一座城墙，把某一特定群体封闭起来，并和其他群体隔离。这就是语言逐渐具有神秘价值的原因所在；语言比民族观念更能凝聚和团结人们。人们靠语言维系团结，随着人类思想日益复杂，语言日益复杂，可以说语言伴随人类思想发展。

儿童的心智

令人称奇的是，用来构成词语的声音很少，但它们可用各种方式组合以构成许多词语。这些声音的组合方式数不胜数；有时一个声音放在另一个声音前面，有时放在后面，有时声调轻柔，有时声调强劲，有时开口音，有时闭口音，诸如此类，不一而足。为了记住所有组合及其代表的观念，需要惊人的记忆工作。然而，除词语外，还存在思想本身，为了表达思想应当用词语组成句子。为了和人类思想一致，在句子中词语应当按一定次序排列，而不能如环境中东西那样散乱堆积。因此，存在某些规则指导人们倾听并理解他人的思想和意图。如果某人想要表达一个思想，就应确定名词、形容词、主语、动词、宾语的特定位置；仅仅注意使用词语的数量还不够，必须注意它们的位置。如果我们想证明这些必要性，我们造一个意思清晰的句子，然后把它写在纸上，再剪下纸上每个词并将它们乱排；虽说相同词语组合，但因按另一次序排列，句子就不再有意义。人们对这种次序也应当约定。

因此，语言可以称作超级智力的表现。曾经存在过一些语言变得十分复杂，伴随它们为之服务的文明的瓦解，被废弃不用并很难记忆，就销声匿迹了。初看，语言仿佛是大自然让我们具有的功能，但认真思考后，我们懂得语言是超越自然的。语言是超自然的创造，是集体意识智慧的产物。围绕语言结出一张无限扩展的大网。语言表达没有局限。于是，虽然有人多年学习梵语和拉丁语，但仍不能说得流利、准确。由此可见，再没有比这一事实更神秘莫测：人们为了表现其任何活动，就应当协调一致，为了做到这一点，就必须使用语言，即存在的最抽象工具之一。

人类是如何掌握这一抽象工具的？对这一问题的关注导致认为儿童"吸收"语言。这种吸收事实如此伟大和神奇，人们尚未充分认识。人们常说："儿童生活在说话人们中间，因此他们会说话了。"然而，如果考虑语言呈现数不胜数的复杂情况，这种确证就过于肤浅；但几千年来人们没有超越这种看法。

对语言问题的研究引起另一种意见：一种语言，无论我们觉得多难、多复杂，在产生这种语言的国家里，从前未受教育者也会说。譬如，对于会说现代新拉丁语①的人们来说，拉丁语非常困难，但罗马帝国的奴隶却会说，虽然它像今天一样艰难和复杂。难道在田间劳作的未受教育的奴隶和罗马帝国3岁幼童说的不是同一种语言？在多年以前的印度，一位农夫在田间劳作，或到森林里流浪，不是自然而然地都用梵语表达其意愿吗？

这些问题引起的好奇心促使人们注意儿童语言发展，是对发展，而不是对教学的关注。母亲并不教孩子说话，但语言如同自发创造自然而然地发展。而且语言发展还遵循对所有儿童一视同仁的一定规律。儿童生活的各个特殊时期和语言发展的各个阶段是同步的。这种现象在所有儿童那里都得到证实，无论他们的民族语言简单还是复杂。今天，仍存在非常简单的语言，原始民族仍在说；那里的儿童的语言发展水平和说更复杂语言的儿童完全相同。所有儿童都经过一个先说音节时期，其后再说整个词，最终掌握全部句法和语法。在儿童语言中逐渐出现阳性和阴性、单数和复数、前缀和后缀、动词的时态之间的差异。一种母语可能复杂，其规则有许多例外，但儿童仍能吸收该语言，整体地学习该语言，能够使用该语言，他们与使用原始母语少量词语的非洲儿童的年龄相同。

如果我们观察不同发音的产生，我们发现发音同样遵循规律。构成词语的所有声音都通过运用一定机制发出：有时鼻和喉同步活动，有时必须控制舌头和面颊的肌肉。身体的各个部分都竞相构成这种机制，对于母语、儿童掌握的语言，这种机制能够充分起作用；至于一种外国语，即使我们成人都不能把握全部发音，更不用说发出那些语音了。我们只能运用我们语言的机制，而只有儿童可以构建语言机制，并且能够完美无缺地说其环境中使用的各种语言。

这种建构不是有意识工作的结果，而是在深层无意识中完成的。儿童在无意识中开始工作，在无意识中语言得到发展，并且作为永久性收获被固化。我们成人只能设想有意识地愿学一种语言，并且准备自觉

① 指法语、西班牙语、意大利语、葡萄牙语和罗马尼亚语。

儿童的心智

地学习它。然而，我们应当掌握另一概念，即自然机制概念，或更确切地说是超自然机制概念，这种机制在意识之外活动，这些神奇机制或这一系列机制在深层建构，我们观察者不可能直接感受。我们只能看到这种机制的外在表现，它们自身清晰，由于在全人类那里都显现出来。

由于整个过程宏大无比，一些事实尤其给人留下深刻印象：其一，在所有语言中，构成语言的语音代代相传保持其纯洁性；其二，复杂语言和简单语言一样，很容易被儿童吸收。没有一个儿童在学习母语时感到"艰难"，"母语机制"整体地构建母语。

儿童吸收语言让我想作一比较，尽管和该现象各个要素、和实在毫无关系，但提供和儿童心理发生情况（可以进行实验）相似的想象。

譬如，如果我们想描画一个东西，我们就使用铅笔和颜色，但我们也可以给它拍照片，这样，两种机制是不同的。某人影像被留在胶片上；胶片准备接受一个人的影像，它接受十个人的影像也一样（无须更多努力）。机制在瞬间工作。给一千人拍照，胶片曝光同样容易。如果给一本书或密密麻麻的外文书页拍照，胶片曝光同样无须费力。由此可见，胶片具有在一瞬间为任何东西，无论是简单还是复杂的东西曝光的能力。相反，如果我们给一个人画素描需要一定时间，给更多人画素描则需要更多时间。如果我们抄写一本书的书名需要一定时间，抄写密密麻麻一页书所需时间要多数倍。

拍照影像在黑暗中留在胶片上，冲洗过程也在黑暗中进行；在黑暗中定影，最终在光下显现出拍下的影像，此时影像已不可改变。儿童语言的心理机制也是如此；开始在深层无意识中活动，在那儿发展并定形，其后公开显现出来。某种机制肯定存在，因为掌握语言得以证实。

人们一旦承认这种神奇活动存在，就渴望发现它如何发生。今天人们对探索无意识神奇特性表现出极大兴趣。

然而，我们能够进行的观察活动另一部分关注外在表现，由于只有从这些表现中才能获得证据。这样的观察应当准确。今天，我们观察从出生至两岁多的儿童，每一天都精心进行；记录下每天发生的情况，在发展停滞时期也同样。在这些记录中，某些数据仿佛是里程碑：揭示出的事实是，当内在神奇发展显著时，相应的外在表现却很小；因此，显然在内在精神活动和外在表现能力之间极不相称。还显现出不存在规则的线性发展，而是一种飞跃式发展。譬如，在某个时期，儿童只发单音节，这之后几个月，他们仍然只发单音节；从外在看，没有任何进步。其后，儿童突然说出一个词语，但随后很长时间仍然只说一两个词语。儿童再一次显现没有进步，我们对其外在发展如此缓慢感到沮丧。外在发展显得非常缓慢，但儿童的其他表现向我们揭示其内在生活正持续并显著地进步。此外，在社会生活中不是也发生类似现象吗？如果我们纵观历史，我们发现在几百年内保守的原始人处于相同水平，没有任何进步，但这仅仅是历史上可以看到的表面现象。实际上，内在发生持续进步，直至突然爆发众多发现，导致飞速进化。随后是另一平静和缓慢进步时期，它将被新的内在飞跃发展时期所接续。

儿童对人类语言的掌握也发生类似情况。不仅仅存在从词语到词语的缓慢、持续的进步，而且还存在爆发现象（正如心理学家所说），它不是由教师的教学引起，其实没有明显原因。

每个儿童在其生活的同一阶段，突然准确无误地说出许多词语。在3个月内，几乎一言不发的儿童，能够学会名词、后缀、前缀、动词的所有复杂形式，对每个儿童来说，发生这一切一直到满两岁。因此，我们应当受到专心致志儿童榜样的鼓舞。在历史停滞时代，我们曾希望社会发生类似进步。在那种时代，如果发生一些奇迹、不为人知的内在生活的爆发的话，那么，人类或许不会显得那样愚蠢。

在两岁以上儿童身上，继续发生这种爆发现象和突然表现；他们会说简单和复杂的句子，掌握动词所有时态、甚至虚拟式用法，各种主从复句和并列复句都爆发式地突然地脱口而出。这样，就完成群体的心理建构和语言表达机制，儿童属于这一群体（种族、社会水平，等等）。在潜意识中准备的财富被交给意识，儿童拥有这种新的能力，说呀说呀，滔滔不绝。

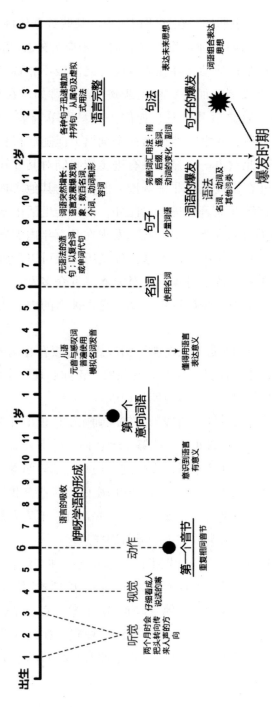

图 7　语言的发展

两岁半是人成长中的智力分界线，在这之后开始进入组织语言新时期，在该时期语言非爆发式地、却是生机勃勃地自发地继续发展。这第二个时期差不多延续到五六岁。在此时期儿童掌握大量词语并不断完善句子结构。当然，如果儿童生活在能听到很少词语或方言的环境里，只能使用那少量词语或方言；但如昇生活在一个文明语言和词语丰富的环境中，将能够把一切吸纳于身。因此，环境至关重要，但确定无疑的是，在此时期，无论环境如何，儿童的语言都将大大丰富。

在比利时，一些心理学家发现，两岁半儿童只能掌握两三百词语，但6岁时就能认识几千词语。这一切都是在没有教师教的情况下自发获得的成果。在儿童自己学习这一切后，我们让他们上学，教他们学习字母表，仿佛是伟大收获。

我们必须牢记儿童要走的两条路：准备语言的无意识活动之路；其后，逐渐觉醒的意识之路，意识从无意识中获取能够奉献的一切。最终的结果是什么？是人，6岁儿童已能说好自己的母语，认识并运用母语的规则；他们并不了解这种无意识工作，但事实上他们是创造语言的人。儿童为自己创造语言。如果儿童不具备这种能力，不能自发地掌握语言，人类在世界上就会无所作为，文明也就不会发展。

这是儿童真正的面貌，儿童的重要性就在这里：他们建构一切；因此建构文明的基础。由此可见，我们必须向儿童提供所需的帮助和向导，为了不让他们独自前行。

十一 语言的召唤

我想说明语言的奇妙机制。

众所周知，在神经系统关系机制中，有感官、神经、神经中枢和运动器官参与。从某种意义上说，语言机制超越物质事实。在19世纪末，人们发现大脑中枢和语言有关。和语言有关的特殊中枢有两个：一个是语言听觉中枢，即接收语音中枢；另一个是语言产生中枢，即说话中枢、说话的动力。如果我们从外在器官观点考察该问题，还存在两个器官中枢：一个用来倾听语言（耳），另一个用来述说语言（口、喉、鼻）。这两种中枢，在心理上和生理上都分开发展。接收或听觉中枢和神秘精神世界有关系，语言在无意识深处发展；而动力中枢活动在说话时得以表现。

显然，动力中枢和说话的必要运动有关，其发展更缓慢，在接收中枢之后显现。原因何在？因为被儿童听到的声音引起微妙的运动，这些运动产生声音。这很符合逻辑，因为如果儿童不拥有预先确定的语言（事实上人类创造其语言），儿童必然先听到自己民族创造的语言声音，再复制这些声音。因此，为复制语言声音的运动应当以被心灵接收的印象为基础，因为运动取决于被听到的并对心灵留下深刻印象的声音。这一点很容易理解，但应当认识到口语是由自然机制产生的，不是逻辑推理的产物；是自然在合乎逻辑地起作用。在自然界中，我们先发现事实，进而理解事实，然后才说："多么符合逻辑啊！"接着补充道："事实后面应当存在某种引导它们的智慧力量。"这种神秘智力指导创造性活动，通常在心理现象中比在自然现象中更加明显，即使在自然现象中也一目了然：想想美丽无比、五颜六色、千姿百态的花。显然，儿童在出生时听和说的两种活动都不存在。那么存在什么呢？什么都不存在，但一切都准备实现。

就某种特定语言而言，这两个中枢不受任何声音和任何遗传的约束，但能够把握语言并形成复制语言的必要运动。这两个中枢是注定全面发展语言机制的一部分。

更深入研究该题目，我们发现除这两个神经中枢外，还存在特殊敏感性和准备运动灵巧性，它们也是集中统一的。因此，儿童的活动跟随其听觉，一切安排绝妙。当孩子出生时，立即开始适应环境和为说话做准备。在准备说话要素整体中，我们考察诸器官。器官机制形成之神奇，不亚于心理机制。耳（语言的听觉器官）根据自然法则在胎儿神秘环境中形成，它是如此微妙、复杂的工具，仿佛一位乐器大师的作品。耳的中心部分如同一架竖琴，长度不同的琴弦能够振动发出不同的乐音。人耳的竖琴有 64 根按顺序排列的琴弦，由于空间狭小，这些琴弦仿佛排列在一个贝壳里。迫于空间有限，自然奇妙地建构接收乐音不可或缺的一切。谁让这些琴弦振动？由于没有拨动琴弦，就像被弃之不用的竖琴长年沉默。但在竖琴前面有一面鼓，当声音撞击鼓面时，竖琴的琴弦就振动，我们的听觉就抓住语言的乐音。

人耳不接收宇宙的所有声音，由于不具有充分琴弦，但在这些琴弦上可以弹奏完整乐曲，微妙、复杂的语言都能通过人耳传输。人耳工具在神秘胎儿期就形成了，如果新生儿在 7 个月降生，耳朵完全成形并准备履行其任务。人耳如何通过神经纤维把声音传输到大脑中接收那些声音的特殊中枢呢？我们仍然面对着自然的一个奥秘。新生儿降生后，口语是如何形成的？研究新生儿的心理学家说，发展最慢的感觉是听觉。由于听觉特别迟钝，有人断言孩子降生时是聋童。在新生儿四周产生的各种声音（不太强）没有引起任何反应。我认为这必有奥秘：我不觉得新生儿无感觉，而是深层收集，在语言中枢内集中感觉；尤其在收集词语的中枢内。理由是这些中枢注定收集语言、词语；这种强大的听觉机制仿佛只回应特殊声音——口语词汇，这样孩子听到的词语启动复制声音的运动机制。

如果感觉指令没有单独确立，这些中枢自由地接收任何声音，儿童就会复制其生活其中的不同环竟的种种奇特声音，甚至包括环境中的噪声。恰恰因为大自然为语言建构并隔绝这些中枢，人类才能够学习说话。有些被抛弃在密林的狼孩，神秘地幸免于死，虽然生活在各种声音之中，诸如鸟的鸣叫声、野兽的吼声、流水潺潺声、树叶沙沙声，但他们仍然沦为哑巴。他们不能发生任何声音，因为他们没有听到人类语言的声音，只有这种声音才能激活口语的机制。我强调这点，为了证明语言存在特殊机制。人类和其他动物的差异，不在于拥有自己的语言，而在于拥有创造自己语言的机制；这样，词语成为儿童凭借其机制完成某种建构的产物。在出生后的神秘时期，儿童心理特别敏感，可以处于自我睡眠状态，但他们突然苏醒，听到微妙的乐音：所有神经纤维都开始振动。新生儿可以说还没有听到任何其他声音，但这种乐音触动其心灵，他们对其他声音无感觉，只回应这种特殊呼唤。如果我们记起创造并保存生命的巨大推进力，我们就能够懂得被这种乐音引起的创造永存，不断降生在世界上的新生命是语言永恒化的工具。在新生儿记忆基质中确立的东西倾向于永存。今天，每个民族都热爱音乐，创造自己的音乐和自己的语言。每个民族都用自己身体运动回应自己的音乐，这种音乐和词语相连。人声是一种音乐，而词语就是其音符，词语本身没有意义，但每个民族赋予它们独特含义。在印度，几百种语言将人们分成不同民族，但音乐将它们联合起来，这表明新生儿的印象永存。现在，请想一想，不存在一种动物有音乐和舞蹈，而在世界每个角落的人类都认识并创造音乐和舞蹈。

语言的声音在无意识中固定。我们不可能发现生物内在发生的事情，但外在表现为我们做向导。首先，在婴儿潜意识中固定的是单音，这是母语的不可或缺的部分：我们可以把这部分称作字母表。其后是音节，接着是词语，他们说这些词语，并不了解其含义，就像有时儿童朗

儿童的心智

读识字课本一样。但儿童的这种工作进行得多么睿智啊！他们有一位内在小教师，小教师就像那些老教师一样，想让儿童背诵字母表，接着念音节，然后说词语。只是老教师在错误的时间教授，当儿童独自掌握自己的语言时。相反，内在小教师在准确的时间指导，儿童先掌握语音，再逐渐建构音节，如同语言一样符合逻辑。其后，说出词语，最后进入语法领域。最先出现的是事物的名称——名词。这就是自然教诲让我们头脑茅塞顿开的原因所在。自然就是教师，自然引导儿童学习语言，成人感觉语言最枯燥，但儿童对语言表现出强烈兴趣，并持续到下一发展时期——3岁半至5岁。自然系统地指导儿童学习名词和形容词、连词和副词、动词不定式，然后是动词变位、名词词尾变化、前缀和后缀及语言的所有特殊形式。就像在学校发生的情况一样：在年末考试时，儿童表明会使用语法的各个部分。此时，我们才发现儿童内心有一位多么优秀的教师，儿童是多么勤奋好学的学生，他们能够准确地掌握一切。然而，无人认真思考这一神奇工作，当他们上学时，我们才对他们不断学习的东西感兴趣，对他们的成就感到满意。如果成人真正声明热爱儿童，那么吸引他们眼球的应当是奇迹而不是所谓的缺陷。

儿童是真正的奇迹，教师应当感受到儿童的这种奇迹。在两年内这个小生命就学会一切。在这两年内，我们将发现意识在其身上逐渐苏醒，节奏越来越快；其后，我们突然发现其意识占有优势并制约一切。在4个月大时（有人认为比这还小，我也倾向于此），婴儿发觉四周有神奇音乐，并且这种人声音乐深深打动他们。嘴和唇同时运动就产生音乐；人们通常没有注意，婴儿模仿说话者唇部动作，他们注视着后者的嘴唇，并尝试模仿后者嘴唇动作。

对儿童意识进行干预，是为了推动说话工作进行。当然，说话动作是无意识地准备的，而产生口语所需的全部细微肌肉纤维并非都已精确协调、实现完善，但其意识已经激活兴趣、强化注意力，进行一系列睿智并积极的尝试。

在观察说话者口部动作两个月后，也就是在大约6个月大时，婴儿发出音节声音。在此之前，他们不能清晰地发出一个声音。一天清晨，婴儿比你们醒得还早，你们突然听到他按音节说："爸……爸……妈……妈……"婴儿创造了两个词语"爸爸"和"妈妈"。其后一段时间，他们继续只说这些单音节；于是，我们说"婴儿不会干别的"。但我们应当记住，他们是在作出许多努力之后才达到这一点，这是发现自我并意识到自己能力的终点；我们已经拥有小大人，他们不再是"机械装置"，不再是只使用自己器官的个体。这时婴儿已满 1 岁，但在 10 个月大时，他们已经发现人嘴产生的音乐具有目的，而不仅仅是音乐。当我们对他们说爱意浓浓的话语时，他们知道这些话语是对他们讲的，并且开始认识话语带有一定目的。因此，在婴儿满 1 岁时发生两件事：在无意识深处他们懂得语言；在实现意识水平上他们创造语言，虽然此时只能结结巴巴地说，简单重复声音和音节。

在 1 岁时，婴儿说出其第一批意向词语，他们仍像以前一样结结巴巴，但现在咿呀学语具有目的，这种意向意味着意识智力。他们内在发生什么呢？对儿童的研究让我们认识到，他们内在能力远远大于外在表现出的能力。他们日益明白语言关乎围绕他们的环境，他们有意识掌握语言的愿望日益强烈。此时，婴儿身上发生巨大斗争：意识反对生理机制的斗争。这是人自身发生的第一次斗争，是人体各部分之间的第一次战争。我可以用个人经验说明这一事实。

我有许多东西要说，正如在国外发生的那样，我想使用外国语将我的思想传递到听众心灵，但我用外语说话结结巴巴，表达不清。我知道我的听众都很聪明，我想同他们交流思想，但条件不允许，我没有能力用外语准确表达。

在一个时期内，儿童的头脑有许多想法要表达，也意识到有能力交流，但因不会说话而不能表达，这是儿童生活的戏剧性时期，并在出生后首次感到失望。在其潜意识中，他们竭尽全力学习表达，这种努力使他们迅速取得语言辉煌成果。

一个渴望表达的人，需要一位教师，教他清晰地说话。家人可以像教师那样做吗？我们通常不帮助儿童，我们只是重复他们的咿呀学语，如果他们没有内在教师，则什么也学不会。这位内在教师驱使他们倾听

儿童的心智

相互交谈的成人，即使那些人没有对他们说。内在教师驱使他们准确地掌握语言，而成人并没有提供这种准确性。然而，1岁婴儿就会找到（正如在我们学校）聪明的成人，对他们睿智地说话。人们尚未充分认识，儿童在1岁和2岁之间所遇到的困难，我们帮助他们正确学习语言的重要性。我们应当认识到，儿童自己掌握语法关系，但这不能成为我们不对他们讲规范语言和帮助他们分析句子的理由。

从1岁到2岁儿童的新助手①应当对语言发展具有科学认识。在帮助儿童时，我们成为（创造并教导儿童）自然的仆人和合作者，我们将发现全部方法已为我们策划。

重提上文我做的比较，如果我有特别有趣的东西要交流，我可以结结巴巴地说一种外国语吗？我不会控制自己的情绪，变得心绪不宁，甚至会提高嗓门。

一两岁儿童也会发生这种情况：当他们想用一个词语让我们理解所要表达的东西，他们说不清或我们听不懂，就会闹脾气、焦躁不安，我们觉得他们毫无道理。事实上，有人会说："你们看人类本性的天生邪恶！"然而，他们是不被理解、为实现独立而斗争的幼儿，他们尚未掌握语言，他们唯一的表达方式就是发脾气，但他们有能力建构语言，发怒是努力探索以自己方式构成词语，遇到障碍的心绪表现。无论如何，失望和误解都不能让他们放弃探索任务，和他们使用过的词语相类似的词语逐渐增多。

大约在1岁半时，幼儿发现另一事实，即每个事物都有自己的名称；这意味着在他们听到的所有词语中能够区分出名词，尤其是具体名词。这是他们在发展道路上迈出的神奇一步。他们面对一个万物的世界，现在万物都被词语界定。很可惜，只使用名词不可能表达一切；但他们只能用一个词语表达完整意思。心理学家特别注意幼儿想表达句子的这些词语，并且把它们称作"扩散词语"或"独词句"，于是，当幼

---

① 国家蒙台梭利事业促进会在罗马开办"儿童助手"特别培训班，专门帮助1岁至2岁的儿童。——原注

儿看到面前有菜汤时，就会喊"Ma pa"，其实他想说："我要一点儿粥（pappa）。"这样，他用一个不完整的词 pa 来表达整个句子。①

这种浓缩语言、这种幼儿人为的语言的一个特征就是词语的变形；在这种语言中，变形并简化词和拟声词（如 bu bu 指狗）及自造词相结合。它们整体构成所谓的儿语，但很少有人精心研究儿语，相反，凡是关心儿童者都应当深入研究儿语。

在此年龄段，幼儿除掌握语言外，还在建构许多东西：其中包括秩序感。它不是暂时的倾向（如同许多人认为的那样），而是实际需要。当幼儿处于心理建构活动时期，它反映其紧迫需要感，即表现为按自己的逻辑，变无序为有序。

在这方面幼儿的努力遇到挫折会引起他们心烦意乱，当我们理解他们的语言时，他们烦乱的心绪就会平复。

虽然每天都重复发生类似情况，但我想起以前提及的一个实例，它有助于更好地说明这一问题。这是一个西班牙孩子的事情。他不说 abrigo（含义是大衣）而说 go，他不说 espalda（肩）而说 palda：go 和 palda 这两个词是孩子心理冲突的表现，这种冲突让他突然尖叫和行为不规矩。孩子的妈妈把大衣搭在手臂上，孩子继续尖叫。最后我建议他母亲穿上大衣；孩子立即停止尖叫，并高兴地不流畅地说"to palda"，他实际想说"现在好了，大衣应穿在肩上"。这个插曲还碰巧证明儿童对秩序的渴望和对无序的反感。②

我们再次强调为1岁至1岁半幼儿创办一种特殊"学校"的必要性。我认为，母亲和全社会应当让儿童在成人身旁生活，而不要让他们孤独生活，要让他们频繁接触发音清晰、语言规范的人们。

---

① 意大利语 pappa 的含义是粥、面糊。

② 这个例子和类似其他例子表明，儿童在能够自己表达之前，就能够理解成人间的全部对话。请参阅我的著作《童年的秘密》。——原注

十二　儿童语言发展的障碍及其后果

　　现在，为了更好理解儿童的潜在倾向，我想讨论几个隐秘敏感性。我们可以说几乎对儿童进行心理分析。在图 8 中我用符号代表儿童语言，旨在澄清我们的观念。

　　我用黑色实心三角代表儿童使用的名词（事物的名称），动词用实心圆形表示，其他词类用不同符号表示。在图 8 中这些符号都各自代表相应词类。这样，如果我们说儿童在特定年龄段使用二三百个词语，我用可视符号表现这一事实。因此，看到这些符号的图像，就足以了解儿童语言的发展；显然，语种无关紧要，不管是英语、泰米尔语、古吉拉特语①，还是意大利语、西班牙语，因为这些符号只代表词类（不管语种）。

　　在图表左边是星云斑点，表示婴儿说话的最初努力：呼喊、感叹，等等。其后，我们看到两个声音组合以构成音节；进而，显现三个声音，于是形成第一批词语。再往右一点，在图表中我们看到一组词语、儿童经常使用的名词、两词句（含义扩展句），使用少量词语表达许多含义。接着是词语的大爆发。心理学家认为儿童实际使用的词语数量，

────────────

① 古吉拉特语（gujarati），属印欧语系印度语族，是古吉拉特人的语言；古吉拉特人居住在印度古吉拉特邦，绝大多数信印度教，少数信伊斯兰教，现有人口 4000 多万。

儿童的心智

我在图表中均准确表示。在图表中，词语爆发之前，我们看到一组词语，几乎都是名词，旁边是混乱组合的不同词类。但 2 岁后立即开始第二阶段；词语按一定次序排列；它们代表句子的爆发。由此可见，第一次爆发是词语，第二次爆发是思想。

然而，为了实现这两次爆发，无疑需要准备。某些隐秘、神奇的东西在准备，这不是假说，因为成就表明儿童为表达其思想必然作出努力！由于成人并非总能理解儿童想说的意思，我曾提及的儿童发脾气和心烦意乱，恰恰发生在这个准备阶段。在这个时期，烦躁不安属于儿童生活的一部分。儿童所作出的一切努力没有取得成功，导致其焦躁不安的心绪。大家知道聋哑人往往爱争吵，这恰恰由于他们没有能力表达自己思想。儿童丰富内心世界想要找到表达方式，正常儿童能够找到这种方式，但必须克服重重困难。

这是一个困难时期，因为环境和儿童自身局限造成其发展的障碍。这是儿童适应的第二个困难时期；第一个时期是婴儿出生后，突然被呼唤自己行动，而此前一直由母亲为他们大包大揽。于是，我们发现如果缺乏关爱和理解，出生的恐怖会影响婴儿，并导致回归现象。某些孩子比其他孩子更强壮，还有些孩子遇到有利的环境，从而直接向独立迈进，而独立是正常发展（没有回归）的基础。人们注意到这个时期儿童状况与此类似。掌握语言是走向独立的艰难历程，但同时也存在回归危险。

人们需要记住这一创造期的另一特征；儿童接受的印象及其结果将长期存在：业已证实儿童对声音和语法也是如此。儿童在这一时期的收获将保持终身，同样所遇障碍的负面影响也会持续终身。这也是每个创造阶段的特征。争斗、惧怕和其他障碍会造成难以纠正的后果，由于对这些障碍的反应被吸收（正如摄影底片上的污点，在冲洗的每张照片上都会显现），正如发展的正面要素被吸收一样。由此可见，在这个时期不仅儿童性格正常发展，而且伴随儿童成长其心理畸变也会显现。这个明显创造时期持续到两岁半，儿童掌握母语和学会走路，以后这两种能力发展强度和效果减弱。然而，正如这两种能力继续发展，在此时期产生缺陷和困难也会日益严重。事实上，精神分析把成人的许多缺陷归因于儿童的这个时期。

阻碍正常发展的困难包括在术语压抑（在精神分析中使用的独特术语，但普通心理学也使用）内，现在为大家所熟知的压抑涉及童年。虽然压抑和人类许多活动有关，但这里提供的例证只关乎语言本身。当儿童赋予其思想规则形式、句子待爆发时，其大量词语应当具有爆发自由。表达的自由具有巨大重要性，因为它不仅和正在发展的语言机制有关，而且关乎个体的未来生活。正如我在上文指出，在应当发生词语爆发年龄段却没有发生这一现象，譬如3岁或3岁半儿童只会说少量词语（很早以前他们就说这些词语），或者沉默不语，虽然他们的说话器官发育正常。这一现象被称作"心理缄默症"，是纯粹心理原因导致的，是一种精神疾病。

某些精神疾病源于这个时期，因此该时期成为精神分析（其实是医学的分支）的研究对象。有时心理缄默症突然奇迹般地消逝；儿童出其不意地开始说话，说得完整规范、完全符合语法。显而易见，在儿童内心一切都已准备就绪，只是遇到障碍才没有显现。

在我们学校内，有些三四岁孩子以前从未说过话，在新环境中突然开始说话；他们从前甚至不会说两岁孩子会说的词语；正是由于让他们自由活动，为他们提供令人振奋的环境，他们的表达能力才突然显现出来。原因何在？此前，一种心理创伤或一种持续压迫阻碍他们自由倾诉丰富语言。

有些成人也感觉说话困难，他们说话很吃力，支支吾吾、吞吞吐吐，犹豫不决表现多样：

1. 缺乏说话勇气；

2. 缺乏构词的勇气；

3. 造句感觉困难；

4. 说话速度比正常人说话速度慢，掺杂"啊、唉、这个、那个"等冗词。

他们发现这种困难已不可克服，这种困难将陪伴他们终身；表示总比人矮一头。

儿童的心智

　　还有一些心理障碍导致成人不能清晰说话，比如口吃和发音不准。这些缺陷源于说话机制的形成时期。因此，业已证实存在语言习得的不同时期和对应的回归时期。

　　第一时期：

　　词语机制形成。

　　对应的回归：发音不清、口吃。

　　第二时期：

　　句子机制形成（表达思想）。

　　对应的回归：造句迟疑不决。

　　这些回归现象和儿童的敏感性有关。正如为了创造和增强其能力，他们特别敏感地接受环境印象，同样他们对在环境中遇到巨大障碍非常敏感。这种障碍对敏感性造成的后果将成为终身缺陷；我们必须永远牢记，儿童的敏感性比我们可以想象的大得多。

　　我们往往给儿童设置障碍，从而我们对伴随他们终身的畸变负有责任。因此，我们必须尽可能温和地对待儿童，避免任何粗暴行为，因为通常我们没有认识到自己的粗暴和暴力。对此，我们必须提高警惕。对教育的准备就是研究自己；培养教师应当树立帮助儿童生活的理念而不是简单的知识准备；这是人格的培养、精神的历练。

　　儿童具有多种敏感性，但这一时期他们对创伤的敏感是相同的。儿童的另一共同特征是对平静努力敏感，但成人的冷漠和粗暴会妨碍儿童外在表现："你不应该做这个！这不能做！"那些仍把孩子托付给保姆的人们应当特别反对后者通常表现出的冷漠和粗暴倾向。常见一些上层人士窘迫就是由于儿时受到这种待遇，他们并不缺少勇气，但说起话来畏首畏尾，表现为犹豫不决和结结巴巴。

　　有时我对某些孩子也过于严厉，在我的著作中举过这样的例子。[①] 一个孩子把他出门穿的鞋放在漂亮的丝绸床单上，我果断地把鞋拿开并放在地上，再用手使劲掸掸床单，为了告诉他床单上不该放鞋。以后两三

---

① 参阅《童年的秘密》。

个月，孩子每当看见鞋就挪动其位置，再去找床单或枕头掸去灰尘。由此可见，孩子对我过于严厉教诲的回应不是愤恨情绪和反抗，他没有说："你不要这样说，我的鞋爱放哪儿就放那儿！"然而，他对我、对我错误态度的回应是一种反常表现。儿童往往没有作出粗暴反应；他们那样做或许更好，由于他们通过耍脾气找到自卫的办法，并且能够正常发展。然而，如果他们作出反应时，性格改变或走上变态之路，其整个生活将受到损害。成人对此漠不关心，他们只为孩子发脾气感到焦虑不安。

某些成人还有另一种畸变，就是没有意义的恐惧和神经"抽搐"。其中多数人可以追寻到童年敏感性遭受粗暴对待。有些毫无意义的恐惧反映了他们和动物（如猫或鸡）的不幸遭遇；其他源于幼年时被关在房间里的惊惶。靠推理和说服不可能救助这些恐惧的牺牲品。这种非理性的恐惧被界定为"恐怖症"。有些恐怖症相当普遍，从而有个特殊名称，比如"幽闭恐怖"（对关门和封闭空间的恐惧）。

在医学领域可以举出更多实例，但我只提及这些，旨在说明这一年龄段儿童的心智形式，为了强调如下事实——我们对儿童的态度不仅影响当时，而且影响他们的成年。

为了深入儿童的心智，人们必须真正开始观察和发现，就像心理学家深入成人的潜意识那样。显然，这不是容易之事，因为我们往往不懂儿童语言，或者没有理解儿语所要表达的意思。有时必须认识他们的整个生活，也就是探究以前时期，以帮助他们从容地渡过难关。我们通常需要一位儿童和儿语的翻译，向我们揭示儿童的精神世界。

我朝这个方向工作多年，竭力让自己成为儿童的翻译；我惊奇地观察到，儿童跑向其翻译，因为他们懂得那人会帮助他们。

儿童的热情和宠爱并抚爱他们的成人的情感截然不同。对儿童来说，他们的翻译是"巨大希望"；当世界给他们关闭大门时，是翻译给他们打开发现之门。这位帮助他们的人和他们亲密无间，这种关系超越一般情感，因为他提供帮助，而不仅仅是安慰。

我曾经在一所公寓里居住并工作，我有早起工作的习惯。一天清晨，一个不到1岁半的孩子走进我的房间。我亲切地问他，想了解他

儿童的心智

是否要食物；他回答我说："我要虫！"我吃惊地重复一遍："虫？"孩子看我没有理解，就来帮助我——补充道："蛋"。于是，我认为不是指早餐。他想要什么呢？男孩又说了几个词："尼娜、蛋、虫！"此时，我全明白了，我记起（这就是我强调必须认识儿童生活种种情况的原因所在）昨天他姐姐尼娜用彩色铅笔填涂椭圆图形。男孩想要彩色铅笔。姐姐就是不给，并把他打发走。你们会发现儿童心智如何工作，他没有反抗姐姐，而是等待时机去做，又是何等耐心和坚毅啊！我把彩色铅笔和椭圆形平面插件给他，男孩的脸上露出愉快表情，但他没有能力画好椭圆轮廓线，我不得不替他画好。然后，他用波浪线把椭圆涂满。他姐姐通常使用直线条，但他画得漂亮些，就用像"虫"一样的波浪线。因此，男孩期待大家都去睡觉，而懂他的人例外，他去找她，因为他感到她帮助过自己。

儿童这个时期的典型特征不是耍脾气和暴力反抗，而是耐心，等待合适时机的耐心。暴力反抗和耍脾气，是儿童不能表达自己意愿时愤怒状态的表现。我引述的实例还说明幼童试图向比自己大的儿童展示自己的活动。如果一个3岁孩子开始做一件事，1岁半孩子也渴望这样做。即使他遇到困难，也要锲而不舍地尝试。一个幼童想模仿正在初学舞步的3岁姐姐。女教师问我们，如何能够教如此小女孩学芭蕾。我们一再坚持，请她不要管女孩能否学会，照样试试教她。女教师知道我们的目的是帮助女孩发展，于是同意并试着教。突然，1岁半小男孩走过来，并说："我也学。"女教师反驳说绝对不可能，教1岁半男孩学舞蹈有损教师尊严。我们劝她把尊严先放一边，以满足我们的愿望。于是，她开始弹奏进行曲，小男孩突然火冒三丈并不愿活动。女教师看见他不愿意，认为自己拒绝教他有道理。然而，小男孩心绪不宁不是由于舞蹈；他因为女教师把帽子放在沙发上生气。他既不会说"帽子"，也不会说"教师"；只气冲冲地反复说"挂衣架"和"门口"两个词语，他想说："帽子不应放沙发上，而应挂在门口的挂衣架上。"他忘记了舞蹈和快乐，似乎首先感到把无序变有序的责任。帽子挂在挂衣架上后，男孩立即平静下来，并准备学跳舞。显而易见，幼童对秩序的基本需求超过其他任何需要。

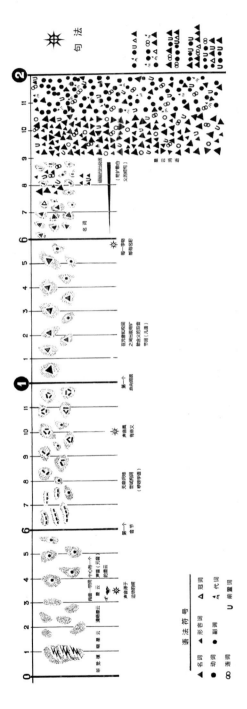

图 8 语言的发展：从星云到有意识表达的造句

儿童的心智

对儿童口语和敏感性的研究，能让我们渗透到心理学家通常达不到的儿童心灵深处。前一实例中幼儿的耐心，后一实例中幼儿对秩序的热爱，引起我们观察的强烈兴趣。除这两个实例外，我们又记起一个懂得成人全部对话的幼童。他不赞成大人们的意见——故事以幸福结尾。[①]从而，我们看到不仅仅存在图 8 所表示的事实，还有儿童的整个精神生活、全部心理状态不为我们所知。

对此年龄段儿童心智的每一发现都应当众所周知，因为这样可以帮助儿童适应周围环境。无论我们多么艰难，只要是帮助儿童生活，就具有崇高的人类价值。教师在幼年的任务非常崇高。这一任务预示一门科学发展（并与之合作），在未来对心智发展和性格形成来说，该科学是基本的。与此同时，我们应当负起教师的责任，这样可以避免儿童发展偏离正轨并产生缺陷，从而避免成为低能的个体。由此可见，我们必须牢记：

1. 幼儿头两年教育对终生具有重要性；
2. 幼儿具有巨大心理能力，对此我们尚未认识；
3. 幼儿具有极强敏感性，如果敏感性受到任何暴力的对待，不仅仅导致其反抗，而且造成的缺陷将终身存在。

---

① 参阅《童年的秘密》第九章结尾处。

十三 运动与整体发展

　　我们必须用新观点考察运动。由于错误和误解，我们总是低估运动的重要性，尤其是儿童运动的重要性。在教育领域，强调学习知识的重要性，运动的重要性很不幸被忽视。只有体育课才重视运动，但不承认运动有益于智力。我们先考察非常复杂的整个神经系统组织。在该系统中首先有大脑；其次是收集印象并传输到大脑的感官；最后是肌肉。但神经的目的是什么呢？它们把能量和运动指令传导给肌肉。由此可见，这一整体组织有三部分：1. 大脑（中枢）；2. 感官；3. 肌肉。运动是神经系统的最终结果，没有运动就不能说个体存在（就是一位大哲学家演讲和写作也要使用肌肉；如果其哲学沉思没有表达出来，那么沉思的目的何在？现在，没有肌肉的运动，无论用语言还是文字，都不可能表达其思想）。

　　如果我们观察动物，就会发现它们的行为只通过运动来表现。因此，我们恰恰不应当忽视人类生命力的这种特殊表现方式。

　　肌肉应当被视为神经系统的组成部分，神经系统各个部分协调活动才能让人类和其环境发生关系。这就是把神经系统称作关系系统的原因所在，神经系统把人和无生命世界及生命世界（即其他个体）联系起来，从而没有神经系统，就不会存在个体和环境及社会的关系。

　　和神经系统相比较，人体的其他组织系统具有自私目的，因为只为个体的肉体服务，它们只让个体活着，或如同我们所说"像植物那样生长"，因此它们被称作"植物生命系统和器官"。

植物性系统只用来帮助个体生长。神经系统让个体和环境发生关系。

植物性系统帮助人们对身体舒适、身体纯净和健康感到欣喜。神经系统必须用截然不同的观点认识：它给予我们最美印象、纯洁思想和不断提升自己的渴望，因此绝对不要把神经系统贬低至纯植物性生命的水平。如果人们坚持个体的纯洁及提高的简单标准，将会引导人进入精神自私的境地，这是非常严重的错误，这或许是可以犯的最大错误。动物行为不仅仅趋向运动的美和优雅，而是趋向更深刻的目的。与此类似，人具有的目的不仅仅实现精神美和纯洁；自然，人可以并应当致力于身体和精神的至美，但如果仅限于这一目的，那么其生命就毫无价值。事实上，大脑和肌肉为什么服务呢？在世界上没有不属于宇宙经济的东西；如果我们拥有精神财富、精湛审美意识，不是为我们自己，而是为了让我们的天赋成为宇宙精神财富的一部分，要用来为所有人造福，为万物服务。精神功能是一种财富，但不是个人的财富；必须流转才能让他人受益；应当表达出、被利用才能完成关系的循环。为自己追求崇高精神境界也毫无意义；如果仅仅致力于此，就会忽视大部分生活内容和生活的目的。如果有人相信投胎转世并说道："现在我生活得好，来生会更好。"这是一种自私自利的说法。这会把我们的精神高度降低到植物性水平。如果我们总想着自己，甚至自己的来世，我们就成了彻头彻尾的利己主义者。我们必须从另一观点思考；不仅仅考虑我们的生活实际，而且要考虑教育。大自然赋予我们各种功能，它们必须充分发挥，全部功能应当运用。

我们做一比较：为了能够保障身体健康，肺、胃和心脏都应当功能正常。为什么不能对神经系统（关系系统）应用相同规律呢？如果我们有大脑、感官和运动器官，它们就应当活动，各个部分都起作用，任何部分都不能排除在外。我们想要提升自己，譬如让自己脑力强健，如果我们不让所有部分都发挥作用，那么我们的目的就不会达到。运动可能是使循环完成的最后部分。换言之，我们可以通过运动实现精神提升。

我们必须用这种观点认识运动；运动属于神经系统的一部分，它不能被忽视。神经系统是统一整体，虽然由三部分构成。由于神经系统是统一整体，为了实现完善必须整体协调活动。

当代的错误之一是孤立地考察运动，似乎和更高级的功能截然不同，认为肌肉存在并被使用，仅仅为了保持身体健康；于是，人们锻炼身体和做体操，为了保持体力充沛、呼吸顺畅、消化良好、睡眠安稳。

在教育领域也发生这一错误。在心理学上这样说，就如同强迫君主为牧人服务。这位伟大的君主——神经系统——沦为为植物性系统服务的工具。这一严重错误导致一种割裂：身体生命和心智生命的割裂。鉴于儿童既在身体上又在心智上发展，我们就应当把体育训练、游戏等纳入教育内容，因为我们不可能把大自然安排合二而一的东西截然分开。如果我们把身体生命和心智生命割裂考察，我们就破坏关系的循环，人的行为就会脱离大脑。由此可见，运动的真正目的不是有益于消化吸收和呼吸顺畅，而是要为整个生命、世界的普遍精神财富服务。

人的运动动作必须同中枢——大脑——协调一致，并且要准确到位；心智和活动是同一机体的两个部分，此外运动是心智的具体表现。否则，我们就把人沦为没有大脑的行尸走肉。植物性生命在发展，但生命动力部分和大脑没有发生关系；大脑自决功能和肌肉运动相割裂。这样并没有获得独立性，而是割裂自然赋予的整体性。当提及心智发展时，有人会说："运动？但和运动无关，我们正在说心智发展。"其后，当想到智力训练，就会想象大家一动不动地坐着。然而，心智的发展必须和运动相结合，并取决于运动。这种新观念有必要引入教育理论和教育实践。

迄今为止，大部分教育者把运动和肌肉组织视为有助于呼吸、循环的手段，或者是增强体质的实际措施。相反，我们的新思想强调，当运动和中枢发生关系时，运动帮助心智发展的重要性。智力发展和精神发展应当得到运动的帮助，没有运动，就不能谈心智的进步和健康。

我说过通过观察自然证实这点，观察的精确性源于对儿童发展的精

儿童的心智

心跟踪。当我们注意观察儿童时，就会发现儿童心智发展和运动密切相关。譬如，语言的发展表明理解力的完善，这种发展总伴随着发出语音肌肉日益频繁的运动。对世界各国儿童所做的观察证明，幼儿通过运动发展自己的智力；运动帮助心理发展，而心理发展反过来表现在运动和行为的发展上。这就是一个良性循环，因为心理和运动属于一个统一体。同样感官也来帮助心智发展，由于没有机会进行感官活动的儿童，其心智发展很小。现在，肌肉及其活动受大脑支配，这样的肌肉被称作意志肌肉，这意味着肌肉受个体意志驱动，而意志是心理的最大表现之一。没有意志力，心理生活就不存在。由此可见，由于意志肌肉是受意志支配的肌肉，它们也是心理器官。

肌肉构成身体的主要部分。骨骼的目的是支撑肌肉，因此肌肉和骨骼构成一个整体。我们注视的人和动物的形态就是由紧贴骨骼的肌肉构成的；而最吸引我们目光的是意志肌肉表现的形态。肌肉的数量不计其数，它们各具形态、十分有趣：有的纤细，有的粗大，有的短，有的长，它们的功能截然不同。如果有一块肌肉向一个方向作用，那么必有另一块肌肉向相反方向作用，这种相反力量的较量越激烈越复杂，产生的运动就越微妙。使运动尽可能和谐的训练，就是能够让用力相反肌肉和谐一致的训练。由此可见，至关重要的不是和谐，而是实现和谐的对立、对立的统一。

人们没有意识到这种对立游戏，但照样凭借它来创造运动。对动物来说，其运动的和谐是自然赋予的；老虎跳跃的优雅，或松鼠飞跃的轻捷，都得益于丰富相反力的相互作用，才实现运动的和谐，就如同一个运转正常的复杂机械装置，一个具有按相反方向转动的齿轮的钟表，当整个机械运转正常时，它指示的时间是准确的。运动的机制非常复杂和微妙。人在出生前没有预设运动机制，因此需要在环境中取得实际经验以创造并完善该机制。人具有的肌肉数量巨大，这让人能够做任何动作；因而我们不说运动，而单说运动的协调。运动的协调不是自然赋予的，应当由心理来创造和完善。换言之，儿童创造自己的运动，并且一旦创造就不断完善。由此可见，他们的工作具有创造性，其后通过一系列练习来发展创造的东西。

人的运动不局限和固定，但人能够制约并控制运动。某些动物具有攀援、奔跑、游水等的独特灵巧性，攀援、奔跑和游水不是人的典型运动，但人可以完成这些运动。人的特征是会完成所有动作，甚至超过动物的动作。

为了实现多才多艺，人必须工作，并靠自己意志、通过有目的地积极地反复练习，创造潜意识协调运动能力。事实上，无人能够使用所有肌肉，虽然存在这些肌肉；正如一个人拥有万贯家财，但他只能使用一部分财富，他可以随意选择使用的部分。如果某人是职业体操运动员，并不意味着他天生就具有肌肉特殊灵巧性，正如一位职业舞蹈家也不天生具有舞蹈艺术所需特殊肌肉。体操运动员和舞蹈家都是凭借意志的力量发展、成长的。每一个人，无论想做什么，天生具有丰富的肌肉，就能够从中选择所需要的肌肉，其心理能够创造并指导这种发展。一切不确定，但只要个体意志确定正确方向，任何事都有可能。

人不像同一物种的动物那样干同类事。即使人类个体干同类事，每个个体的行为方式也截然不同。正如我们大家都写字，但人人都有自己的笔体。每一个人都有自己的道路。

在运动中我们发现个体工作的发展，个体工作是其心理的表现，即心理生活本身。心理生活需要支配丰富的运动，而运动的发展是为心理生活的核心部分，即指挥部分服务。如果人不发展其所有肌肉，或只发展那些有时从事粗劣工作才使用的肌肉，那么此人的心理生活只停滞在其肌肉活动决定的初级行为水平。心理生活还受到个体胜任或选择的工作类型的限制。不从事工作的人的心理生活处于严重危险之中，虽说并非所有肌肉都被使用，但使用一定限度的少量肌肉，其心理生活肯定危险。在此种情况下，个体的全部生活都会受损害。这就是体育和游戏引入教育的原因所在，以避免过多肌肉闲置不用。

心理生活需要使用更多肌肉，或者我们还应当走普通教育之路、身体活动和智力活动交替进行。使用这些肌肉的目的并不局限于掌握一定能力。在某些"现代"教育模式中，运动得到发展，是为社会生活的确

儿童的心智

定目的服务：一个孩子书法要好，因为他应当成为教师，另一个孩子必须学会使锹，因为他将做烧炭工。这种局限、直接的培训的目的和运动的真正目的截然不同。我们的看法是，儿童发展其心理生活所需的运动的协调，以便丰富其心理生活的实际指导部分，否则大脑不会通过运动得到发展。如果运动独自行事，不受心理的制约，那么工作一定受损。于是，运动是人类生活所不可或缺的，通过运动人和环境及他人发生关系，运动应当在这一层面上发展，要为一切服务，为人类与环境（自然、社会）的关系服务。

今天的原则和观念过于强调自我完善和自我实现。如果我们理解运动的真正目的，这种自我中心就不应当存在，扩展为所有实现可能性。总而言之，我们应当坚持被称作"运动哲学"的东西。运动是区分生物和非生物的标志，不仅如此，生物不是随意地运动，而是根据目的、遵循规律地运动。为了真正理解这些内容，我们想象：如果一切都静止不动，世界将会怎样。如果植物都停止任何运动，那就不再有花和果实。空气中有毒气体成分猛增，造成巨大危害。如果一切运动停止，鸟儿在树上不动，昆虫都落在地上，猛兽不再在荒野里游荡，鱼儿不再在大洋里游弋，我们的世界将多么恐怖！

静止不动是不可能的。如果运动停止，或者生物无目的地运动，即每一物种不具有独特的有用目的，那么世界将变得一团糟。每一个体都具有自己独特的运动和自己预定的目的。在创造时，根据一个目的，所有活动实现和谐一致。

工作和运动是一码事。人类生活、作为社会生活和运动密不可分。如果所有人停止运动一个月，人类就不可能生存。运动问题可以说是一个社会问题，而不是关乎个人体操的问题。如果人的全部活动都投入体育锻炼，那么人类的所有能量将消耗殆尽。社会的基础是受有用目的制约的运动；在社会中的个体为了实现个人和社会的目的而运动。当我们说"行为"时，是指人和动物的行为，是指其带有目的性的运动。这种行为是其实际生活的核心；不限于为个体生活服务的活动，诸如打扫卫生和整理房间的劳动，而是应当具有更高目标。运动和工作要为他人服务。否则，运动就只具有体育锻炼的意义。无疑，舞蹈是最具个性的运动；如果没有观众，就没有社会的或超自然的目的，跳舞就没有目的。

如果我们具有整体宇宙观：在宇宙中每种生命形态都基于有目的（不仅为自身）的运动，我们就能够理解并指导儿童的工作。

十四 智力与手

　　运动机制发展因其复杂性、每一部分价值和各个阶段都可显现，适合在儿童中进行饶有兴味的研究。

　　在图9中，运动的发展用两条带三角的直线表示。两条直线代表运动不同形态；黑三角表示6个月，黑圆形表示年。下面的直线代表手的发展，上面的直线代表平衡和行走的发展。由此可见，该图分别表示出上肢和下肢的发展。

　　所有动物的四肢运动同步发展，只有人类的上肢和下肢的发展方式不同，这清楚地表明上下肢功能不同，即双臂和双腿的功能不同。显而易见，所有人的行走和平衡发展相差不大，这可以看作一个生物事实。我们可以说，人一旦降生将会走，所有人都将同样地使用双脚，相反我们不知道每个人用自己双手做什么。我们不知道今天的新生儿将用双手从事什么特殊活动，在过去人们同样不知道。手的功能没有固定。由此可见，运动类型具有的不同意义要根据对手和脚的考察。

　　的确，脚的功能是生物意义上的；即使该功能和大脑的进一步发展有关。另一方面，只有人靠两条腿走路，而其他所有哺乳动物都是靠四肢走路。人一旦能够只用下肢走路，就会继续这样走，并保持艰难的直立平衡状态。这种平衡很难做到，甚至是真正的成就：人必须整个脚底着地，而大部分动物都靠脚尖行走，因为使用四肢使得一个小支撑点足矣。走路的双脚可从生理学、生物学和解剖学的观点进行研究；这三方面的研究都饶有兴味。

由于手的运动没有预先确定，手若无这种生物学指南，什么指导手呢？如果手和生物学及生理学无关的话，手必受心理支配。因此，手的发展取决于心理，不仅取决于自我个体的心理，而且取决于不同时代的心理生活。如果我们考察历史，手的灵巧性的发展和人的智力发展、文明的发展有关。我们可以说，当人在思考时，他思考并动手行动，在人类刚出现在地球上不久，其双手劳动的成果就留下痕迹。在过去时代的伟大文明中，总保留手工劳动的杰作。在印度我们可以发现非常精美的手工制品，现在几乎不可能仿制；在古代埃及也存在神奇的手工劳动证据，而在程度较低的文明中，留下的手工作品也粗糙。

因此，手的灵巧性的发展必然和智力的发展同步。确定无疑，精细的手工劳动，为了能够完成，需要知性的关注和指导。在中世纪的欧洲，曾有一个伟大的理性觉醒时代。在那个时期，反映新思想的著作光照千秋。即使似乎远离尘世和世俗事物的精神生活也异彩纷呈，我们可以欣赏神殿的艺术杰作，哪里聚集着顶礼膜拜的信徒，哪里存在精神生活，神殿就在那里拔地而起。

圣方济各①的精神或许是世上最单纯、纯洁的，有一次他说道："你们看见那些高山了吗？它们是我们的圣殿，我们应当从那里得到启示。"一天，他和他的精神兄弟应邀修建一座教堂，由于他们很穷，只能用粗糙石头为材料，大家把石头运来修建起小教堂。为什么？因为如果存在自由精神，就必须通过劳动将这种精神物质化，从而就应当使用手。到处都能发现人类双手劳动的痕迹，通过这些痕迹，我们可以认识那个时代人们的精神和思想。

如果我们追想模糊的悠远过去，连古人的遗骨都没有留下，什么能够帮助我们想象并认识古人呢？他们的艺术作品。当我们考察史前艺术作品时，显现出基于力量的原始文明类型：当时的墓、碑和建筑物都

---

① 圣方济各（San Francesco d'Assisi，1181—1226），天主教托钵修会方济各会创始人，生于意大利阿西西。其"清贫福音"影响广远，死后被尊为"天使圣徒"。

用大块石头建成，我们惊奇地发问，他们是怎样建成的。在其他地方，更为精细的艺术作品无疑向我们展现更高水平的文明杰作。因此，我们可以说，手和智力、精神性及情感同步发展，手工劳动的印记传递人类存在的证据。即使我们不从心理学观点考察事物，我们也可发现，人的环境发生的所有变化都归功于人的双手。其实，可以说智力的目的就是双手的工作；如果人们只用口语交流，他们的智慧只凭词语表达，那么人类先辈就留不下任何痕迹。正是由于双手伴随智力，文明才得以创造。手是自然给予人类的创造无数瑰宝的器官。

手和心理生活有关。事实上，研究手相的人们证明人的历史印在手上，手是心理器官。对儿童心理发展的研究和手的运动发展研究紧密相连。人们清晰地证明，儿童的发展和手的运动有关，手显现出儿童的心理刺激。我们可以这样表述：没有用手，儿童的智力可以达到一定水平；但通过手的活动，儿童智力可以达到更高水平，使用双手的儿童，其性格更坚强。这样，即使仿佛典型心理事实的儿童性格发展迟缓，如果他们不能作用于环境（需要用手）的话。我的经验证明，由于特殊的环境条件，儿童不能使用手，其性格处于较低水平，没有能力服从，缺乏主动性，懒惰并忧伤；相反，能用自己双手工作的儿童健康、显著发展，性格坚强。这一事实让我们记起埃及文明的有趣现象：当手工劳动运用于艺术、建筑和宗教等领域时，如果我们阅读那个时代的墓志铭，会发现对死者最高溢美之词是个有性格的人。对古埃及人来说，性格发展非常重要，正是他们用手完成伟大工程。这个实例再次证明，在历史上，手的运动和民族性格及文明的发展同步，手和个性紧密相连。另一方面，如果我们观察不同民族走路姿势，我们很自然地发现大家都靠两条腿、直立并保持平衡地走路；跳舞和奔跑的姿势可能和我们有点儿不同，但通常移动都靠两条腿。

由此可见，运动的发展是双重的：部分和生物规律有关，部分和内在生活有关，但都与使用肌肉有关。因此，我们研究儿童要跟踪两种发展：手的发展和平衡及行走的发展。在图9中，我们看到儿童在1岁半时就确立两者之间的关系：当儿童想移动重物时，要靠两条腿的帮助。

儿童的心智

两脚可以行走并把人带到世界各地，带到用两手可以工作的地方。人们行走很远，逐渐去占领土地，在这种征服空间中前行、生活和死亡，但在身后留下行踪、双手劳动成果。

当我们研究语言时，我们发现词语尤其和听觉有关，而运动的发展和视觉有关，由于需要眼睛来看何处下脚，当我们用手劳动时，也必须注视正在制作的东西。听觉及视觉和儿童发展密不可分。在儿童发展中，首先显现的是对周围环境观察，因为他们应当认识在其中活动的环境。婴儿观察先于运动，当婴儿开始移动时，他们以观察为基础确定方向；在环境中定向和运动都与心理发展有关。这就是新生儿在初期静止不动的原因所在；其后当他们活动时，就遵循自己心理的指导。

运动的最初表现是抓物或握物；幼儿刚刚抓住东西，就意识到手有能力这样做。

起初无意识地抓物变成有意识地抓物；正如在运动领域所发现那样，是手而不是脚唤醒意识的注意。一旦发生抓物，其发展迅速，从起初本能抓物，到6个月大时就能有意识地抓物。在10个月大时，观察环境唤醒婴儿对环境的注意和兴趣，他们渴望把握环境。愿望驱使幼儿有意识地抓物，此时他们不再简单地抓物了。于是，幼儿开始真正的手的练习，尤其表现在移动东西上。

幼儿对环境有了清晰认识，又产生各种愿望，从而开始行动：快到1岁时，他们的小手从事各种活动，可以说代表形形色色的劳动：打开并关上小门、抽屉；给瓶子堵上瓶塞；从容器中取出东西，再放进去，诸如此类，不一而足。通过这些练习，幼儿日益发展手的灵巧性。

在同一时期，下肢发生什么情况呢？

这里，智力和意识都没有干预，相反，小脑得到解剖学意义上的迅速发展，身体平衡受小脑制约。

小脑仿佛响起的铃声，唤醒懒惰的身体站起并保持平衡。这里和环境没有任何关系，是大脑在下命令。靠自己努力和他人帮助，幼儿先坐起来，再站起来。

心理学家说人的站立分四个阶段：先是坐；再是滚动和爬行，在此阶段如果成人伸出两个手指让幼儿抓住，他们就会踮着脚尖、一步一步地挪动。最后是独立站立，此时整个脚底着地，这样才能够保持人的正常站姿，并抓住任何东西（比如母亲的衣襟）行走。不久后，他们就能独立行走。

这整个过程都是内在成熟的反映。幼儿内心仿佛在说："再见，我有双腿。我自己走了。"现在，儿童业已实现另一阶段的独立，因为获得独立的实质在于能够独自干事。连续不断发展事实蕴含的哲学告诉我们，人的独立是需努力才能获得的。自己能够独自做事，无须他人帮助，这就是独立。如果儿童获得独立，其进步非常迅速；如果没有获得独立，其进步非常缓慢。牢记这一事实，我们知道如何对待儿童，并确定正确的方向：当我们想要帮助他们时，这一事实告诫我们，当他们无须帮助时，千万不要伸出援手。有能力自己走的儿童，一定要自己走，因为每次练习都会强化发展、巩固成果。如果3岁儿童还被成人抱着，正如我常常看到的那样，成人不是在帮助他们发展，而是在阻碍他们发展。儿童一旦获得功能独立性，成人想要继续帮助他们，就会妨碍他们健康发展。

因此，显而易见，我们不应当抱着幼儿走，而要让他们自己走。如果他们动手干活儿，我们就应当提供条件，让他们表现其智力活动。幼儿自己的活动引导他们走上独立之路。

人们观察到，幼儿在1岁半时，产生对手和脚的发展都至关重要的新因素——力量。动作敏捷、灵巧的幼儿感觉自己是个强壮孩子。当他们刚刚萌发做事冲动时，不是简单地去做，而是全力以赴地去做（这一点和成人截然不同）。自然仿佛在告诫："你们有运动能力及其灵巧性；因此你们将变得强壮，否则一事无成。"在此时手的功能和下肢平衡能力才彼此协调。此时，儿童不是简单地行走，而是喜欢负重走远路。事实上，他们不仅要行走，而且要移动重物。学会抓握的双手应当练习举起和搬运重物。于是，我们看见1岁半婴儿双臂牢牢抱着水罐，调整自己身体平衡、缓慢地行走。他们还倾向于向重力定律挑战并战胜它：儿童喜爱向上爬，为此他们用手抓住一个东西，再向上挪动。现在，他们

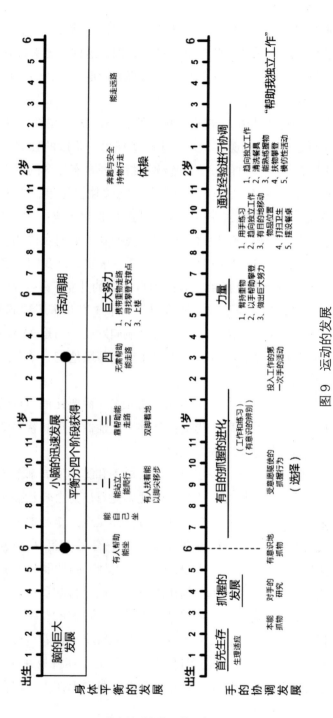

图 9　运动的发展

抓物不再是为了拥有，而是为了上升。这是一种力量的练习，并且存在一个专门致力于此种练习的时期。这里，再次显现自然的逻辑，由于人应当锻炼自己的力量。随后，儿童学会走路，并对自己的力量充满信心，他们观察四周人们的行为，并尝试模仿其行为。在这个时期，儿童模仿周围人们的行为，不是因为他人叫他们这样做，而是因为他们产生内在需求。只有当儿童自由行动时，人们才能观察到这种模仿行为。从而，自然逻辑是：

1. 让儿童掌握直立的姿势。

2. 让他们行走并获得力量。

3. 让他们参与周围人们的活动。

在行动之前要做好准备。首先，儿童应当准备自身和自己的器官（工具），然后增强体质并观察他人，最终开始做某些事。自然激励他们，还提示他们训练体操、爬椅子、爬梯子。此时，才开始儿童想要独立做事的阶段。"我已经做好准备，现在我想要自由。"没有一位心理学家充分认识到这一事实：儿童变成伟大的步行者，他们需要走远路。然而，我们通常不是抱着他们，就是把他们放在童车里。

在我们看来，他们还不会走路，因此我们抱着他们走；他们不会做，因此我们替他们做：在儿童即将开始人生之前，我们就让他们有自卑感。

十五 发展与模仿

在上一章我们只探讨至 1 岁半的幼儿；这一年龄已变成人们的关注点，被视为在教育上具有至关重要的意义。这仿佛有些奇怪，但我们应当记住：此时上肢和下肢的准备同步进行。此时，儿童的人格即将形成，因为在 2 岁时因语言"爆发"而达到真正完善程度。在此成就取得之前，在 1 岁半时，幼儿为表达其内心的东西已经作出努力：这是一个艰难和具有建构性的时期。

面对这一发展阶段，我们必须特别注意，不要破坏生命发展趋势。如果自然如此清晰地告诉我们，这是儿童作出巨大努力的时期，我们就应当帮助、激励他们努力。这是一般性的论断，观察儿童的人们可以提供更多具体细节。他们断言在此时期儿童开始显现模仿倾向，这种看法本身不是新发现，因为在所有时代人们都说儿童爱模仿。然而，迄今为止这只是肤浅的断言：现在，我们明白儿童在模仿之前应当懂得。旧观念认为我们促使儿童模仿我们足矣，仿佛我们成人没有其他责任。当然，人们还提及必须作出好榜样，强调所有成人，尤其是教师的重要性。他们应当作出好榜样，如果希望人类良善。母亲尤其要十全十美。然而，自然并不这样思考：自然并不关注成人的完美。至关重要的是，儿童为了能够模仿，应当为此做好准备。这种准备取决于每个儿童的努力。好榜样仅仅提供模仿的动因，但不是其本质所在，重要的是不断努力模仿，而不是要达到榜样高度。事实上，儿童一旦开始努力模仿，在

儿童的心智

精确和完美上，往往超过起激励作用的榜样。

在某些情况下，事实显而易见：如果我们希望儿童成为钢琴家，谁都知道仅仅模仿弹奏钢琴者是不够的；儿童的双手应当不断练习，以便拥有弹钢琴不可或缺的手指灵巧性。然而，人们对于更高层次问题，往往采用模仿的简单化推理。我们给儿童朗读或讲述英雄或圣徒的故事，我们认为他们能够被打动。但如果他们心灵没有做好充分准备，这不可能发生。通过简单模仿，儿童不可能成为伟大人物。榜样可以引起灵感和兴趣，模仿的愿望可以促进努力，但即使实现这些，也需要做准备，由于在教育领域里，自然已经告诫，没有准备，模仿也不可能发生。努力并不致力于模仿，而致力于在自身创造模仿的可能性，按期望目标改造自身。这表明间接准备至关重要。自然不仅赋予我们模仿能力，还赋予我们为成为榜样那样而改造自己的能力。如果我们——教育者，相信可以帮助发展中的生命，就应当知道要给予什么帮助。

如果我们观察这个年龄的儿童，就会发现他们倾向于某些确定活动。我们可能感觉有些不可思议，但这无关紧要，他们必须把活动彻底完成。是生命冲力命令这些活动；如果其活动周期被中止，就会导致人格偏差、缺乏意志力。现在，人们认为能让活动周期善始善终至关重要，同样间接准备也很重要，而这恰恰就是间接准备。我们的全部生活就是为未来间接做准备。在一生中做过某些大事的人们，总有一个为事业做好准备的时期；它可能不遵循预定目的的方向，但无疑内心要按一定方向努力，从而成为一种精神准备，这种努力必然竭尽全力：周期必须完成。这样，无论儿童进行什么智力活动（诚然，不应当对他们有害），即使我们觉得荒谬或不合我们的意愿，我们不应当打断，因为儿童应当完成自己活动的周期。这个年龄的儿童实现自己意图的方式十分有趣：我们看到 2 岁的幼儿搬运远超过其体力的重物，没有什么明显的理由。在我的朋友家里，我看到一个 1 岁半幼儿费力地把一个个较重木凳从房间一端运到另一端。儿童乐于帮助布置餐桌，他们抱着大大的圆面包都看不见自己的小脚。他们持之以恒地进行自己的活动，把物品运来运去，直至疲劳为止。成人通常的反应是让儿童放下重物，但心理学家确信这种"帮助"会中断儿童选择活动的周期，是人们所能采取的最严重抑制行为之一。许多"困难"儿童的人格偏差就是这种中断造成的。儿童努力从事的另一活动是爬楼梯。我们这样做有目的，他们却没有。他们爬到楼梯顶端并不满意，还要返回起点以完成其周期，并且反复重复多遍。我们看见在操场上的木料或水泥制的滑梯适合儿童做这种活动。

不中断儿童活动的成人很难找到。因此，所有心理学家都坚持及时为儿童提供场所，以保障他们的活动不受干扰。由此可见，为幼儿，尤其为超过1岁半幼儿办学非常重要。这类学校每件东西都是特制的：树上的小屋，配有上下的梯子，小屋不是生活或休息之所，而是有待达到的终点，目的是努力完成的活动，小屋只是引起兴趣的刺激物。如果儿童想要运东西，他们总是选更重的。儿童的攀登本能十分明显，只不过要努力地登高，他们总找四周"困难"之物，比如椅子攀登。然而，楼梯能给予他们最大快乐，因为他们具有登高的天生倾向。

这种活动自身没有外在目的，凭借它们幼儿练习协调自己的动作，并准备模仿某些行为。这些练习使用的器械不是其目的，幼儿服从内在冲动。他们一旦准备充分，就能模仿成人，才能受环境的启示。如果他们看到有人擦地板或和面粉，这又仅用以刺激他们也这样做。

行走与探索

现在，我们考察2岁幼儿及其行走需求。他们显现行走倾向很自然，因为他们要为成人准备，并应当形成人的所有主要能力。2岁幼儿可以走一两英里，如果他们乐意的话，还能够攀登；沿途难走的地段最令他们感兴趣。我们必须记住，行走对儿童的意义和对成人的截然不同。认为儿童走不远的偏见，源于硬让他们按成人速度走路。这样强求荒谬之极，正如奔马看到我们气喘吁吁，就对我们说："你们徒劳无益，跳到我背上，我们一起到目的地。"然而，儿童不愿意到"目的地"，

儿童的心智

他们只想简单地走路；由于他们的双腿和上身的比例比我们小，我们就不应当让他们跟随。在此种情况下，显然我们应当跟随儿童，但不应忘记这也是在各个领域幼儿教育的原则。儿童发展具有自己的规律，如果我们想要帮助他们成长，就应当跟随他们，不要再把我们的意愿强加给他们。他们行走时不仅用腿而且用眼；四周有趣的东西驱使他们前行。他们走着走着，看见一只羊羔在吃草，就坐在羊羔旁边进行观察；然后起身走得更远些，看见盛开的鲜花，就用鼻子闻闻花香；以后又看见一棵大树，就奔向那里，环绕大树四五圈，接着席地而坐并凝视大树。这样，他们可以走几英里，散步时也要休息，在休息时也有有趣的发现。如果途中遇到障碍，比如一块巨石，他们会欣喜若狂。他们还受水的强烈吸引，他们会坐在小溪旁，兴高采烈地说："水！"陪伴他们的成人希望尽快到达目的地，对走路的认识就会截然不同。

儿童的习惯类似于地球上的原始部落。于是，他们从来不说："我们去巴黎"，因为那时巴黎还不存在，也不会说："我们乘火车去……"因为火车也不存在。原始部落人群一直行走，直至发现吸引他们的有趣之物：可以获取木柴的森林，可以获取草料的原野，诸如此类，不一而足。儿童也以这种自然方式走路。在环境中活动的本能，从一个发现到另一个发现，属于儿童本性和教育内容。教育应当把行走的儿童视为探索者。今天作为学习后的娱乐及休息的探索原则，相反应当成为教育本身宗旨，并应当尽快开始纳入生活实践课程。所有儿童行走都应受吸引他们东西的指引；沿着这一方向，教育可以帮助儿童，在学校让他们做好准备。这等于说，教给他们颜色、树叶的形状和脉序、昆虫及其他动物的习性，等等。这一切都将引起儿童的兴趣；他们学习得越多，走的路就越远。为了探索，儿童应当受智力兴趣指引，而在这方面给予他们帮助是我们的责任。

行走是自身完整的练习，并不需要其他体操练习。人们散步时呼吸顺畅，消化吸收会更好，能够享用我们从体育中追求的一切益处。这种练习能使形体美。如果在散步时发现有趣的东西要采集并分类，或一个水沟要跨越，或一根生火木柴要拾起，伴随行走会有其他动作——伸臂、弯腰，那么这种练习就更完美了。儿童在学习中不断进步，他们的智力兴趣增强，同时身体活动也日益增多。教育的道路应当遵循进化之路，这样，儿童的生活才能日益丰富多彩。

这一原则尤其适用于今天的教育，由于今天人们很少步行，多以车代步。把生命分割为两部分，四肢从事运动，头脑从事阅读，这绝非好事。生命应当是一个统一整体，尤其在幼年，当幼儿应当根据其发展规律构建自身时更是如此。

十六　从潜意识创造者　到有意识劳动者

迄今，我们在谈论儿童的一个发展时期，我们曾把这一时期和胚胎期相比。这种发展一直持续到3岁，并且发生许多变化，因为这是一个极富创造性时期。尽管如此，可以把这一时期视为生命被遗忘时期。就仿佛自然划出一条分界线：这边变化不能记忆，那边记忆开始。被遗忘的时期是生命的心理胚胎期，它可以和出生前身体胚胎期相比，谁也不能记起那一时期。

在这一心理胚胎期出现分开、独立的发展，诸如语言、手臂动作、双腿动作的发展，听觉也有部分发展。正如在身体胚胎期，在胚胎里每个器官彼此独立地发展，在心理胚胎期，心理功能也分开、独立发展。我们不可能记起那个时期，因为人格尚未形成统一体。只有各个部分都发展完成，统一体才能形成。

在3岁时，似乎生命重新开始。因为意识既充实又清晰。这两个时期泾渭分明：潜意识发展时期和有意识发展时期被一条明确分界线分开。在前一时期，不可能存在意识记忆；只有当意识突然产生，形成人格统一体，才能有记忆。

在3岁前，各种功能正在创造之中；3岁后创造的功能得以发展。两个时期的分界线让我们想起希腊神话中的勒特河[1]，即遗忘河。很难

---

[1]　勒特河（fiume Lete），阴间河流，河水让死者忘却尘世生活。但丁在《神曲·炼狱篇》第三十一首中采用此典。

儿童的心智

记起 3 岁前发生的事情，2 岁前的事情就更难回忆了。心理分析想尽办法追溯个体意识的起源，但通常没有谁能够回忆起 3 年前的往事。这种状况富有戏剧性，由于在生命第一时期创造似乎从一张白纸开始；但成人（创造的结果）的头脑却忘却创造。

这一潜意识创造者（被遗忘的幼儿）仿佛从成人的记忆中删除，当 3 岁幼儿迎面走来时，我们觉得他们几乎不可理解。他们与我们之间的联系纽带被自然切断。于是，存在一种危险：成人破坏自然希望做的事情。我们应当记住，在这个时期，幼儿完全依赖成人，由于他们不能自我照料，如果我们成人没有受自然或科学的启示，没有充分认识其心理发展规律，我们就可能成为其生活的最大障碍。

在这一时期结束之后，儿童获得某些自卫能力，如果他们感觉到成人压迫，就能说话表示不满、跑远或发脾气。儿童的目的不是自卫，而是要把握环境和自身发展的手段。确切地说，应当发展什么呢？发展他们迄今业已创造的东西。这样，从 3 岁到 6 岁年龄段，儿童自觉地把握自己的环境，开始真正建构的时期。他们 3 岁之前创造的东西显现出来，因为他们在环境中有意识地获取经验。这些经验不是简单的游戏，也不是随意的行为，而是成长的工作。双手受智力指导，从事人的第一件工作。这样，在前一时期，儿童几乎是静观者，他们表面消极地注视着环境，并从中获取建构自身要素不可或缺的东西；在这一新时期，他们的意志开始采取行动。起初，他们受自身隐秘力量指引，现在，受自我指引，其双手积极活动。以前通过潜意识智力吸收世界的儿童，现在用手把握世界。

在这一时期发展的另一形式是最初收获完善化。语言的自发发展就是一个明显的例证，这种发展一直延续到 5 岁左右。2 岁半的儿童就能说话，但此时语言才完善化，不仅是构词，而且是合乎语法的造句。然而，仍然保留语言的建构敏感性（敏感期），它驱使儿童准确地掌握语音，尤其使用大量词语来丰富语言。

由此可见，儿童存在两种倾向：一种通过对环境的活动发展意识，另一种是完善和丰富已经掌握的能力。这表明从 3 岁至 6 岁是"建构性

"完善"时期。

心智仍然能够轻松吸收环境，但吸收通过积极经验帮助丰富心智的习得。不仅仅感官，而且手也成为智力"获取器官"。以前，儿童通过观察周围世界进行吸收，当他们被带到各处时，兴趣盎然地观察每一事物；现在，他们显现出不可遏止的倾向：触摸一切并注视每一事物。他们的双手总是忙碌，持之以恒地做事，脸上流露幸福的表情。他们的智力不再因生存就发展，而是需要提供活动动因的环境，因为在形成期，心理应当进一步发展。

该时期被称作"幸福游戏期"，成人一直关注这一时期，但科学地研究它是不久前的事。在欧洲和美洲，文明的飞速发展让人类日益远离自然，而社会为适应其活动需要，为儿童提供大量玩具，而不是提供促进智力发展的手段。这个年龄的儿童倾向触摸一切，但成人只让他们触摸少量东西，许多东西禁止他们触摸。例如，唯一让他们随意触摸的实际东西是沙子，全世界都让孩子玩沙子；或许还允许他们玩水，但不能过量，因为孩子会弄湿衣服，水和沙会弄脏衣服，成人讨厌麻烦，不愿给他们洗澡洗衣。

在玩具工业不太发达的国家，你们会发现截然不同的儿童，他们更平静、健康和快乐。他们受到四周活动的启示，他们正常地触摸并使用成人使用的用具。当妈妈洗衣、做面包或蛋糕时，他们就模仿妈妈。这是模仿，但是一种睿智、选择的模仿，通过它儿童准备干预其环境。不能怀疑：儿童应当为自己的目的而做事。今天的趋势是，让儿童能够模仿自己家庭或集体中成人的活动，为他们提供其体力和能力相匹配的物品，为他们提供一个能够运动、说话和进行智力建构性活动的环境。

现在，这一切无可非议，但当我们第一次提出这一看法时，人们感到非常吃惊。当我们为3岁至6岁儿童准备和他们相匹配的环境时，让他们在其中生活如同家庭主人，这引起震惊。小巧的木椅和木桌、小巧的餐具和盥洗用具；除自己穿衣练习外，实际布置餐桌，洗陶瓷餐具，打扫卫生等实际生活训练，作为幼儿教育的独创性实验，给人产生深刻印象。

儿童的心智

儿童在社会生活中产生令人吃惊的趣味和倾向，他们自己显现更爱小伙伴而不是洋娃娃，更喜欢实际用具而不是玩具。

著名的美国教育家杜威① 教授认为在纽约（美国生活的伟大中心）能买到幼儿专用用具。他跑遍纽约所有商店去买小扫帚、小椅子、小盘子，等等。但一无所获，甚至连生产幼儿用具的想法都没有。只有数不胜数、形形色色的玩具。

面对这种情况，杜威教授说道："儿童被遗忘了。"唉！他们在许多方面都被遗忘了，他们是被遗忘的公民，他们生活在一个他人应有尽有、自己却一无所有的世界。他们毫无目的地漫游，调皮闹脾气，破坏玩具，徒劳无益地寻求自己心灵的满足，而成人对他们的真正需求一无所知。

一旦障碍被清除，一旦隐藏真相的迷雾散去，一旦我们给儿童提供实际物品，我们就会发现他们渴望并愉快地使用那些物品……但实际发生的情况比这更令人鼓舞。儿童显现出人格完全改变。第一个结果是要求独立，他们仿佛说道："我希望一人做事，请不要帮助我。"他们突然变成寻求独立的人，拒绝任何帮助。没有人会想象到，这是他们的第一个反应，成人不得不只扮演观察者的角色。

幼儿一旦置于和自己匹配的环境中，就会成为环境的主人。社会生活和性格形成就会自发进行。我们的目标不仅是让儿童幸福，我们还希望儿童成为人的建构者，具有独立自主的能力；成为劳动者和自己环境的主人。这是刚刚开始意识生活的儿童对我们的启示。

---

① 杜威（John Dewey,1859—1952），美国哲学家、社会学家、教育学家、实用主义芝加哥学派创始人。他主张教育即生活，学校即社会，应让儿童"从做中学"。

十七 通过文化和想象进一步完善

自发活动

发展的自然规律促使这个年龄的儿童使用双手获取环境的经验，不仅为了实际目的，而且为了文化目的。

我们让儿童在新环境中自由活动，我们会发现他们显现以前不曾有过的特征和能力。他们不仅显得兴高采烈，而且兴趣盎然地投入工作，有待成为不知疲倦的"劳动者"。凭借这些经验，他们的心智得以发展，并变得渴求知识。

就这样，发生书写"爆发"，它成为吸引人们对未知儿童心理生活关注的第一个现象。

然而，书写爆发仅仅是从烟斗中冒出的一缕轻烟：真正的爆发是儿童的人格。我们可以把他们比作一座火山，从表面看似乎没有变化、坚不可摧，但实际蕴藏着熔岩。晴朗的一天，人们听到一声巨响，熔岩穿过厚厚岩层喷涌而出。根据喷出的火、烟和熔岩未知成分，专家就能推断出地球内部的状况。

现在，儿童被置于实际生活环境，使用和他们匹配的物品，从而他们心理自发地显现出，这既清晰又令人震惊。我们追踪他们的心理表现，尝试帮助和解释它们，从而逐渐形成我们的教育方法。

儿童的心智

　　显现新性格不是通常理解的教育方法的结果，而是清除障碍并提供自由选择活动手段的环境条件导致。在儿童不断进步现象的指导下，教育方法逐渐形成并完善。可以说，一切始于"发现"儿童心理；事实上，在当时发现北极的皮里①把我们的工作称作"发现人的灵魂"，而没有称作"新教育方法"。

　　儿童向我们揭示出两组重要事实。第一组事实：儿童的心智在通常认为不可能的生命时期能够获得文化，并且只有通过自己的活动才行。儿童只有通过工作才能接受文化，并且实现自我成长。今天，我们认识3岁至6岁儿童吸收性心智的能力，我们知道这一年龄段获取文化的可能。另一组重要事实涉及性格的发展，在另一章我将探讨此问题。现在我只探讨第一组事实：通过自发活动获取文化。

　　儿童对已经知道的东西特别感兴趣，在前一时期业已吸收它们，能够专心致志地学习它们。譬如，书写爆发和在语言发展期的特别敏感性有关。由于真正敏感性在5岁半至6岁间消逝，那么显而易见儿童在此年龄之前能够愉快地、积极热情地学习书写，而6岁至7岁的大孩子对学习书写没有兴趣。其后，对儿童自发表现的其他观察让我们认识到，书写爆发不仅由于儿童经历语言敏感期，还因为通过以前练习（在感觉教育中正确使用教具），手得到训练。这样，"间接准备"原则被应用，作为我们方法的一个完整部分。这一原则的基础恰恰是自然的进程，自然在个体充分发展器官以执行命令之前，没有给它们下达命令（冲动）。

　　正如我们所见，如果儿童重复第一时期收获以在第二时期内实现建构，那么第一时期可以做第二时期的向导，两个时期遵循相同发展方法。我们考察语言：我们发现儿童在第一时期说话几乎符合语法；接着发出单音、音节，使用名词、形容词、副词、连词、动词、前置词，等等。于是，我们知道可以帮助儿童在第二时期沿用语法方法。首先教授语法，这显得荒谬，但我们认为对儿童的教学应从语法开始，儿童在会读会写之前应当学习语法。如果我们认真思考，什么是语言的基础，非

---

① 皮里（R.E.Peary,1856—1920），美国北极探险家。

语法莫属。当我们（和儿童）说话时，话语要合乎语法。当 4 岁儿童正在完善其语言结构、丰富其语汇时，我们给予帮助——讲授语法，就会有益于其语言的发展。我们教给他们语法，让他们能够完美掌握周围人们的口语。经验告诉我们，儿童对语法特别感兴趣，这是让他们学习语法的最佳时刻。在第一时期（0—3 岁）语言成果是潜意识取得的，现在应当有意识地通过练习使成果完善化。我们观察到另一现象：这个年龄的儿童学会许多新词；他们对词语特别敏感、感兴趣，为此他们能够自发地掌握大量词语。通过多次实验业已证明，恰恰在此年龄儿童丰富词汇。当然，是在儿童环境中使用的词语，充满文化气息的环境为儿童提供更多机会；但在任何环境中，儿童都会自发地吸收尽可能多的词语，儿童仿佛对词语永不满足。如果他们得不到帮助，他们就会艰难并无序地掌握词语；我们提供帮助，就是要让他们少费力，并且向他们有序地介绍词语。

这一观察恰恰让我们确定另一特殊方法。在我们实验初期教师文化水平不高，她们为学童准备许多识字卡片：她们把认识的词语都抄写在卡片上。过了不久，她们来对我说，所有关于服装、房子、街道、树木的词语都用过了，但孩子们想要学习其他词语。于是，我们想教给他们文化知识基本词汇，例如他们曾使用过的感觉教具的几何图形的名称：多边形、菱形、梯形，等等。孩子们什么都想学！这样，我们又准备科学仪器的名称：温度计、气压计；其后，又抄写上植物学名词：萼片、花瓣、雄蕊、雌蕊，诸如此类，不一而足。他们积极热情地学习所有词汇，仍然要求学习其他词语。女教师几乎感到不满，陪学童散步时，他们想要知道各种汽车的名称，结果老师一无所知，这令他们惊诧。这个年龄的儿童对词语如饥似渴，他们能够不知疲倦地学习词语；在随后的时期将不再如此，那时将发展其他能力，而记住较难词语会遇到更大困难。我们发现，适时很快学会那些词语的儿童，进普通学校后，在八九岁或更大年龄，再遇到这些词语，会轻而易举地记起并使用它们；相反，第一次听到那些词语的儿童，学习和使用都感到非常困难。合乎逻辑的结论是，需要教给 3 岁至 6 岁儿童科学词语。当然，不是以机械

儿童的心智

方法教学，而要和对应事物及对环境的自然探索相结合，这样基于经验掌握术语。譬如，我们教给他们叶和花的各个部分、各种地形，诸如此类，不一而足。这些东西在他们周围容易看到或容易用模型、图画表示，因此很适合学童学习掌握。教学困难不在学童，而在于教师，她们有时不知道那些术语，或没有记住，或彼此混淆。

在印度的戈代加讷尔，我看见一群在普通学校学习的 14 岁少年，不能确定花的一部分名称，这时一个 3 岁幼儿走近他们并说："雄蕊。"说完，转身继续做自己的游戏。我们根据植物学教科书给七八岁学童讲述根的分类，并用墙上的挂图进行说明，此时走进一伙幼童，问那些挂图画的是什么。我们告诉了他们；但过了一会儿，我们发现花园的许多花草都被连根拔起，因为那伙幼童对根的分类感兴趣，想要了解那些花草的根长啥样。于是，我们认为最好直接教给他们，结果他们的父母纷纷来学校抗议，因为他们的孩子把花园里的花草连根拔起，再把根冲洗干净，以便看看根的形状。

然而，儿童的心智只局限于所见的事物吗？绝对不是，他们的心智能够超越具体事物的局限，有能力想象许多东西。能够看见不在眼前显现的东西，说明儿童心智能力高超。如果人的心智只限于亲眼目睹的东西，那么它就过于狭隘。人类不仅用眼睛看，文化不仅由亲眼所见的东西构成。我们以地理学为例说明。如果我们没有能力看见湖泊或白雪，可以靠我们的心智活动，把它们想象出来。儿童的想象力达到什么程度？我们并不知道，我们开始对 6 岁儿童做实验。我们一开始没有给他们讲述具体地理知识，而是尝试介绍一切，我们把地球仪——"世界"展示给他们。

世界是一个词，在儿童的环境中没有对应的景象；这样，如果他们形成世界的观念，只能靠心智的抽象能力、想象力。我们准备一些小地球仪；用闪亮细沙面表示大陆，用深蓝光面表示海洋。学童开始说："这是陆地。""这是海洋。""这是美国。""这是印度。"他们都喜欢地球仪，它成为班里最受欢迎的教具。3 岁至 6 岁儿童的心智不仅具有把握具体事物的能力，而且具有更高能力——想象力，这种想象力使他们能够看见凭肉眼看不见的东西。心理学一直教导说，想象力发展是这个时期的典型特征。在文明不太发展的民族那里，成人给他们的孩子讲仙女的故事，他们特别喜欢那些故事，仿佛渴望他们的孩子运用这种伟大力量——想象力。大家都知道儿童喜欢想象；但为了帮助他们，只提供故事和玩具。如果一个孩子能够想象仙女和仙境，那么想象美国和其他地方就不会困难。不要让他们模模糊糊地听人提及美国，要让他们观察地球仪，那上面标明那一大陆，这样可以具体地帮助想象。人们往往忘记，想象是探索真理的努力。心智不是一潭死水，而是燎原烈火，它从不熄灭，永远燃烧。

当6岁儿童拥有地球仪并开始谈论地方时，3岁半幼童就会靠近并说："让我看看！这是世界？""对，"其他孩子有点儿惊奇地回答。那个幼童说："现在我懂了。我有个叔叔曾环游世界三次。现在我明白了。"与此同时，他还明白这只是个模型，因为他知道世界很大：他是偶然听到别人对话才领悟的。

还有一个4岁半学童也要求看看地球仪。他仔细认真地观察它，听大孩子在谈论美国，他们没有注意到他。突然，他打断他们："纽约在哪儿？"大孩子们很吃惊，把纽约指给他看。其后，他又问："荷兰在哪儿？"大孩子们更为吃惊。于是，他们把蓝色指给他；小学童说："这就是海。"此时，大孩子们都怀着极大兴趣问他，他开始讲述："我爸爸每年去美国两次，现在正在纽约。当他出发后，妈妈好几天都说：'你爸爸在海上。'她这样说了好几天。后来，她说：'你爸爸到了纽约。'又过了几天，她又说：'你爸爸又在海上了。'最后，晴朗的一天，她说：'现在他已经回荷兰，我们去阿姆斯特丹接他。'"小学童多次听人们说美国，当其他孩子聚拢在地球仪周围边议论边指点时，他突然止步渴望看到，他的表情仿佛在说："我发现了美国。"正如以前在物质环境中所发生那样，在心智环境中他曾徒劳地尝试定位，现在词语形象化使他心境平和，因为迄今为止他只能满足于听到的词语，并靠想象充实它们。这就是事实。

人们一直认为，玩积木和听童话训练想象力是这一年龄段儿童的两

儿童的心智

种需要。前一活动被理解为和环境建立直接关系，这样使儿童把握环境，从而实现心智的大发展。后一活动表明儿童在游戏中发挥巨大想象力。如果我们给他们提供能发挥想象力的实际物品，说这是对他们的巨大帮助将合乎逻辑，由于提供改善他们和环境关系的条件。

这年龄的儿童往往爱刨根问底、渴望解释。大家知道儿童非常好奇，持续不断地提问。儿童的问题非常有趣，如果我们没有视为烦扰，而是视作渴望知识心智的表达。他们在此年龄不能理解冗长的解释，但人们的解释往往一应俱全。有一次，一个幼儿问他父亲，为什么叶子是绿色。他父亲认为儿子很聪明，就不厌其烦地给他讲述叶绿素、阳光的光合作用，等等。过了一会儿，他听见儿子低声抱怨："我想知道为什么叶子是绿色的，不是叶绿素和阳光这一大套！"

众所周知，喜欢游戏、想象和提问是该年龄儿童的三大特征；但通常发生错误理解之事。有时，儿童的问题难以回答："妈妈，我从哪儿来？"孩子对这个问题曾苦思冥想。一位聪明妈妈等待有一天应专门回答此问题，决定说出真相。但提出问题的孩子刚刚4岁，她回答："我的宝宝，你是我创造的。"回答既快捷又简短，孩子立即心境平和。大约一年后，她对孩子说："现在，我要创造另一个宝宝。"她去医院时对孩子宣布，出院时将带来另一个宝宝。当她回家后，让孩子看新宝宝，并说："这是你的小弟弟。我创造他和创造你一样。"然而，此时孩子已经6岁，他未被说服，提出抗议："为什么你不说我们怎样来到世上？现在，我长大了，为什么你不对我说出真相？当你对我说要创造另一个宝宝时，我注视你很久，但你没有什么表示。"说出真相不似显得那样容易。为了知道如何满足儿童的想象，教师和父母需要特殊智慧。

教师需要接受专门培训，因为靠我们的逻辑推理并不能解决这些问题。我们应当认识儿童的发展，必须抛弃我们的先入之见。为了追踪3岁至6岁儿童的心智，需要大智慧和细心观察，而成人往往不具备这样的品格。幸好，儿童从环境中收获的东西比从教师那里多；但我们应当认识他们的心理，以便尽可能地帮助他们。

心智发展

儿童的行为方式是不断启示我们的源泉。

一切向我们证明，我们没有正确"认识"儿童心理，对儿童抱有许多偏见，已证明我们不可能用先验论原则指导他们，因为儿童还不为人知，只有儿童本身及其表现能让我们认识，并教给我们认识他们。

我们能用数以千计的实例证明，儿童不仅需要有趣的物品，还需要认识正确操作它们从事工作的方法。准确性让儿童感兴趣，并让他们能够持之以恒地工作。这表明他们在使用物品时，具有潜意识目的、协调自己动作的需要及本能。

值得强调的另一事实是，当儿童工作时，他们会兴趣盎然地多次重复相同练习。再没有比这更让我们惊奇的了：他们全力以赴地投入实际生活练习中，准确按着教师指示擦拭黄铜罐，黄铜罐被擦得光洁如初。接着，我们发现他们立即开始同一工作并重复每个细节，接连不断地多次擦拭已经光洁的黄铜罐。这证明外在目的仅仅是一种刺激。因为真正的目的来自内在需求；于是，目的成为建构性的，换言之，儿童通过重复练习，实现运动的协调。这和我们没有不同：在体育运动和其他游戏中激情满怀的反复训练。网球、足球等运动项目的实际目的不是准确地传递一个球，而是训练我们运动的技巧性，这才是运动的快乐所在。

我们可以说，儿童在做所有练习时，都是在做游戏。然而，这些游戏引导他们获得技巧性、自己建构和成长所需的能力。

通过活动，适应的本能被唤醒并走上勤奋建构的道路，仿佛有人对他们说："努力发展你们的运动，千万不要随意而为；因为你们注定从事这些运动，而不是其他运动。"但落实的手段恰恰符合儿童的天性。因此，我说模仿是对建构工作的某种启示。

于是，人们发现儿童心理建构的某种动力。儿童看到周围人们进行的活动，成为对自己从事建构性活动的激励。建构什么东西？正如在

儿童的心智

语言中只建构"纬线",也就是带节奏和重音的语音和语法结构中的词序,这样通过这些练习不断形成种族特有的行为"纬线"。3岁至6岁时期是一个实现和完善的时期。在此时期决定个体建构,这种建构体现在人格上。固化在性格中的活动及行为方式,业已表明个体属于社会较低阶层还是较高阶层,这样就确定不同社会集团之间的差异,正如语言决定不同种族之间的差异。

这样,如果一位出身低微的人士,因环境改变进入上层生活圈子,仍然带有其出身的印记。如果一位贵族伪装工人,他的习惯和举止也会让他露出原形。语言也是这样。在这个年龄方言变化固定,从而一位大学教授能说一种规范的、或讲究的、或满是科学术语的语言,但他的口音会告诉人们,他童年是在外省度过的。任何进一步教育都不可能删除童年建构期固化的东西。因此,人们可以理解该年龄段教育的社会意义。这阶段通过教育,可以纠正障碍造成的缺陷,那些障碍让儿童头3年心理建构偏离正轨,因为这是儿童合乎自然完善期。与此同时,应用科学标准进行教育,可以真正缩小不同种族及社会阶层人们之间的差异,从而趋向更大和谐。换言之,文明对人们产生影响,正如文明可以影响自然外部环境;这赋予人类一种神奇力量。

感觉教育与精确心智

我们认为,在儿童的所有活动中都存在人格形成内容。同样,应用感觉教具做练习也是如此。

应当怎样认识感觉教育呢?

感官是我们和环境的接触点,通过练习观察环境,心智可以更熟练地使用这些感官。正如一位钢琴家在相同琴键上弹奏出无数美妙动听的旋律。同样,缫丝女工能够具有惊人的触觉能力,她们能够辨别手指下的极细丝线是一股还是两股。有一些原始民族能够听到蛇(或其他猛兽)发出的声音,这种细微声音常人听不到。

这种感觉教育通过对环境的活动进行，虽然它因个体差异而不断变化。然而，如果没有智力和运动相结合的整体工作，就不可能进行感觉教育。个体差异取决于内在倾向，内在倾向促使个体产生或大或小的兴趣。换言之，存在根据自己天生成长和发展的天生趋向。

使用过我们教具的学童双手动作熟练灵巧，并且对环境的感觉刺激更加敏感。相同环境变得更丰富多彩，由于儿童能够感觉事物之间更加细微差异；因为没有被区分的事物，就如同不存在。我们用感觉教具提供指导，是对每个感官可以接受印象的分类：颜色、乐音、噪声、形状和大小、重量、触觉印象、气味和味道。无疑，这也是一种文化形态，它能够同时引起对自身和对环境的注意；是导致人格完善的文化形态之一，如同语言和书写。换言之，丰富天生潜力。

感官因是环境的探索者，开辟认识之路。感觉教育教具就像打开外在事物探索之门的一把钥匙，就象一个火炬，让人看见在黑暗中（处于无知状态）看不见的诸多事物及诸多特征。

同时，和高级能量有关的一切，变成一种能够激活创造力的刺激，并增强探索性心智的兴趣。

在普通教育中存在一种偏见，必须给儿童提供一种教具，能让他们鉴别颜色、表面、形状等不同性质。然而，东西数不胜数，而性质却有限。性质可以和字母表相比：字母有限，但可以拼写出数不胜数的词语。

我们给儿童依次提供一种性质的教具，就仿佛为他们提供书写爆发的字母表。由此可见，就是提供打开认识之门的钥匙。如果某人不仅能够有序地区分各种性质，而且能够鉴别每种性质的等级，那么他就能学会在社会环境和自然界中辨认万物。

这种关乎外部世界的字母表具有不可估量的重要性。事实上，正如我在上文所说，文化不仅是学习知识不断积累，而且是人格的更高修养。这样，给受过感觉教育学童授课和给没有接受此种教育学童授课，效果截然不同。在前种情况下，给他们提供教具、文化知识，或引导他们直接探索环境，他们表现出强烈兴趣，因为他们对叶片形状、花朵颜色、昆虫特征等小差异非常敏感。一切在于观察事物并对认识事物感兴趣。拥有做好准备的心智至关重要，教师聪慧与否无关紧要。

正如我所说过那样，现在我们的教具只突出事物的一种性质，从而有效地帮助形成有序心智。

心智天生具有从事物中区分出性质的能力。即使未接受教育，大家都能辨别颜色、声音、形状，等等。然而，这是涉及人类心智形态本身的现象。

人类心智就其本性来说，不仅具有想象特性，从而显现肉眼看不见的东西，而且具有综合特性，从在外部环境遇到数不胜数事物中"提取"出"字母表"。后种特性是心智进行抽象的天生才能。发明字母表的人们恰恰具有抽象能力：他们界定并发布构成词语的少数语音。因此，字母表恰恰是某种抽象物；相反，实际存在的是词语。如果人不具有想象和抽象能力，就不会聪明；或者其智力类似于高级动物：局限于其特定行为需要，因而处于静态、没有发展的可能。

现在，抽象是限制的，而想象的事物却是数不胜数的。限制越精确，其价值越大，它们在心智世界构成某种在空间中定位所需器官，就像在时间中定位所需的钟表一样。

这两种心智能力都超越对实际事物的简单感知，它们共同建构心智。在语言建构中，它们都不可或缺：一方面是精确字母表，另一方面是语法规则，它们使得词语更加丰富多彩。只有基于语音和语法的精确结构的词语才能用以丰富语言。现在，心智建构情况和语言建构情况大同小异。

当你们说："那个人脑筋糊涂，他不笨，但理不出头绪。"你们提及一种人满脑子的观念，但混乱无序；相反，你们提及另一个人，会说："他的头脑清晰；会审时度势。"

因此，我们把通过精确性建构的心智称作"精确心智"。这个术语是法国哲学家、物理学家和数学家帕斯卡① 提出的。他说过人的心智形

---

① 帕斯卡（B.Pascal,1623—1662），法国数学家、物理学家、笃信宗教的哲学家、散文大师、近代概率论的奠基者。

态是精确的：正确评价精确事物才能认识和进步。语言形态是由字母发音和词序决定的。同样，人的心智形态、能把源于直接感觉和想象的所有财富纳入的结构，是一种基本的秩序。当考察给人类文明进步留下自己发明痕迹的人们的行为时，会发现他们从某种秩序、精确性出发，从而引导他们创造新事物。在音乐和诗歌的想象领域，我们发现音乐和诗歌也有精确基础，被称作"韵律"，也就是节拍。

由此可见，我们在教育中应当记住有两种心智，虽然在个体中一种心智占优势，但它们必须共存和发展。如果儿童的心智教育只重视想象力，就会引起失衡，阻碍在世界中成功定向，即在实际生活中会迷失方向。

现在，我们学童的精确心智以独特并自发的方式显现出来。

事实上，如果我们教给他们准确行动，恰恰这种准确性仿佛强化他们的兴趣。在他们行动中有一个要实现的实际目的，此目的是首要动机，但准确行动方式会让儿童持之以恒，从而让他们在成长过程中不断进步。秩序和精确性是自发性工作的向导。

现在，再谈能让三四岁幼童秉精会神工作的感觉教具，这些教具不仅作为探索环境的向导，而且作为发展精确心智的手段，无疑为幼儿成长提供帮助。①

我们学童的实验结果和如下事实形成鲜明对照：在普通学校中数学是一种学习障碍，而不是具有魅力的课程；大部分人对数学都有畏难情绪。但我们实验的结论是：如果认识深深地扎根在吸收性心智中，一切课程都不在话下。

在环境中精确的东西不象树木、花和动物那样常见。在童年缺少自发发展精确心智的机会，这就会阻碍心智的进一步发展。因此，我们把感觉教具称作物质化抽象或数学基础教具。我在其他两本著作②中论述数学教育方案，它们也是研究这种特殊发展的特殊心理学著作。

---

① 可参阅《发现儿童》。

② 指《心理算术》和《心理几何》。

胚胎预设

儿童在最初阶段收获应当是对环境取得的，这是一个胚胎现象。因为胚胎是由预设决定的，无论是在基因中的身体器官预设，还是由康希尔发现的行为预设。

于是，儿童在语言方面建构精确并固定的结构：词语的语音和语法限定的次序。语音和词序不是自然存在的，而是社会建构的，因为（正如我们发现）确定词语含义的基础是彼此理解的人们的约定俗成。

其他东西也由社会确定。譬如，社会集团认同习俗作为道德规范。有趣的是人们发现，习俗形成的目的并非让生活更容易，像某些进化观所宣扬的那样。社会规则和社会调节自身某些方面和那些进化观大相径庭。"生存本能"并非仅仅设法谋得更好生活条件，相反，对这种本能的各种限制让人想到天生牺牲本能，这就如同想要一块巨石具有确定形状，必须进行加工，去掉一部分石头，也就是牺牲一部分石头。事实上，我们研究原始民族，会发现身体上的某些限制（禁止、禁忌）和牺牲，在所有原始种族的习俗中都存在。

有时对美本身的追求采用人为畸形的形式，虽然造成严重牺牲（譬如，我们提及有名的中国妇女缠足，或者耳朵和鼻子上穿孔挂首饰）。

然而，限制主要在食物方面。最近饿死几百万印度人，他们生活在世界上有名的牛羊成群地区。然而，他们严格遵循社会习俗——不能杀生吃肉；这种习俗的力量比死亡都强大。

现在，道德是社会生活的上层建筑，道德以一定形态规范社会生活。其后，不应忘记这些典型习俗也是通过普遍认同才形成的，并且不断发展。

宗教也可以这样说：要成为偶像，必须得到社会普遍认同。宗教不仅仅是对确定观念的一致认同，而且无疑产生于人类精神需求，这种需求导致崇拜，而不仅仅在观念上把握某些事实。这样，原始人对自然的神奇奥秘迷惑不解，就崇拜其某些现象，并与感恩情感及畏惧神奇结合起来。最终，通过普遍认同，对其些现象和事物的深刻心理反应固化，那些现象和事物变成神圣的。这些现象和事物能激发心智的想象力，反过来心智能对它们进行综合，把综合结果吸纳于身。正如感觉印象那样，从它们可以达到抽象。事物的性质通过心智基本功能被界定。然而，在潜意识发生影响的地方，正如在导致崇拜的感觉中那样，会出现类似抽象表达；也就是用符号象征那些抽象。这些符号要成为社会要素，必须通过普遍认同才成。在象征性表达中也存在崇拜行为，因此在群体中崇拜礼仪形成。这一切历经几百年才得以实现；不仅是如道德风尚那样的结果，而且成为某个社会集团成员团结的特征，这一特征帮助和其他社会集团相区分。这样，人类集团的不同特征逐渐形成，正如物种的特征形成一样。这些特征代代相传，正如物种特征通过遗传代代相传一样。

由此可见，这些特征不仅仅在想象中显现、认可和确定。想象用精神需求推论收集，这样如同感官在另一层面收集，但抽象思维进行综合，于是心智逐渐以确定形式表达无限事物。

它们是精确并稳定的形态，可用简单符号来表现，所有人都能接受这些符号。由此可见，行为稳定性几乎可以如数学一样精确。想象印象和精神印象如此稳定，规范心智的精确能力可以识别出来。

现在，当儿童吸收一个民族的习俗、道德、宗教，他们真正吸收什么呢？

这类似于吸收语言那样，他们吸收一种模式，也就是吸收源于精确心智的抽象及整理的稳定性及精确性。这种模式被他们以胚胎形式吸收，就如同一个强大并有创造性的生物预设，将给予人们具体形态，正如基因决定遗传，神经中枢决定行为模式一样。

在心理胚胎期，即在出生后时期，儿童从环境中吸收特征模式，这些特征是某个群体在社会中建构的。换言之，他们没有吸收其种族的精神财富，而仅仅是产生这些财富的模式。由此可见，他们吸收基本的、概括的、精确的部分，从而也是在民族日常生活中重复出现的。总而言之，吸收的是精确部分。现在，模式一旦稳定，就会作为特征保留，正如母语所发生的那样。

其后，人们可以做数不胜数的事情，但总根据那一模式进行。同样，母语可以无限地充实丰富，但总遵循在心理胚胎期确立的语音和词序的模式。

人们可以清晰地发现，精确心智从生命初期就起作用，不仅（正如我们已经指出）表现在精确性对儿童所有行为都具有吸引力（儿童显现出程序精确才能进行活动，精确性让他们聚精会神、持之以恒地工作）；而且表现在秩序感是幼年特有的一种强大并突出的敏感性。对事物及其相互位置的秩序感和简单感觉是同步的，换言之，是和从环境中吸收印象同时发生的。

由此可见，对我们来说，人的心理特征"基本建构"观念是：心理结构形成，并根据确定模式形成。否则，有序心理世界只能凭借理性和意志；换言之，它被有序心理世界创造后习得的能力所创造，显然这太荒谬绝伦。正如人不根据逻辑推理创造自己身体，同样人也不根据逻辑推理创造其心理形态。创造是原初的神秘事实，让原先不存在的"某些东西"产生，并且其后注定根据生命规律成长。然而，一切从创造开始：Omne vivum ex ovo [①]。

这样，人类心理也基于本身具有创造性的部分，但在出生后时期，因为人类心理必须凭借环境形成，并把环境作为基本模式吸纳于身，以便让每个个体成为自己种族的成员。人类不同群体之间的差异就这样延续下去，它们代代相传地持续发展自己的文明。本性非固定而逐渐、持续进化的过程，就像文明发展那样，之所以能连绵不断，就因为出生的人类新个体具有创造性心理能力，从而适应他们所处的环境。这是儿童的生物功能。正是此种功能保障社会进步。然而，恰恰因为是创造性活动，可以被我们所控制，因此它对我们来说，具有难以估量的重要性。

---

① 拉丁文，含义是"所有生命源于卵"。

十八 幼儿性格及其缺陷

性格的自然形成

有待强调的另一组重要事实，涉及幼儿性格的形成。

性格教育曾是旧教育学的重点、主要目的之一。

然而，与此同时，旧教育学没有给性格下个清晰定义，也没有提供性格教育方法，仅限于说智力教育和应用教育是不够的，还需要未知的教育，这个 X 是指性格一词。但这些旧教育者显现对此问题的直觉，因为他们希望的是实现人类价值。虽说他们想要达到这一目标，但没有看清楚。人们把价值赋予某种事物，诸如勇敢、坚韧、自信等美德，即应当和同类建立良好道德关系。因为在性格问题上，道德教育占有重要部分。

此外，在全世界对性格的本质存在模糊观念。

虽然从古代起哲学家和生物学家就关注这一问题，但没有得出性格的确切定义。从古希腊时代到今天，从泰奥弗拉斯托斯[①] 到弗洛伊德和荣格[②] 多次尝试界定它，正如卢姆克（Rümke）正确指出，一直处于尝

---

① 泰奥弗拉斯托斯（Teofrasto，公元前 372—约前 287），古希腊逍遥派哲学家，亚里士多德的学生。代表作为《品格论》。

② 荣格（C.G.Jung,1875—1961），瑞士心理学家、分析心理学创始人。

试阶段，还没有形成一个最终定义，能让所有科学家都接受。但他们感到、直觉到那个称作性格的整体重要性。现在的学者考察这个概念，涉及身体、道德、智力诸因素、意志、个性和遗传。可以说当班森（Bahnsen）1876年首次引入"性格学"概念时，就几乎创立研究性格的科学分支。在这个特别要求确定知识的学科领域，近期的学者和革新者也作出自己的贡献。然而，他们都从人出发，无论是作为抽象形象，还是作为具体的人。即使提及教育的学者，无论出于实证观点，还是出于宗教观点，在其研究中通常忽视幼儿，虽然许多人谈论"遗传"，从而谈及先天影响。总之，从遗传跳跃到人格形成，留下无人探索的空白，极少数人建议研究以填补空白。

相反，这恰恰是我们探究的领域，是幼儿自发作出贡献，为我们指出关于尚未解决的性格问题的新观念。换言之，让我们把该问题理解为性格自然建构，通过个体努力实现其发展。显然，这里，没有提及任何"教育"因素，但取决于创造性活力和在环境中可能遇到的障碍。这样，我们的兴趣就转向观察和说明自然规律对人（从出生起）的心理建构起的作用，我们尤其关注幼儿：从其性格和个性为零的出生之日，直至开始形成个性的年龄，由于从潜意识开始无疑存在自然规律，它们决定心理发展，对所有人都"一视同仁"。相反，个体差异大都取决于在环境中的生活状态，取决于飞速进步还是停滞或退步，前进道路上所遇障碍引起的心理变化。

无疑，这一原则能够为解释从新生儿到成人各个阶段性格发展指明方向；同时，它作为主要基础和指南，以考察个体生活呈现的无限差异，这些差异取决于个体适应环境所做努力大小。

出于生活观点，我们可以把有关性格的一切视为人的行为。正如我已说过，从0岁至18岁可以分成3个时期：0岁至6岁（该时期是本书的主题）、6岁至12岁、12岁至18岁；其后，每一时期分两个阶段。如果我们分别考察这些时期，每个时期心理类型都截然不同，给人留下不同个体的印象。

正如我们所见，第一个时期是创造期；在该时期我们发现性格的根源、即使新生儿还没有性格。由此可见，从性格角度看，0 岁至 6 岁也是人生最重要的时期。众所周知，该年龄段儿童不可能受到榜样和外在强迫的影响；因此应当由本性自身奠定性格基础。该年龄段儿童不理解善恶之分，他们生活在我们道德观念之外。事实上，我们不会说他们坏或恶，只说调皮，也就是说他们的行为幼稚。于是，在本书中我们将不谈善恶或道德。在第二个时期——6 岁至 12 岁，儿童开始意识到善恶，不仅对自己行为，而且也对他人行为。善恶问题成为此年龄段儿童的典型问题；道德意识形成，以后会发展成社会意识。在第三个时期——12 岁至 18 岁，萌生对祖国的热爱之青、集团归属感及荣誉感。

我已指出这一事实：每个时期特征和其他两个时期截然不同，但前一时期为后一时期奠定基础。为在第二时期能够正常发展，必须在第一时期发展良好。同样，一只蛹和一只蝴蝶在外观和行为表现上截然不同，但蝴蝶的美却是蛹这种生命形态的结果，而不是来自对另一只蝴蝶的模仿。为了建构未来，必须警惕现在。前一时期需求越是充分满足，下一时期就会取得更大成功。

生命是从受孕开始。如果受孕是两个健康人结合的结果，两人既不酗酒也不颓废，那么新生儿就不会有先天性缺陷。因此，胚胎发育的方式受妊娠制约。以后，胎儿可能只受环境影响，即妊娠期母亲所处环境条件的影响。如果环境有利，新生儿就会强壮健康；这样，受孕和妊娠影响婴儿生活。

我们已经提及出生恐怖和它可能导致回归：这些回归性质严重，但比酗酒或遗传疾病（癫痫等）影响要轻。

我们已经讨论过，出生后最初几年非常关键。在最初两三年，儿童受到的影响可能改变未来生活走向。在这个时期，如果儿童受到伤害，或受过暴行，或遇到严重障碍，就会导致人格异常。由此可见，儿童性格会受所遇障碍的负面影响，而自由会有益于其性格发展。如果在受孕、妊娠、出生、出生后时期，儿童受到科学的对待，那么 3 岁时就会是个完美无缺的幼儿。这种美妙理想从未实现，由于除其他原因之外，还会出现许多障碍。3 岁幼儿彼此就有明显差异，这些差异具有不同重

儿童的心智

要性，不仅由于经验严重性不同，而且尤其关乎生命所处时期。如果出生后困难造成的缺陷没有妊娠期造成的缺陷严重的话，那么妊娠期造成的缺陷也不如受孕期的严重。关于纠正儿童缺陷的可能性，实际上，0岁至3岁的低幼期造成的缺陷，可以在3岁至6岁时期得以纠正，后一时期是遵循本性的积极完善期。

我们学校对这个时期实验结果作出显著贡献，这使得我们可以进行外部帮助，即用教育干预。然而，如果0岁至3岁出现的缺陷，由于粗心大意或错误对待，在这个时期没有得到纠正，它们不仅原封未动，还会雪上加霜。这样，6岁儿童可能带有3岁前的异常和3岁后的新缺陷。在6岁后，这些缺陷将会影响第二时期发展，影响善恶意识的发展。

所有这些缺陷都会影响心理生活和智力。如果在前一时期，儿童没有遇到有益于发展的条件，那么现在学习将十分困难。因此，6岁儿童呈现出一些并非自己的特征，而是不利条件造成的结果。譬如，可能缺失道德意识（7岁至12岁得以发展）或正常智力。于是，这样的儿童缺乏性格并没有学习能力。在最后一个时期，他们由于低能还会增添其他缺陷，将成为有恶习之人，这一切都是他们必须经历的困难条件造成的。

在我们学校（和在许多其他现代学校），每个学童都有一张心理和生理的图表，作为教育他们的行动指南。如果我们了解不同时期的困扰，就可以确定其严重性，然后对症下药。为此，我们询问学童的父母，其子女是否患有遗传病，生育子女时的年龄，细致了解妈妈妊娠期的生活状况，是否摔倒过，等等。接着，还要问分娩是否正常，婴儿是否健康，是否窒息过。其他问题涉及孩子在家的生活：父母是否严厉？孩子是否受过惊吓或其他伤害？如果我们遇到困难儿童或任性儿童，我们就要在其以往生活中探寻导致这种性格的原因。当3岁学童来到我们学校时，几乎全都显现不正常、却可以纠正的特征。现在，我们简要考察性格偏差的普遍类型。人们通常一个一个地考察该年龄儿童的缺陷，试图直接地并分别地纠正那些缺陷。

相反，我们把该年龄儿童能够显现的无数缺陷分成两类，也就是强势儿童的缺陷和弱势儿童的缺陷。前者反抗并克服环境中的困难，后者屈从于不利条件。

强势儿童的缺陷

第一类儿童显现出特别任性、易怒、造反和侵害。这类儿童的主要特征之一是不服从，另一主要特征是破坏本能。他们还有占有欲，从而自私和妒忌（这不是消极表现，而是想要霸占其他儿童拥有的东西）。他们做事不能持之以恒（这在幼儿中非常普遍），注意力不能集中；手部动作难以协调，从而交给他们的东西往往落地并摔碎；心智混乱无序，想象力很强。他们经常喊叫、尖叫、弄出大响动；他们打扰和纠缠他人，往往冷酷地对待弱小孩子和动物。他们往往贪吃贪喝。

弱势儿童的缺陷

弱势儿童属于被动型，他们的缺陷也是消极的。他们懒惰和迟钝；为了得到某些东西，或让别人为自己服务，他们往往痛哭。他们喜欢娱乐，但很容易厌烦。他们什么都怕，从而依附成人。他们还经常说谎（一种消极自卫形式）和偷东西（霸占他人东西的另一种形式），诸如此类，不一而足。

还可能出现这种情况：他们某些身体缺陷是心理因素造成的。譬如，拒绝进食，缺乏食欲，或相反贪吃贪喝。噩梦、惧怕黑暗和睡眠不宁会损害健康并引起贫血（某些贫血症和肝病恰恰因心理因素造成）。还有些神经疾病也是如此。所有源于心理因素的疾病，凭借普通医学治疗手段通常不能治愈。

这些特征进入行为道德问题领域，通常都是性格的缺陷。许多这样的儿童（尤其是强势儿童）不被家庭视为福气，父母试图摆脱他们，情

儿童的心智

愿把他们交给保姆和学校，从而他们变成双亲健在的孤儿。他们是身体健康的病人，不可避免地导致行为不端。父母想知道对他们怎样办：有的征询建议，有的试图自行解决问题。有时，父母决心严厉对待孩子，确信这样的孩子可以改正。他们求助于一切手段：搧耳光、训斥、罚不吃晚饭上床，等等；但孩子变得更加肆无忌惮，或者显现出同一缺陷的消极形式。于是，父母尝试说服策略，和孩子讲道理，求助于其亲情："你为什么让妈妈难受？"最终，父母也漠不关心了。

弱势儿童一般不会引起父母的注意，他们也没有成为问题。妈妈认为孩子很乖、听话，由于他从不干错事。妈妈认为他依附她是亲情所致，她说，孩子太爱她，没有她，孩子不愿上床睡觉。然而，以后妈妈发现孩子活动和说话都晚，走路站不稳、走不远。妈妈说："他健康，但非常敏感，什么都怕！他甚至不愿吃饭；确实是个高尚的孩子，为让他进食，我总要给他讲故事。他应当成为一位圣徒或一位诗人！"最终，妈妈认为孩子患病了，并去请医生。这些心理疾病让儿科医生交了好运。

如果我们了解每个儿童建构性活动周期如何进行，所有这些问题将迎刃而解。我们知道所有性格缺陷都是儿童在第一时期受到错误对待所造成的。当儿童在这一时期被忽视，他们的心智就是空白，因为没有提供建构心智的可能性。这种饥饿心智（心理学家对此非常感兴趣）是许多疾患的主要原因。另一原因是缺乏受建构性刺激引导的自发活动。这类儿童中很少有人能够找到充分发展的必要条件；他们通常独处，几乎昏昏入睡，成人为他们大包大揽，而他们不能自由地完成其活动周期。这样，他们变得消极和迟钝。成人没有给他们提供观察物品的机会，因为不让他们手拿东西，从而他们不可能触摸东西，但他们想要那些东西。然而，当他们能够抓住一朵花或一个昆虫后，只会把它们弄得粉碎。

无故害怕的原因也要追溯到第一时期。

我们学校得以传播的原因之一是，学童一旦有条件在环境中活动并通过自由练习发展其心智，这些缺陷就明显消逝。这样，他们兴趣盎然地进行活动，不断重复其练习，并且能够持续不断地聚精会神工作。当儿童达到这种程度，能够专心致志地进行自己感兴趣的工作，那些缺陷就消逝了。混乱无序变成有序，消极变成积极，原先捣乱的学童变成学校的帮手。这一结果让我们懂得，他们的缺陷是后天造成的，不是生来就有的。他们之间没有什么不同，鉴于一个说谎，另一个不服从的事实。然而，一切缺陷都源于同一原因：缺乏精神生活食粮。

我们能给母亲们提出什么建议呢？为她们的孩子提供有趣工作；他们不需要时，千万不要伸出援手；当他们开始一件智力工作时，千万不要打断。温情、严厉、药品都于事无补，因为他们的心灵忍饥挨饿。如果一个人因没有食物而饥肠辘辘，不要说他愚蠢，也不要打他，也不要动之以情，这些都无济于事，他只需要充饥的食物。在对待儿童缺陷方面，严酷和温柔都不解决问题。人类是智慧的生物，精神食粮比面包更重要。和普通动物不同，人类必须建构自己的行为。如果儿童走上能够建构其行为和其生活的道路，那么一切会顺风顺水：不适将消逝，噩梦将消逝，消化不良变得消化正常，不再贪吃贪喝。儿童变得正常，因为他们的心理变得正常了。

这不是一个道德教育问题，而是性格发展问题。性格缺失、性格缺陷的消逝，无须成人的说教和榜样；也不需要威胁和利诱，只需要正常的生活条件。

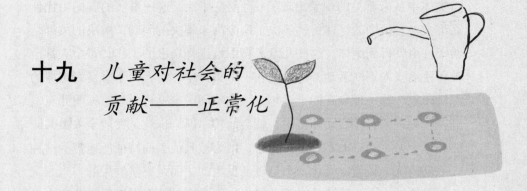

十九 儿童对社会的 贡献——正常化

　　在上一章我们描述的所有特征，谈及强势儿童和弱势儿童的行为举止，公众意见并非都认为坏事，有些甚至被高度评价。显现出消极被动性格的儿童被视为好孩子；而那些体力充沛、想象力丰富的儿童尤其被判断为优秀，甚至是超群。

　　这样，我们可以说儿童被区分为三类：

　　1. 缺陷应当纠正的儿童；

　　2. 表现好（被动）并作为榜样的儿童；

　　3. 被视为超群的儿童。

　　后两类儿童属于所谓大受欢迎的儿童，他们的父母为他们感到骄傲，即使他们（正如最后一类儿童）周围的同学并不特别喜欢他们。

　　我业已指出这一点，我曾引起大家对这种分类的注意，因为这种分类是历经几百年才形成的。然而，在我第一所学校和以后兴办的学校里，我发现，儿童一旦兴趣盎然地投入一件吸引他们的工作，那些特征都消逝了。所谓好的、坏的、优秀的品质都消逝了，只剩下一类儿童，不具有任何一种上述品质。这意味着世界迄今不会度量好与坏、或超越好坏的品质：人们认为真实的东西，其实并不真实。不禁让人想起一句神秘格言："唯有你才正确，啊，上帝！其他一切皆错误。"我们学校的儿童已向我们证明，他们真正渴望持之以恒地工作。此前，人们从未观察过这一现象，正如从未证实过儿童自发选择工作。儿童遵循内在指示，投入（每人方式不同）给他们带来平静和欢乐的活动；其后，在儿童集体中从未看见的现象出现了：自发纪律性。这一事实的震撼力比什么都大。自由中的纪律仿佛解决了迄今尚未解决的问题。解决的关键是给予自由就得到纪律。这些儿童去自由地选择自己的工作，每个人都全神贯注地投入不同活动，但团结在一个集体中，给人留下有良好纪律的深刻印象。这一现象在四十多年里、在不同国家一再出现，证明儿童一旦置于可进行有序活动环境中，就会面貌一新，也就是发展全人类共同的心理类型，而以前不可能看见它，因为被其他表面特征所掩盖。这种几乎创造统一类型的变化，不是逐渐发生的，而是突然发生的。当儿童全神贯注地投入一种活动时就会发生。不是女教师督促懒惰的儿童去工作，她只要帮助儿童接触在为其准备环境中活动的工具足矣。儿童一旦发现工作方式，其缺陷就会消逝。对儿童讲道理无济于事，他们的内在能量似乎趋向吸引它的外在活动，并在持之以恒的工作中释放。

人类个体是一个统一体。现在，必须通过对环境的积极经验来建构并巩固这个统一体，那些经验受自然规律的制约。

精神胚胎的发展，从 0 岁至 3 岁分开地进行，到确定时刻，最终它们要统一并组织为人格服务。在下个时期——3 岁至 6 岁，当双手从事活动，而心智指导工作时，将发生此种情况。

如果外部环境阻碍这种统一时，能量继续促使那种紊乱的局部发展，那么发展就会偏离其终极目的。

双手盲目地乱动；心智远离现实；话语在自身找乐；身体笨拙地移动。这些孤立的能量从未得到满足，就产生无数错误、畸形发展的组合，这就是冲突和烦躁的根源。

这些畸变不要归咎于人格的缺陷，而应当解释为缺乏人格组织的后果。

从表面看，它们是短暂的；其实自身不可纠正，因为所有活动都为一个目的服务时才能纠正。

然而，当环境靠其魅力为建构性活动提供动因时，那么所有能量都会集中，畸变将会消逝。于是，出现唯一类型儿童——"新儿童"，即

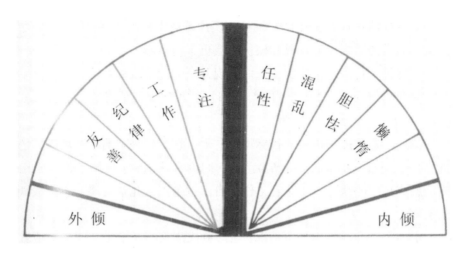

图 10　儿童的正常性格和异常性格特征

能够正常建构"人格"的儿童。

在图 10 中，从右边开始，我们看到儿童的不同性格，它们用扇面上的辐射线条表示。居中垂直宽条表示全神贯注于一件工作：这是正常线。当儿童能够全神贯注时，正常线右边的所有线条都消逝了，只剩下一种类型，左边线条表示的特征。许多表面缺陷的消失并不是成人工作的结果，而是儿童自身努力的结果，他们携带完整人格越过中间线，实现正常状态。

在我们学校，属于不同社会阶级、种族和文明的儿童，都持续不断地重复这种现象。

这是我们的工作取得的最重要经验。

"发生两种状态之间过渡，总在手持用具从事工作后，这一工作伴随聚精会神。"我们用"正常化"称呼这一心理现象，该现象让我们想起成人用心理分析治愈精神疾患。

今天，经过多年、如此丰富的经验，事实真相业已揭示。在儿童指导医疗所（为了治疗"困难儿童"，在不断创办这种医疗所），治疗方法恰恰是给儿童提供富有活动动因的环境，在那一环境中，他们自由选择自己的活动，不受教师（更一般——成人）的任何控制。

儿童的心智

游戏疗法也让儿童在许多玩具或模仿游戏中自由选择；儿童医疗所比家庭通常能够提供的玩具和模仿游戏更丰富多彩。

在这种现代医疗机构中，人们发现儿童的性格改善。

这种改善不仅归功于自由，而且归功于和其他儿童过"社会"生活。

然而，这些医疗机构的目标特别有限。它们只是"治疗"场所，仿佛患病（困难）儿童的"疗养院"。它们没有认识到：如果工作和自由能治愈成长中的缺陷，意味着工作和自由也是正常儿童发展所不可或缺的条件。

事实上，往往发生如下情况：当治愈或改善的儿童重新回到造成其"偏离正常"条件中生活，他们没有力量或手段保持正常状态，其性格改善也是暂时的。

因此，在某些国家尝试在学校中采用自由和活动；但对自由和活动的理解过于经验主义。

自由被简单地理解为摆脱压迫束缚、立即获得独立；比如停止纠错和中止服从成人意志。显然，这种看法是消极的，即意味着只消除强制。结果，多次引起简单"反应"：不再受控制的冲动无序爆发，因为以前只受成人意志的控制。"让尚未发展其意志的儿童为所欲为"是违背自由本义的。

结果，儿童变得不守秩序了，因为秩序是成人武断地强加给他们的；他们变得懒惰了，因为以前成人强迫他们工作；他们不服从了，因为以前服从是被迫的。

相反，自由是发展的结果；它是在教育帮助下、潜在向导的发展。发展是积极的，是通过努力和自己经验实现的人格建构；是每个儿童为发展自身必须从事的长期工作。

所有人都能命令并压迫软弱和温顺的人，但无人能够"发展"另一个人。"发展"不可能教授。

如果自由被理解为让儿童随意活动，让他们错误使用周围的物品，那么显然是"让畸变自由发展"并加重其异常条件。

正常化是"聚精会神"地投入一件工作的结果。为了实现此目的，必须在环境中存在适合引起活动兴趣的动因；物品要根据被制作的目的来使用，这将导致形成"心智秩序"；如果被"准确地使用"，将会实现"运动的协调"。

心智秩序和运动协调由科学标准指导，为聚精会神做准备。一旦实现聚精会神，就会"让儿童自由活动"并让他们治愈其缺陷。我们说"聚精会神"而不说"工作"，因为如果儿童冷漠地使用一个又一个物品，即使使用正确，其缺陷也不会消逝。

必须让儿童对工作感兴趣，并全力以赴地投入工作。

在我们学校，不像在困难儿童诊疗所，"治愈"不是终点而是起点，出发后"活动自由"巩固并发展人格。

只有受环境帮助实现"正常化"的儿童，在随后发展中显现出我们描述的那些神奇能力：自发纪律．愉快地持续工作，帮助和同情他人的社会情感。

"自由选择工作"的活动成为儿童经常生活方式，治愈是通向新生活方式的大门。

主要特征保持不变："聚精会神投入工作"。一件自由选择的、有趣的工作具有优点：能让儿童全神贯注、不知疲倦、增长力量和心智能力、控制自己。

现在，为了促进这种发展，随便什么"东西"就不够了，而必须组织一个提供"循序渐进兴趣"的环境。这样，就形成一种基于儿童发展心理学的教育方法。

在我们学校，不仅学童的性格变坚强，而且头脑求知欲永不满足。

人们会说，儿童在做精神生活练习，他们找到了自我完善和提升的道路。

儿童发展自己的工作启示我们想起印度智慧之书《薄伽梵歌》[①] 中

---

① 亦称《世尊歌》，印度教经典之一，公元二三世纪成书。主要内容以下凡的大神口吻讲述宗教与哲学理论，强调只有信仰"薄伽梵"，才能达到"梵我同一"、"涅槃解脱"。

的某些原则："提供正确工作至关重要。心智需要持续工作。让心智投入健康工作是精神训练。当心智失去平静、无所事事，魔鬼就要附身。懒惰者成不了精神境界高者。"

我们的思想也解释了纪伯伦①的话："工作是让亲眼目睹的爱好。"②

---

① 纪伯伦（K.Gibran,1883—1931），黎巴嫩哲理散文家，神秘主义诗人、艺术家，用阿拉伯语和英语写作。

② 纪伯伦：《先知》，克洛普出版社 1948 年版，第 33 页。

二十 性格建构是儿童成就

正如在前几章所述，儿童建构性格，形成我们欣赏的品格。这些不是由于成人榜样或成人规劝得以实现的，而仅仅是儿童在 3 岁至 6 岁间长期、分阶段个人训练的结果。

在这个时期成人不能"讲授"构成品格的诸多价值，唯一能做的是把教育建立在科学基础之上，这样儿童就能富有成果地、不受干扰和阻碍地完成自己的任务。

只有更晚些时候，成人才能影响儿童心智并用说理和规劝来干预。只有儿童长到 6 岁，我们才能成为道德的传教士，因为在 6 岁至 12 岁少年儿童的意识已经苏醒，他们亲眼目睹善恶问题。在 12 岁至 18 岁的青少年开始树立理想，如爱国情怀、社会感、宗教信仰，等等。此时，我们能够对他们传教，就像对成人一样。不幸的是，6 岁以后儿童不可能"自发"发展品格，而传教士也力不从心，发现面对巨大困难：他们对烟雾做工作，而不是对烈火。教育者抱怨，虽然他们能教科学、文学等课程，但面对的青年却不能学习，不是因为他们缺乏智慧，而是由于缺乏品格，没有品格就没有生活的动力。只有那些在环境中经历风暴和错误的人们，能够拯救部分或全部基本品格，具有自己的人格。很不幸，多数人做不到这点。现在，我们不能命令他们全神贯注，因为他们恰恰不具有这种能力。正如我们奢望他们耐心、认真完成任务，而他们却缺少那些品质。这就如同对一个没有双腿的人说："照直走。"这些能力只能通过练习获得，不可能靠命令获得。社会通常会说："你们对青年要有耐心，坚持用善意和榜样来影响。"人们认为靠时间和耐心就能有所收获；相反，将一无所获。随着时光流逝，人会变老，却毫无建树。如果在创造期没有抓住并利用机会，只靠时间和耐心将一事无成。

　　如果考察人类整体，另一点就清晰了。成人如儿童一样，他们之间差异似乎在于缺陷，其实他们具有某些共同的深层东西，只不过隐藏很深罢了。所有人都具有一种完善自身和精神需求的倾向，即使它模糊不清或无意识。这种倾向对性格缺陷发生微弱影响，再晚些时候能够促使

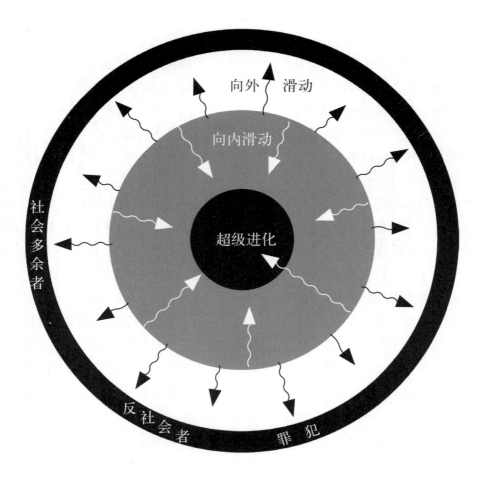

图 11　趋向精英和渣滓示意图

性格完善。个体和社会有一个共同点：不断进步。无论在外在层面，还是内在层面，在人类的无意识中存在一缕光，它指引人类不断完善。换言之，人类的行为不像其他动物那样一成不变，而是能够不断进步的，因此人们能自然地感受到进步的推动力。

在图 11 中，我们看见黑色内核，即完美中心。紧挨黑色内核的是灰色圆环，代表坚强和正常的人们类型。灰色圆环外的白色圆环代表大多数（程度不同）没有达到正常发展的人们。最外的黑色外圈表示在正常人类之外的人们，他们是极少数社会多余者或反社会者（呆痴者和疯人是社会多余者，犯罪者是反社会者）。犯罪者和精神病患者不能适应社会；其他所有人或多或少都能适应。因此，教育问题涉及那些能够（以某种程度）处于适应范围内的人们。

人对环境的适应发生在 6 岁前，因此在这里存在人的性格根源。要适应环境多么不易啊！灰色圆环包括那些近乎完美的人；他们是强者，或因他们具有很强生命力，或因他们找到较好环境条件。而白色圆环的人们具有较弱生命力，或者他们遇到较大的困难。在社会中，前者被认为性格坚强，而后者（白色圆环）被认为性格懦弱。前者感受到趋向完美的自然向心力（黑色内核），而后者倾向于朝黑色外圈滑——沦为反社会者和社会多余者。这类人在人生路上遇到许多诱惑，如果不进行持续努力，就会感到沦为末等人，因此他们需要在道德上得到支持以抗拒诱惑。这不是受到享乐的吸引，由于没有人想到走向犯罪或疯狂还能享受，但具有不可抗拒的吸引力，就像地心引力一样，因此需要不断斗争和防卫。努力抵抗邪恶被视为一种美德，因为实际上阻止我们陷入道德沦丧。这些人需要从沦落中拯救的规则，他们依附比他们优秀的人，祈求上帝帮助他们抗拒诱惑，将日益拥有美德，但生活将非常艰难。悔罪不是一种快乐，就像一位登山运动员为不从悬崖上跌入深谷而必须抓住突出的岩石。青年感觉到空虚的恐怖，教育者试图用榜样和规劝帮助他们，教育者把自己作为榜样，尽管有时感到相同的冲动和恐怖。教育者一再对自己说："我必须作出榜样，否则我的学生怎么办？"他们感到肩上负担沉重。学生和教育者都属于有德行之人（白色圆环），这是我们今天培养品格和讲授德行的环境，作为唯一可行的教育类型，被人们所接受。结果，大多数人总在那些局限内生活，人类通常认为不断防范的人是实际的人。

在灰色圆环内是坚强的人们，他们趋向完美，但这里没有地心引力，而是向更好靠近的真正愿望。往往可能是渴望实现真正完美，却没有可能性，但无论如何他们是自然地、无须努力地趋向完美。他们不是因为害怕牢狱之苦而不偷盗；不是艰难地战胜占有他人钱财的欲望；不是受虚伪美德的抑制才放弃暴力。他们纯粹是没受到占有他人东西欲望的诱惑，他们自己厌恶暴力。完美吸引他们，因为完美符合他们的天性，当他们趋向完美时，并未作出牺牲，而仿佛他们的强烈愿望得到满足。

正如食肉者和素食者人数很少。多数人吃肉，虽然在一个星期有几天不吃肉，在封斋期 40 天不吃肉或其他美食。封斋期对他们来说是真正漫长的苦行期，因此他们认为自己是有德行之人——抵抗住诱惑。

他们遵循他人和自己精神导师制定的规则。灰色圆环中的人们不食人间烟火或是素食者，他们不受肉的诱惑，他们禁食肉类。给他们派一位传教士实属多余，因为他们诚心诚意地遵守清规戒律。

另一个例子是由身体强壮者和身体虚弱者提供的。譬如，慢性支气管炎患者必须用暖和毛衣来保护肺，必须靠洗澡、按摩来促进血液循环加快。他们表面上正常，但必须特别小心。或者他们消化不良，为了维持生命，他们必须定时进食特殊食品。这种人勉强在正常人中间活动，但要特别小心，他们总害怕进医院，或许怕死亡。他们总缠着医生、护士和家人，不断寻求他人帮助。然而，你们看看身体健康人们：他们想吃啥就吃啥，根本不管规则，大冷天户外运动，跳入冰冷水流中游泳，而其他人没有勇气出门。在白色圆环内的弱者需要各种精神上的良师益友，以阻止他们陷入诱惑泥潭或跌入堕落深渊。灰色圆环内的人们不需要这样的良师益友，或至少需要程度不同，他们享有的欢乐是其他人做梦都想象不到的。

现在，让我们考察完美中心区（黑色内核），为了尝试把品格建立在事实基础上。什么是完美？或许拥有诸多崇高美德，为了实现什么呢？这里，我们必须澄清几点：我们理解的品格是人们趋向（即使许多情况下是无意识的）进步的行为。这是一般的趋势：人类和社会必须在进化中不断进步。自然存在一种趋向上帝的吸引力；但这里我们视为纯粹人的完美中心：人类的进步。个体有一个发现，社会就取得一点进步。在精神领域也发生类似情况：个体达到很高境界，就会推动社会进步。从精神上说，我们所知道的一切，从物质上说，我们所看到的一切，都是通过某些人的活动才实现的。如果我们考察地理和历史，就会看到这种不断进步，因为在每一时代都有人受完美吸引而行动，为完美中心大厦增砖添瓦。这些人在灰色圆环内，他们对自己充满信心，他们无须同诱惑斗争而浪费力量，他们全力以赴投入事业，在那些必须同自己低俗境界斗争的人们眼中，那些事业根本不可能实现。海军少将伯德①为去南极探险募捐而蒙受屈辱，在极地探险中又历经磨难。然而，他只感到实现前人未竟事业的巨大魅力，这样他就为完美中心大厦添上一块砖。

总而言之，我们可以说，从品格视角看，白色圆环内人数众多。太多人需要拐杖才能站立，如果世界继续维持教育的目前水平，那么人类水平将日益降低。

你们想象一位来自白色区域的传教士向灰色区域的儿童布道，他对他们说："不要吃肉，否则会犯罪。"那些孩子回答："我们不会犯罪，因为我们不受肉的诱惑。"或许他对另一个孩子说："你应增添衣服，否则你会着凉。"那个孩子回答："我不需要再穿衣服，我不怕冷。"请我们懂得：来自白色区域的教育者倾向于降低儿童的水平，而不是带领他们向完美中心进发。如果我们考察一下教材，就会发现它们既贫乏又枯燥。今日教育令人羞愧，导致整体能力下降，人为地削弱人的力量。教育组织方式本身限制学生掌握知识，从而他们低于人类本应达到的水

---

① 伯德（R.Byrd,1888—1957），美国海军少将，20 世纪航空先驱者和极地探险家。从1928 年至 1957 年多次组织南极探险。

平。他们本来能用强健的双腿奔跑，人们却给他们拐杖。教育基于人的低素质，而不是基于高素质；这是人类本身的过失。如果群众都由低素质者组成，那是由于他们在建构期没有能够形成自己的品格。我们应当努力发现人类的真正水平，从而让儿童发挥其创造性能力。那时，并非完美的灰色区域可能趋向完美，不是捍卫，而是征服，将占领整个白色区域。如果在人的一生中，心理建构期只有一个，由于错误环境的过错，在此时期心理未能建构或建构糟糕，那么出现大量未发展的人们就不足为怪。相反，如果品格能够遵循自然规律发展，我们不是进行规劝，而是能够让建构性活动开展，那么世界就会要求另一种教育了。

如果我们取消人为限制，人类将面对有待完成伟大事业。一个人可以读完所有历史和哲学著作，却仍然一事无成；但如果为他提供促使努力奋进的手段，结果就会截然不同。然而，为此，我们应当把握能够引起人们回应的某些东西。我们应当激励的品质是在创造期形成的，如果那时它们未能形成，以后就不可能再形成，无论是说教还是榜样都无济于事。

旧教育和新教育的差异就在于此。我们希望帮助人们在合适时期自我建构，让他们能够提升到更高境界。社会业已修起高墙和障碍物，新教育必须摧毁它们，自由地显现广阔地平线。新教育是一场非暴力革命。从此以后，如果这场革命胜利，暴力革命将不可能。

二十一　占有本能的升华

　　在对现象做一般考察之后，我们逐一地观察发生的事实，并作出我们的解释。不论是儿童年龄，还是他们显现兴趣的强烈，都为我们提供广泛的讨论题目；尤其是我们学童行为似乎和人类最高特征有关。

　　在研究不同现象时，可以发现一个建构过程，这类似于某个阶段毛虫的行为。它们不在树枝上爬动——正如之前所做的那样，而是停留在树杈的一个角落；在那儿开始某种神秘活动：不久后就能看到透明细丝构成的云状物，这是茧的雏形。就象毛虫的情况一样，在我们学校，学童打动我们的第一个现象是全神贯注于一个工作。一个3岁半小女孩，来我们第一所学校学习，她聚精会神的程度令人吃惊，她四周还有许多有趣的东西，但未能让她中止自己的工作。这种专心致志程度就是在成人中都少见，只有素质极高者、甚至天才人物才能做到精力高度集中。自然，3岁半女孩的全神贯注和成人的类型不同；但在许多儿童中都发现这一现象，就不得不承认必然存在一种建构形式。正如在使用圆规时，必须确定一个点才能准确画圆，同样在儿童建构过程中，注意力集中是关键。并不是说以同一方式全神贯注，但如果没有做到聚精会神，建构就不可能开始。做不到聚精会神，儿童就会沦为周围东西的奴隶，他们感受到所有东西的召唤，从一个东西到另一个东西；但当他们做到聚精会神时，他们就成为其环境的主人，并将控制环境。

　　我们置身于成人世界，发现某些人经常改变职业，我们就说他性格

儿童的心智

多变，我们知道此人在生活中缺乏责任心；相反，另一人的目标明确，并能驾轻就熟地组织自己的工作，我们就确信他能在世界上干出一番事业。我们特别重视这些现象，我们经常重复说，我们乐于看到我们学生全神贯注投入工作，但不幸，我们不能总看到。这证明仅仅凭借教育手段，不可能得到满意结果。如果对青年尚且如此，那么一位女教师如何让3岁半幼儿全神贯注呢？确定无疑的是，儿童做到聚精会神，不是自己的意志力所致。由于出现新的心理特征，此现象说明在儿童建构工作中自然规律在起作用，自然把强烈兴趣强加给儿童，尤其对建构人格活动感兴趣。在实现全神贯注之后，转向持之以恒。事实上，我曾说过学童不断重复没有外在目的的练习，但那些练习应当有内在目的。在全神贯注第一现象出现之后，重复是某种训练，开始建构人格另一要素的训练。还有，这里不是儿童的意志，而是自然的意志：从而儿童形成重新开始业已完成工作的能力。事实上，重复练习还显现出另一现象：儿童决心完成自己活动。我们学校的儿童自由选择自己的工作，并且有决心完成工作。他们经年累月，天天重复练习。当我们遇到从来不知道自己需要的人们，我们会说他们缺乏意志力。当我们遇到知道想要什么、并懂得应当如何去做的人们，我们就说他们意志坚定并善于规范自己的行为。

儿童以自然规律为基础决定自己的行为，而成人却以思考为基础。显然，为了让儿童训练这种能力，他们身边不能有人教导：生活的每时每刻应当做什么；因为这种行动决心源自内在力量。如果有人剥夺内在导师的职责，儿童就不可能发展，无论在意志坚定方面，还是全神贯注方面。这样，如果我们希望儿童具有那些品质，我们首先应当让他们摆脱成人而独立。此外，儿童最强的本能恰恰是摆脱成人。如果我们看结果，事情符合逻辑；但儿童不按逻辑行动，而是顺应自然而行动。正如我们所说，是自然规划出儿童应走的轨迹。这里，可以比较人类和动物的特性发展的相似性。因为动物幼体也要走自己的路，也要逐渐摆脱本物种成体而独立生活。存在自然规律指导成长和建构，个体应当遵循这些规律以建构自己的品格和心理。

　　心理建构能够按每一要素进行，观察表明人的品格不仅仅是教育的结果，还是宇宙整体指导现象之一：这是自然的意志，而非我们命令的结果。伴随前述现象的另一现象证明这一点：未能充分发展的儿童的某些生活习性消逝。

　　不能正常发展儿童的最常见的一个缺陷是占有欲。正常化的儿童，从前对任何东西有强烈兴趣，现在提高到新阶段：他们不再对东西感兴趣，而是对认识东西感兴趣。这样，儿童占有欲则发生变化。非常奇怪的现象：一个孩子强烈地想要一件东西，但得到后就扔掉或毁坏。占有欲总伴随着破坏欲，如果考虑到东西没有持续吸引力，就不难解释此现象。东西只吸引片刻，随后被弃置一旁。譬如，手表为我们指示时间，这是其真正价值。一个幼儿根本不懂时间，也就不可能对钟表的功能感兴趣。当他拥有一块手表时，几乎立即把它毁坏。相反，大些的孩子知道手表的功能，可能想了解手表的构造；他小心地打开后盖，以便看看齿轮和其他配件如何运动指示时间。这个复杂机械令他感兴趣，是因其功能。

　　这是第二种占有欲，即对事物的功能感兴趣。我们可以在许多地方观察到这一现象。儿童掐花为了占有，随后就把花撕碎；物质占有和破坏的狂热结伴而行。然而，如果儿童了解花的各个部分、叶的种类、茎的曲线，就不会萌生掐花和撕碎花的欲望，而是认真观察的愿望。他们对植物产生智力兴趣，并且要掌握植物知识。同样，儿童杀死一只蝴蝶为了占有它；但如果他们的兴趣转向昆虫生活及功能，他们兴趣仍然在蝴蝶身上，却为了观察，而不是为了捕捉和杀死。当这种智力占有表现为被环境强烈吸引时，我们可以说儿童热爱环境，从而他们关心环境中一切事物，并且特别慎重地对待它们。

　　我们可以说这种由智力兴趣引起的激情会达到一个高水平，并促使儿童在学习生活中进步。不再是占有本能，在这种更高兴趣中，存在对知识的渴望、热爱和奉献。同样，好奇心也在科学探索中升华：好奇心是研究探索的推动力。当儿童特别喜欢一个东西并使用它时，就会变得热衷于保护所有东西。学童在我们第一所学校发生的变化，向我们显现

儿童的心智

他们如何从占有欲向对交给他们物品更高层次热爱和责任感过渡。在他们书写的练习簿上，没有折页、墨水污迹和擦掉痕迹，而是本本保持整洁，还画上图案加以装饰。

当我们通过历史和进化考察人类的伟大，我们发现渴望达到崇高境界是人类本能，人类进入各个领域进行探索以保护和改善生活，凭借敏锐洞察力帮助生活。农民不是终生辛劳照管农作物和家畜家禽，科学家不是小心翼翼地操作显微镜和透镜吗？人类以夺取和破坏开始，以运用智慧来爱护和服务万物结束。以前在花园里践踏花草的儿童，现在保护它们生长，数叶子数量，量叶子长度。他们不再说我的花草，而说这些花草。这种升华和爱心归因于其头脑中形成新意识。坚持说教，永远不可能杜绝破坏行为。如果儿童自己想要或不让别人拥有一个东西，我们试图用冗长说教、激起其爱心以让他改正，他可能改正5分钟，但随后一切照旧。只有工作和全神贯注能够促使儿童改变：先有认识，后有爱心。这是真正人类精神境界的显现。

认识、爱心和奉献是所有宗教的三位一体；但儿童是我们精神境界的建构者。他们揭示出自然为我们行为和品格规划了蓝图。这一蓝图根据生活规律，细致入微地指出具体年龄、工作、需要自由和紧张活动。至关重要的不是物理学、植物学和体力劳动，而是意志力和通过练习不断建构的精神因素。儿童是我们成人精神的建构者，而我们为他们自由发展设置的障碍将变成囚禁人类灵魂监狱的石墙。

二十二 社会发展

环　境

　　儿童应当做的第一件事是找到全神贯注的道路和手段，而全神贯注是品格形成和生活行为的基础。从而立即显现环境对实现此目的的重要性；由于没有人能够从外部让儿童全神贯注或组织其心理，这要儿童自己来完成。我们学校的重要性就在于此：在学校里学童找到能够提供这种可能的工作类型。封闭的环境（我们学校或一个班级）有利于聚精会神。大家都知道，在生活的任何情况下，如果想要聚精会神，就必须找一个僻静之所。在一个僻静地方，通过开展促使全神贯注的活动，儿童品格形成，并完成个体的建构。在普通学校 6 岁儿童入学，也就是说刚刚结束第一个时期——最重要的建构时期。我们学校为幼儿提供保护性环境，在这里他们可以形成品格的最基本素质，那些素质都取得重要成果。

　　当我们提出特别适合儿童环境的巨大价值时，引起人们的强烈兴趣。

　　艺术家、建筑师、心理学家精诚合作，确定教室的面积和高度、学校的艺术要素，从而不仅为幼儿提供保护场所，而且帮助他们全神贯注地工作。这样，学校就不仅是安全的环境，而且可以说是"心理环境"。

儿童的心智

然而，其重要性主要不在于建筑物的形式和规模（它们单独不能达到目的），而主要在于环境中的物品，由于没有物品儿童就不可能聚精会神。而物品要根据儿童自身的经验来确定。

最初想法是什么都添置一点儿以丰富环境，让儿童自己选择喜欢的东西。我们发现他们只选择某些东西，而其他东西无人问津；于是我们就把后者剔除。现在，在我们学校拥有并使用的物品，不是在一个国家实验的结果，而是在全世界实验的结果。我们可以毫不夸大地说，是儿童自己选择的。因此，都是所有儿童喜欢的东西，我们认为这些是必不可少的，而其他东西各国儿童很少使用（虽然成人看法相反）。在任何地方，只要我们正常化的儿童有选择自由，就会发生这种情况。这让我想起那些昆虫，它们只奔向需要的花。显然，那些物品对儿童来说也代表需要，他们选择能够帮助建构自身的物品。起初，我们学校里还有不少玩具，但学童并不感兴趣；还有许多学习颜色的教具，但他们只选一种——色板（我们广泛使用）。在各个国家都发生这种现象。我们根据学童的爱好决定物品的形状和色度。这导致我们的方法成为某种物品确定体系，对班级的社会生活产生影响。因为如果对三四十个儿童来说，存在许多东西或多种教具，仍能引起混乱，因为学童众多，被选教具却不多。

在每个班级都有不少学童，但每种教具只有一件，如果一个学童想要另一个学童使用的教具，他无可奈何，他如果已经正常化，就会一直等到后者结束练习。这样，就发展了某些至关重要的社会品质：儿童懂得必须尊重他人使用物品，不是因为有人要他们这样做，而是因为这是他们在每天社会经历中遇到的现实。如此多的学童，教具只有一种，只能耐心等待。由于经年累月、每时每刻都是如此，因此尊重他人和耐心等待的观念作为经验成为每人生活的一部分，并且随着时光流逝越来越成熟。

从而发生一种变化、一种适应，但如果没有自身社会生活的建构，就不会发生这种情况。社会并不建立在个人喜好上，而是建立在协调一致联合活动上。儿童从其经验中发展另一种社会美德——忍耐，这是通过抑制自己冲动而实现某种克己和忘我。这样，我们称作美德的耐心品格特征就自发地形成了。我们不可能向 3 岁幼儿讲授这种美德，但经验可以做到，因为在其他环境中不可能发生正常化，人们看到世界上所有儿童为占有东西而争斗，而我们学校的儿童在耐心等待。这种现象给人们留下深刻印象，他们问我："你们怎么能够让这么小的孩子如此守纪律呢？"然而，不是我，而是专为他们准备环境和给予他们自由，让他们表现出 3 岁至 6 岁儿童通常不具有的品格。

　　成人对社会生活准备第一阶段的干预几乎总是错误的。在"踩线走路"练习中，一个学童搞错方向，似乎不可避免与人相撞：成人会冲动地把学童抱起并调转方向，但学童自己会摆脱困境并解决问题，虽说方式不同，但总能令人满意。其他类似问题会不断地出现，儿童会很高兴地去解决。如果成人阻止他们，他们会火冒三丈；让他们自己解决会很好。这也是一种社会经验训练，和平解决问题构成不断处理各种形势的经验，这是教师不可能引起的。通常教师进行干预，解决方式和儿童的截然不同，会破坏班级的社会和谐。特殊情况除外，一旦出现问题，我们应当让儿童自己摆脱困境，这样做，我们可以更加客观地观察儿童的行为表现，而成人对此知之甚少。通过这些日常经验，才能实现社会建构。

　　应用直接教育方法的教育者，不懂得蒙台梭利学校如何发展社会行为。他们认为我们学校课程只涉及知识，没有涉及社会生活。他们说："如果儿童都独立做事，你们社会生活又在哪儿呢？"如果不解决社会问题，行为不规范，不设计所有人接受的规则，何谈社会生活？他们认为社会生活就是彼此相邻静静地坐着，聆听某人讲话，但这绝不是社会生活。

　　普通学校儿童的唯一社会生活是娱乐和郊游；而我们学校儿童一直生活在工作集体中。

社会生活

　　如果班级学童很多，性格差异就会更明显，不同经验就能更容易获得。如果班级学童很少，就不会出现上述情况。更高层次完善要通过社会生活才能实现。

现在，我们考察儿童的社会建构。它是偶然形成的，但是一种智慧的机会。这些学童聚集在一个封闭环境中，他们年龄不等（从3岁至6岁），通常在普通学校不可能发生这种情况，除非年龄大的儿童智力发育滞后。儿童总按年龄分班；只在极少学校实行这种垂直分班法。

当我们某些教师想要按同一年龄分班时，儿童自己会显现出由此引起的困难。在家庭也是如此。有6个孩子的母亲很容易照看他们。如果有一对双胞胎或一组同龄孩子，困难就开始了，因为所有孩子都要相同东西，这很麻烦。有6个不同年龄孩子的母亲比独生子女母亲要好办得多。独生子女很难带，主要不是因为他们往往容易沾染恶习，而是由于他们缺乏同伴，从而比其他孩子要痛苦。家庭通常和长子（而不是其他孩子）相处困难，父母认为因为长子更有经验，而真正原因是他们没有同伴。

社会由各种类型人员组成才活泼有趣。敬老院是死气沉沉的住所；把相同年龄的人们放在一起是不人道和残酷的。对儿童也是如此，由于这样做，我们就破坏社会生活的经络，剥夺社会生活的营养。在大部分学校里，起初按性别分班，然后按年龄分班。这样，每个班级都大致统一。这是根本性错误，会引起其他错误：这是人为的隔离，阻碍社会感的发展。我们学校通常是混合编班。然而，男女合班并不重要，因为他们可以很好地在不同学校学习，重要的是不同年龄儿童分在一班。我们学校经验表明不同年龄儿童可以相互帮助。小孩子看大孩子做事情，并请后者说明，而后者乐于这样做。这是真正的教学，由于5岁儿童的精神状态和3岁儿童的很接近，从而小孩子很容易理解大孩子的解释，而我们不会向小孩子解释。他们之间存在某种和谐和感染力，而成人和幼儿之间很少有这种默契。

教师没有能力让3岁幼儿懂得很多东西，但5岁儿童可以让后者很好地理解，在孩子之间存在一种自然的心理渗透。不仅如此，3岁幼儿对5岁儿童所做事情感兴趣，因为那些工作离自己能力并不远。所有大孩子都变成英雄和教师，而小孩子是他们的赞赏者。小孩子去找大孩子以得到启示，然后从事自己的工作。在其他学校，相同年龄儿童一班，聪明孩子本来可以帮助其他孩子学习，但通常教师不允许这样做；他们只能回答教师的问题（当其他孩子回答不上来时），从而往往产生妒忌。幼儿不会妒忌，当看到大孩子懂得他们不懂的东西时，并不感到屈辱，因为他们知道当自己长大后也会这样。他们之间存在关爱和欣赏，这是真正的兄弟情义。在旧学校，提高班级水平的唯一方法就是竞赛，而这自然会导致嫉妒、愤恨和屈辱，这些都是令人沮丧和反社会的情感。聪明孩子变得虚荣和颐指气使；而在我们学校 5 岁大孩子感到要保护比自己小的同伴。很难想象这种保护和欣赏的氛围不断强化并在行动中落实：班级成为一个由挚爱亲情结成的坚强集体。孩子们彼此了解品格，并相互赞赏，在旧学校通常重复一句话："这个孩子获一等奖，那个孩子得零分。"兄弟友谊不可能这样培养。然而，恰恰在这个年龄根据环境形成儿童的社会品格或反社会品格。出发点就在这里。

有人害怕 5 岁儿童教别人，反过来自己不能学习。但首先他不天天教，他的自由受到尊重；其次他在教时提高自己水平，因为他为了传授给他人，就必须分析和重组已积累的知识。显而易见，他从授课中受益。

3 岁至 6 岁学童班级没有和 7 岁至 9 岁班级严格分开，这样 6 岁学童可以从大同学那里得到启示。班级用半人高隔板分开，很容易从这班走到那班，这样小学童可以自由地走来走去。如果 3 岁学童走进 7 岁至 9 岁班级，他不会待在那里，因为他立即发现得不到任何对自己有用的东西。因此，规定一些限制，但没有绝对分开，各个小组可以相互交流。每个小组都有自己的环境，但不是隔绝的：总能进行智力漫步。一个 3 岁学童看见 9 岁学童在算平方根，他能够问在干什么。如果回答不令他满意，他会返回自己的教室，那儿有他更感兴趣的东西。相反，6 岁学童可能从 9 岁学童那里学到有用的知识。通过这种自由活动形式，可以观察不同年龄儿童智力的局限。这样，我们发现 8 岁至 9 岁儿童如何理解平方根运算，他们看着 12 岁至 14 岁少年运算过程，同样也让我们懂得 8 岁儿童能够对代数感兴趣。儿童的进步不仅取决于年龄，而且

儿童的心智

取决于自由地观察四周发生的情况。

在我们学校一派生机勃勃景象。小孩子兴高采烈，因为他们懂得大孩子所做的事情；大孩子满腔热忱，因为他们会教授自己所懂的知识。由此可见，不会产生自卑感，而且人人通过精神力量的交换，实现人格的正常、健康发展。

所有这一切，还有其他事实，足以说明在我们学校貌似神奇的现象，其实只是自然规律起作用的结果。

我们研究在自由环境中这些儿童的行为和相互关系，社会的真正秘密就向我们揭示。这是些缜密和微妙的事实，需要用精神显微镜观察，这些趣味无穷的事实揭示人的真正本性。因此，我们把我们学校视为心理学研究实验室，虽然不是真正意义的研究，而是观察。还有其他重要事实要指出。

我们已经说过，儿童自己独立解决他们的问题，但我们没有说怎样解决。如果我们细心观察而不干预，我们会发现一种貌似奇特的现象：他们没有相互帮助，不像我们所做的那样。有孩子搬较重物件，其他孩子并不去帮他。他们彼此尊重，只有当需要帮助时才伸出援手。这让我们茅塞顿开，因为显然他们直觉到并尊重儿童的基本需要：不要无益的帮助。有一天，一个学童把几何图形教具撒了一地；此时突然听到马路上传来音乐声，一支乐队引导游行队伍经过教室窗下。所有孩子都跑去看，把教具撒地的孩子没有去，因为他做梦都不会想到丢下教具不管。他必须把教具收拾好，但无人帮一把手，他两眼充满泪水。由于他也想看游行队伍。其他同学看到这种情况，不少人回来帮他。成人不具有对紧急情况的敏锐洞察力。当无须帮助时，他们往往彼此帮助。一位举止高雅的绅士看到一位女士要入座，就把安乐椅移到桌边，但无须帮助她也能很好入座。或者当她下楼时，那位绅士伸出胳膊，虽然她下楼无须搀扶。然而，当真正需要相助时，一切都变了。当需要帮助时，无人伸出援手，当无须帮助时，大家都鼎力相助！在这方面成人不可能教给儿童任何东西。我认为儿童在无意识中可能记起最初巨大努力的愿望和需要，从而帮助可能成为发展障碍时，他们出于本能不去帮助他人。

　　儿童行为中另一有趣现象是对捣乱鬼的态度。譬如，我们设想一个刚刚入学的孩子，对环境还不适应，他心绪不宁，扰乱他人，成了大家的问题。一般，教师会对他说："这样不好，很不礼貌。"或者说："你是个坏孩子。"同学的反应截然不同。一位同学靠近新生并对他说："你真淘气，但你不要担心。我们刚来时和你一样淘气。"他同情这位新生，把后者的淘气视为一种不幸，大同学想要安慰新同学，希望激发其内在美德。如果过错唤起同情，并像对待病人那样以怜悯之心努力安慰犯错者，社会将会发生巨大变化。此外，做坏事往往是一种精神疾病，由不良环境、出生条件及其他不幸造成的，因此应当引起同情并促使帮助；这样做，我们的社会结构会大大改善。如果我们学童发生不幸事件，譬如打碎一个花瓶，让花瓶落地的孩子往往很绝望，因为他不喜欢打碎东西，他由于不会运花瓶而感到自己无能。成人本能的反应是说："你看，现在打碎了。为什么你动东西？我多次对你说过不要触动东西。"或者至少成人命令他拾起花瓶碎片，因为成人认为迫使孩子收拾碎片，他会更好地感受到自己的过失。相反，我们的学童怎么做呢？大家都跑去帮他，用稚嫩嗓音以鼓励语气说："没关系！我们会找到另一个花瓶。"有的收拾碎片，有的擦干地板上的水。这是一种本能在呼唤他们帮助弱者、鼓励和安慰弱者，这是促进社会进步的本能。当我们的社会开始帮助弱者和穷人，而不是压迫和驱逐他们，我们人类的进化就会迈出一大步。我们整个医学在此原则上发展起来；从这种本能产生不仅帮助引起同情的人们，而且帮助全人类的愿望。鼓励弱者或卑贱者不是错误，而是对整个社会进步的贡献。儿童一旦实现正常化，就显现出这种情感，不仅相互之间，而且对动物也是如此。

　　人们确信尊重动物需要教导，因为人们认为儿童天生残酷或冷漠；其实并非如此；相反，当儿童实现正常化后，他们具有保护动物的本能。在拉伦①我们曾有一只小山羊，我每天都喂它。我把饲料放在高

---

① 拉伦（Laren），位于荷兰。蒙台梭利曾在此地创办一个心理学研究中心和一所实验学校。

儿童的心智

处，这样小山羊为了能够吃到，就不得不用后腿支撑。我兴趣盎然地看它保持那种姿势，它似乎也觉得好玩。有一天，一个幼儿走来，把小手放在小山羊肚子下以帮它站立，幼儿脸上流露焦急神色，他担心小山羊两腿站立太累。无疑，这是一种自发的、非常崇高的情感。

在我们学校显现的另一奇特现象是对优秀学童的赞赏；其他学童不仅不嫉妒，而且所有好事都能引起积极赞赏。当书写突然"爆发"时，就发生这种情况。一个学童写出第一个词语后，会引起大家的欢声笑语，大家都羡慕地注视着"写字者"，进而积极效仿其榜样，他们喊道："我也会写！"一个学童的成功工作带动全班的工作成功。对字母表的书写同样如此，以致有一次整个班级列队"游行"，他们像举旗一样举着字母卡片，他们的欢声笑语惊动楼下（学校在顶层）的居民，纷纷上楼看看发生了什么情况。教师对居民说："他们因为字母表而兴高采烈。"

在孩子们之间存在明显崇高的兄弟情义，这促进班级的团结。这些实例让我们懂得，在合适环境中，情感得到升华，儿童实现正常化，他们感受到某种吸引力。正如大孩子关爱小孩子，反之亦然，同样正常化的孩子受到新来伙伴的吸引，而新同学受到业已适应环境大同学的吸引。

二十三　内聚社会

　　上文描述的在自由经验间形成的社会共同生活，最终导致儿童产生集体感并作为集体行动。他们真正组成一个社会，被神秘纽带相连，像一个人一样行动。这些纽带由共同的、也是个体的情感构成；虽然是独立的个体，但他们被同一推动力驱动。这样的社会仿佛主要靠吸收性心智而不靠意识凝聚。

　　我们观察到的社会建构轨迹，可以和机体建构过程中细胞工作相比。显然社会也有一个胚胎阶段（社会初始形态），可以和不断发展的儿童同步。

　　我们饶有兴味地发现，儿童慢慢懂得组成一个集体，并以一个集体行动。他们发现自己属于一个集体，并为这一集体的活动作贡献。他们不仅开始对集体感兴趣，而且可以说他们在集体中忘我工作。当他们达到这一高度时，渴望团结并把集体荣誉放在首位。朝社会意识迈出的第一步，我称作"家庭或部落精神"。这让我想起原始社会，在那一社会里个体已经热爱、捍卫和重视本集体的价值，并把这一价值视为个体活动的目的和目标。

　　这种现象的最初表现令我们吃惊，因为与我们无关，我们没有施加任何影响。仿佛不断出现连续发展证据，仿佛到一定年龄就长出第一批牙齿。这种由自发需要形成的团结，受内在力量的指引，受社会精神的鼓舞，我把它称作"社会内聚力"。

儿童的心智

　　儿童的自发表现让我们惊叹不已，正是由于那些表现，我才形成这一观念的。我举一个实例。阿根廷大使听说，我们学校四五岁孩子能独立工作，自发地阅读和书写，遵守纪律不是迫于教师的权威，他根本不相信。为此，他想搞一次突然袭击，事先不通知就到校参观。不巧，正赶上那天放假，学校关门。我们学校叫"儿童之家"，位于平民住宅区，学童和他们的父母生活在一起。正巧一个学童在院子里听见大使的抱怨，他知道这是一位参观者，就对大使说："没关系，虽然学校关门，但门卫有钥匙，我们大家都在家。"一会儿，校门打开，学童走进教室，开始工作。他们感到有责任为自己集体荣誉而积极表现，没有人期待个人的好处，没有人想要突出个人，大家为了集体通力合作。只是到了第二天，教师才知道学校发生的事情。

　　这种社会意识不是教育灌输的，和任何形式竞争或个人利益毫无关系。然而，绝对是一个儿童通过自己努力才达到的目标。正像康希尔所说："自然决定儿童的行为，但其发展只能通过在周围环境中取得经验。"显然，为人格和社会的建构提供一个模式，但该模式只有通过在有益于完成任务环境中儿童的活动才能实现。这样，儿童向我们显现社会发展的连续阶段。这种制约社会并使社会凝聚的团队精神，很接近美国教育家沃什伯恩① 所说的"社会整合"。他认为社会整合是社会改革的钥匙，应当构成全部教育的基础。当个体和其所属集体融为一体时，社会整合就实现了。一旦实现社会整合，个体就更多考虑集体的成功，而不是个人的成功。沃什伯恩以牛津大学和剑桥大学划船赛为例说明这一概念："为了集体荣誉，每个人都尽最大努力，虽然他们清楚知道个人得不到任何好处，也没有个人特殊荣耀。如果这成为所有社会事业，上至整个国家，下至工业企业的行为准则，如果每个人都希望给自己所属的集体而不是个人带来荣誉，整个人类将获得新生。在学校应当培养个体整合于社会的情感，因为恰恰到处缺乏这种情感，这种缺乏导致社

---

① 　沃什伯恩（C.W.Washburne,1889—1968），美国教育家。因提出学校改革纲要而
　　闻名。

会衰败和崩溃。"

人类社会也不乏社会整合的实例：受自然的神奇力量指引的幼儿社会。我们应当重视并珍视这一社会，因为无论是品格还是情感，都不可能通过教学形成，它们是生活的产物。

然而，内聚社会和制约人的命运的组织社会并不一致。内聚社会只是儿童进化的最后阶段，几乎是社会胚胎的神圣而又神秘的创造。

组织社会

6岁后不久，儿童就开始另一发展阶段，它标志着从社会胚胎向社会新生儿转化。显然，开始了生活另一种自发形态，显现出完全有意识的组织团队。于是，儿童想要认识由人们制定的原则和法律；寻找领导集体的首领。服从首领和遵守规则构成这一社会运行的机制，在发展期之前的胚胎期就已做好准备。麦克道加尔（Mc Dougall）描述六七岁儿童开始构建社会。他们仿佛受一种本能驱使，服从比自己大的孩子。他把这种本能称作"群集本能"。被忽视和被抛弃的儿童往往组成团伙以反抗当局和成人制定的规则。这种几乎导致造反行为的自然需要在"童子军"运动中得以升华，这一运动对儿童和青少年的天生的社会发展真正需要作出回应。

这种"群集本能"和内聚力截然不同，内聚力是儿童社会的基础。随后社会发展到成人社会水平，它们是有意识组织的，并需要一个首领制定的规则，而且需要一个令社会尊重的首领。

在社会中生活是一种自然事实，从而也属于人类天性。它就像机体那样发展，在其发展过程中显现出不同特征。我想把它和纺纱、织布相比较，它们在印度家庭手工业中占重要地位。自然，必须从头开始，首先看棉籽周围的白色棉絮。这样，当我们考察人类社会建构时，就应当从幼儿出发，并在其出生的家庭环境中观察。用棉花可做的第一件事，也是甘地乡村学校学生做的第一件工作，是把刚摘下的棉花净化，把附

儿童的心智

着在棉絮上的黑棉籽清除。由此可见，这一工作和我们的工作一致：当孩子从不同家庭来到学校，我们就纠正他们的缺陷，帮助他们做到全神贯注、实现正常化。现在，我们来谈谈纺纱。我们与纺纱类似工作是建构儿童的人格，通过工作和社会经验来实现这一目的。人格的发展是一切的基础。如果棉纱是捻成的就结实，用这样的棉纱织出的布也结实，布匹的质量取决于棉纱的质量。这是真正要考虑的主要事情，因为用不结实的棉纱织出的布料没有用。

接着，要把纺好的棉纱放到织布机上，棉纱方向一致，两端由小挂钩固定。棉纱彼此平行、等距，从而互不接触，这样就构成一块布料的经线，而不是布料。但如果经线断了或者错位，固定方向不对，织梭就穿不过去。这种经线和社会内聚力相似。人类社会建立在儿童活动的基础之上，儿童受本性需求驱使在有限环境中（类似于织布机）活动。最终，他们为了共同目标，人人团结起来。

现在，真正开始织布。织梭在棉纱中穿过，用纬线把它们牢牢地固定到位。这道工序和人们组织的社会一致，这种社会靠法律支撑，由大家服从的政府领导。当我们织好布时，从织布机上卸下，布匹仍保持完好无损。布匹独立存在，脱离织布机就能被使用。人们可以织出数不胜数的布匹。正如在自己集体中的儿童，人们组成一个社会，不是通过如下事实：每人在其环境中为实现一个特殊目的并从事其特殊工作；人类社会的最后形态以组织为基础。

然而，社会和组织相互渗透。社会并不完全取决于组织，还取决于内聚力，内聚力是基本要素，是建构组织的基础。好法律和好政府不能让群众紧密团结和统一行动，如果个体本身没有朝着团结一致和结成集体的方向努力。反过来，群众的坚强与积极程度，根据个体人格发展和内在定向的情况而定。

希腊人曾把人格形成作为社会建构的基础。他们的首领亚历山大大帝用不多士兵征服全波斯。穆斯林也代表坚不可摧的团结，不是由于他们的法律和首领，而是由于他们共同的理想。他们大批地、定期地去麦加朝觐。这些朝觐者彼此并不相识，他们没有私人利益，也没有野心；

他们是奔向同一圣地的个体。没有人驱使他们，没有人命令他们，但他们为履行自己的誓愿，能作出巨大牺牲。这些朝觐者提供内聚力的例证。

在欧洲历史上，在中世纪，就像被战争折磨的今天一样，我们发现首领们曾试图实现欧洲各国的真正团结，结果都以失败告终。怎么回事？成功的真正秘密在于宗教信仰，它用其强大内聚力征服欧洲各帝国和民族的所有人，把他们联合起来。于是，人们发现国王和皇帝（每个帝王都用自己的法律统治国民）都屈从基督教，并受基督教力量制约。然而，内聚力不足以建构一个在世界上实际运行的社会，创造出劳动文明和智力文明。我们可以想想今天的犹太人：他们被千年内聚力团结起来，仅在现在才组建一个国家。他们是只有经线的民族。

值得注意近期呈现在我们眼前的历史新例证。墨索里尼和希特勒最早懂得成功征服者必须从幼儿开始培养。他们经年累月地训练儿童和青少年，从外部强加团结的理想。无论其道德价值怎样，这是合乎逻辑和科学的做法。这两个元首感到需要一种"内聚社会"作为其规划的基础，并且奠定那些规划的根基。

然而，内聚社会是一种自然事实，应当在自然的创造性推动下自发建构。无人能够取代上天的位置，谁想这样做，就会变成魔鬼，就像一个成人傲慢地压制幼儿人格的创造能量那样。内聚力在成人那里也与高于组织机制的理想指导有关。应当存在两种相互交织的社会：可以说一种植根于心智无意识创造区，另一种取决于有意识活动的人们。换言之，一种从童年开始，另一种由成人置于前种之上。正如我们在卷首所说，因为是幼儿的吸收性心智吸收种族的特征。当儿童作为"精神胚胎"生活时，那些特征才显现，它们不是智力发现，也不是人类劳动的结果，而是在社会内聚部分存在的那些特征。儿童吸纳那些特征，并把它们具体化，通过它们建构自己的人格；这样，他们变成具有独特语言、独特宗教和独特习俗的人。在不断变革的社会中，稳定和基本的东西、"基础的"（使用一个时髦字眼）东西，是社会的内聚部分。当我们让儿童发展，并从看不见的创造之根建构未来成人时，我们就可以认识

儿童的心智

决定个体和社会力量的秘密。

相反，我们只要看看周围，就可以发现：人们只以社会有组织、有意识部分为基础判断、行动和规范行为。他们想增强和巩固社会组织，仿佛只有他们才是组织创立者。他们不思考这一组织不可或缺的基础，只担心人的指令，他们渴望发现一位首领。

多少人把希望寄托于一位新救世主、一位具有征服和组织力量的天才！在第一次世界大战后，有人建议创办培养首领学校，因为看到当时首领准备不充分，没有能力驾驭形势。实际上，这是试验通过心理"测验"发现杰出人才，在学校显现出特殊素质的青年，适合专门培养成领导者。然而，如果没有适合该任务的优秀教师，谁能够担此重任呢？

并不缺少首领，或至少问题不仅限于此。问题要广泛得多：不幸，群众本身对我们文明的社会生活完全没有做好准备。因此，问题在于教育群众、重新建构个体的品格、发掘个人内在财富并发展其价值。没有一个首领能够担此重任，无论他多有天才。由于群众未做好准备，不可能解决这一广泛问题。

这是我们时代最紧迫最棘手的问题；群众低于能够达到的水平。我们已经看到有两种吸引力的图表（见图 11），一种从中心出发，另一种从边缘出发。教育的重大任务应当是保障儿童正常发展，有力地趋向完美中心。现在，与此相反，人们在人为地准备不正常、虚弱的人，他们易患精神疾病，需要他人不断照料以免滑向边缘，一旦跌入边缘区域，就沦为社会多余者。今天发生的情况确实是一种灭绝人类之罪，对我们大家都有影响，并能够毁灭我们。不识字的群众占世界一半，并不真正成为社会的负担；真正负担是我们对此毫无觉察，不知道造就人，践踏上天赋予每个儿童的内在财富，因为它们才是能够提升整个世界的道德及智力价值的源泉。面对死亡，我们痛哭流涕，我们渴望把人类从毁灭中拯救出来。然而，并未从危险中拯救出来，我们应当关注自身提升和人类命运。我们不应因死亡而痛苦，而因丧失乐园而伤心。

最大危险在于我们的无知：我们会从牡蛎的贝壳中寻找珍珠，会从矿山中寻找黄金，会从地球深处寻找煤炭，却不知道来到世上革新人类的儿童蕴藏着精神胚胎和创造星云。

如果把业已描述的自发组织引入普通学校，它会导致明显改善。相反，教师不相信儿童能积极地学习，他们采用鼓励或奖惩手段激发儿童学习，采用竞赛手段让儿童奋发努力。可以说，因为乐于和儿童作对，大家都找儿童毛病。成人的典型习惯是发现恶习以消灭之。然而，纠正错误往往使儿童屈辱和沮丧，由于现在它成为教育的基础，从而一般来说导致社会生活水平降低。在学校不允许重复他人工作；把帮助弱小同学视为过错；接受帮助者和帮助者一样也犯错，因而形不成团结的局面，强加的道德原则降低正常水平。在各种场合下，都能听到重复的话语："不要贪玩"，"不要激动"，"不要帮助别人"，"没有问你不要回答"，诸如此类，不一而足。一切指令都朝着消极方向。面对这种形势我们应当怎样做？即使教师想要提升自己班级，方式也和儿童的截然不同。假设最好情况，她可能说："如果有人比你优秀，你不要嫉妒"，或者"如果有人伤害了你，你不要报复"。由于现今教育充满否定；普遍认为儿童都有错，我们的任务是尽可能地纠正错误，让他们更优秀。然而，儿童往往作出教师意想不到的事情：他们欣赏比自己优秀的人，从而不局限于"不嫉妒"。某些精神素质不存在，就不可能激发出来；如果存在，就是天性的（确实如此），激励和培养就至关重要！对"不要报复"也可以这样说。经常发生如下情况：一个幼儿和伤害过他的学童成为朋友；但无人能够强迫他这样做。儿童对犯错者也有同情心和爱心；但其他人不可能把这种情感强加于他们。帮助智力差的学童是一件美好的事情，但并非因强迫而为。正如我所说，这些自然情感应当受到鼓励。相反，很不幸，它们往往因忽视而枯竭。学校的全部工作都在白色圆环（见图11）进行，接近反社会者和社会多余者的边缘。教师首先想到：儿童没有能力，因此必须接受教育。然后，她说："你不要做这个，不要做那个"，换言之，"勿滑向边缘"，她自认为在做好事。相反，正常化的儿童明显地趋向善，没有感到需要"避免"恶。另一消极行为是用作息时间表的固定时间打断儿童工作。人们对儿童说："你不要在

儿童的心智

一个题目上花费太多时间，否则你会感到劳累。"相反，儿童明显表现作出巨大努力的愿望。今天现有学校不能帮助儿童的创造性本能，他们自身具有满腔热忱地活动的素质：紧张地工作，兴高采烈地工作，安慰不幸者和帮助弱者。我想把普通学校和正常化学校同《旧约全书》和《新约全书》进行比较。《旧约》十诫有"不杀人"、"不偷盗"和其他消极戒律，这是心灵模糊、混乱者不可或缺的。但在《新约》中，基督就像儿童，为我们制定积极戒律，比如"爱你的敌人"。对感觉比他人优越、遵纪守法并希望被人欣赏的人们，基督说："我是为罪人而来的。"然而，教给人们这些戒律还不够；不断重复"爱你的敌人"也徒劳无益，由于是在教堂里说，而不是在战场上说，在战场上正相反。当人们说"不杀人"时，把注意力都集中于恶以保护自身，仿佛善在我们这里行不通。爱自己的敌人似乎不可能，以致一般来说是一种空洞的理想。

为什么？美德并非根植于人的心灵；可能以前如此，但现在美德的根源已死、被埋葬。如果在整个教育时期，都在鼓励竞争、竞赛和野心，如何期待在那个氛围中成长的人在二三十岁时心地善良？我说这不可能，由于对精神生活未做任何准备。

不是说教，而是创造性本能至关重要，因为这是事实：儿童根据天性活动，而不是因为教师规劝。善应源于相互帮助、精神内聚力引起的团结。儿童向我们揭示的、凭借内聚力创造的社会，是所有组织的基础。为此，我坚持认为我们不能教3岁至6岁儿童。我们可以睿智地观察他们，追踪他们的发展、他们每天每时每刻连续不断的练习。这是自然对儿童的馈赠，他们通过持之以恒的工作得以发展。自然提供向导，但在任何领域要有所发展，就必须持续努力和获取经验。如果缺少这种可能性，任何说教都无济于事。成长源自活动，并非源自理解观念。因此，儿童教育，尤其是3岁至6岁幼儿教育至关重要，因为这是性格和社会形成的胚胎期（恰恰如同从出生至3岁是心理形成期，胎儿期是身体形成期）。3岁至6岁儿童所获成就不取决于学说，而取决于指导精神建构的神奇天性。它们是"人类行为"的胚芽，只有在自由、有序的正确环境中才能发展。

二十四 错误及对其监控

在我们学校儿童是自由的，但组织不可或缺：为了儿童能够自由地工作，组织比其他学校更完备。儿童在为其准备的环境中获取经验，从而使自己更完善，但他们不能缺少特殊练习教具。他们一旦全神贯注，就能持之以恒地从事各种活动。儿童越积极，教师越被动，最后教师几乎退居一旁。

我们已经提及如下事实：通过自由地重复练习，儿童结成一个特殊社会，它比我们社会更完善，以致我们确信应当让他们自由，不受我们的任何干扰。这种微妙的生活现象，就像胚胎生命一样，不应受到一点儿损害。必要条件业已创造，每件物品都符合发展需要，那么促进发展就足够了。

在我们这样的环境中，教师和儿童形成确定关系。在下一章我将论述教师的任务。但有一件事，无论如何教师都不应当做，那就是用表扬、惩罚或纠错进行干扰。许多教育者认为这一原则错误，并总在这一点上反对我们的方法。他们说：'如果不纠正儿童的错误，你们怎么让他们进步呢？'在普通教育中，教师的基本任务是纠错，既有道德方面的，又有知识方面的。教育沿着两个方向进行：给予奖励或给予惩罚。然而，如果一个孩子受到奖励和惩罚，就意味着他不具有管理自己的能力，将继续按教师指出方向前进。由于奖励和惩罚外在于儿童自发发展的艰难，只会压制并损害其发展的自发性。因此，在学校不能采用奖惩

儿童的心智

制度，正如我们学校那样，保护儿童自发性并让其充分发挥。自由工作的儿童对奖惩绝对不感兴趣。

取消奖励没有引起抗议：说到底，奖励还算经济，因为无论如何只奖励少数人，通常在年末进行。然而，惩罚呢！就大不一样了：每天都进行。批改作业意味着什么？意味着打10分或0分！0分怎么能"纠错"呢？然后，教师对学生说："你们总犯同样错误，不听我说；这样下去，考试就不及格。"教师在练习簿上的所有批改记录和评语，只能导致儿童活力和兴趣的降低。说"你坏"或"你傻"是羞辱，是谩骂和伤害，但不是纠错。因为儿童要改正错误，就应当进步并完善。然而，除受屈辱外，已把他打入另册，怎么能够进步并完善呢？在旧时代，教师给显得笨的孩子戴上纸做的猪耳朵，用戒尺打写字差的孩子手指。他们就是把全世界的纸都做成猪耳朵，把孩子的手指打烂，也不可能纠正儿童的错误。只有经验和练习能够纠正错误，要拥有不同能力就需长时间练习。如果一个孩子不守纪律，和其他孩子在一起工作就会变得守纪律，而不是由于听教师说自己不守纪律。如果你对一个孩子说："你不会做事"，他可以轻易地回答："你为什么对我说这个。我自己知道！"这不是在纠错，只是陈述事实。当儿童能够自愿地长时间地练习时，才能改正错误和自我完善。

儿童可能犯错误，但他们没有发觉。然而，教师也可犯错而浑然不知。很不幸，教师通常认为自己从不犯错，是学生的榜样；即使犯错，也肯定不会向学生承认。师道尊严是建立在永远正确基础之上的。教师应当战无不胜。这不是受环境所迫的教师的过错，而是建立在虚假基础之上的学校教育的过错。

我们考察错误本身。必须承认大家都可能犯错；这就是生活现实，承认这一点就向前迈出一大步。如果我们要沿着真理和现实道路前进，就必须承认我们大家都可能犯错，否则我们全都完美无缺。由此可见，我们最好对错误怀有友好之情，把它视为我们生活的伙伴，它有自己的目标，因为它确实有一个目标。许多错误在生活进程中自发地得以纠正。1岁婴儿开始走路，跟跟跄跄，跌倒在地，但最终他能够阔步前进。

儿童在成长和获取经验中改正错误。我们自欺欺人：沿着生活的康庄大道走向完美，事实上我们屡犯错误，还没有改正，我们不承认犯错，生活在幻想之中、现实之外。认为自己完美无缺、不承认自己犯错的教师不是好教师。我们无论朝哪个方向看，总会发现错误先生！如果我们想向尽善尽美进军，就必须注意自己的错误，因为只有纠正错误，把错误暴露在光天化日之下，记住存在错误，就像生活本身存在一样，才能不断进步、不断提升。

精确科学（数学、物理学、化学，等等）要求注意错误，因为科学有责任明确指出错误。伴随实证科学，人们开始科学地研究错误。人们认为实证科学没有错误，因为能够精确测量从而避免错误。有两件事情非常重要：1.达到某种精确性；2.精确评估错误。无论科学为我们提供什么，只是近似正确的东西，而不是绝对正确的东西，科学结论也是近似的。譬如，给病人注射抗生素，其疗效95%，但知道5%不确定很重要。即使在测量时也容许几个毫米误差。在科学中，如果不指出可能的错误，就不可能给出或认可任何数据和判断。只有计算出错误，各个要素才有价值。如果结论没有指出可能的错误，提供的数据不能视为严格，指出错误和结论本身同样重要。如果计算错误对精确科学如此重要，那么对我们方法来说就更为重要，因为错误引起特殊兴趣，要纠正或控制错误，必须认识错误。

因此，我们获得一个科学原则，也是真理原则——"监控错误"。在学校里，无论教师、儿童或其他人做什么事，总会犯错误。在学校生活中，应当引入"纠错不重要，自己监控错误重要"的原则，这一原则可以告知我们是否犯错。我应当知道我工作得是好是坏，如果以前我曾轻率地看待错误，现在它却引起我的兴趣。在普通学校，学生犯错，或因无意识或因漠然而浑然不知，因为不是由他们来纠正自己的错误，这一任务由教师负责。这种做法距离自由领域有多远！如果我没有能力监控我的错误，我就应求他人帮助，而后者可能不如我了解自己。相反，更为重要的是，知道自己会犯错误，并能监控错误。精神自由的最大收获之一，是认识到我们可能犯错，我们承认犯错，无须帮助能够监控错误。

不求助他人就不能驾驭形势，最容易导致优柔寡断的性格，产生自卑感和缺乏自信心。监控错误变成向导，它会告诉我们是否走上正确的道路。

假设我想去某个特定地方，但我不识路，这种情况在生活中经常发生。为了有把握到达，我拿起地图查看，还看到路边的路牌，我知道所处位置，我可能看到这样的路牌，上面写着"距艾哈迈达巴德2英里"，从而我一块石头落地。相反，如果我突然看到路牌上面写着"距孟买50英里"，我发觉自己走错路了。地图和路牌帮助了我，没有它们，我就得问路，会得到相互矛盾的指示。如果没有向导或监控错误手段就不可能前进。

由此可见，在实证科学和实际生活中不可或缺的原则——可以监控错误，从一开始就应引入教育。于是，和教学及教具一样，监控错误同样重要。我们能够前进，主要由于我们拥有自由、正确道路和告知我们犯错的手段。如果在学校和实际生活中实施这一原则，教师和母亲是否完美就无关紧要了。成人所犯错误能引起儿童兴趣，让儿童和成人之间关系更融洽，但以完全自主的方式。对他们来说，成人犯错误很自然，大家都可能犯错的事实在他们心中引起亲切感；成为母亲和子女亲密无间的新理由。错误使我们接近，并使我们更友好：在错误之路上比在完美之路上更容易产生友爱之情。如果一个人完美无缺，就不再能够交流：两个完美人士在一起，通常彼此争斗，因为没有可能相互理解和改变。

现在，回顾我们学童使用教具所做最初练习之一。我们制作了一些等高、不同直径的圆柱体插件，让学童把它们插入插座上的对应插孔里。第一个练习是让他们识别插件彼此的差异，第二个练习是用三个手指拿插件。学童开始把插件插入插座上的插孔，但最终发现有个插件插不进，因为它比剩下的插孔大得多，而其他插件在插孔里可以跳舞。于是，学童开始聚精会神地观察。现在他面对那个插件的问题，显然是犯了错误。然而，恰恰这一错误使他对练习的兴趣更浓，促使他多次重复练习。这样，这种教具回应了两个目的：1.让儿童的感觉更敏锐；2.让儿童可以监控错误。

我们的教具具有能在视觉和触觉上监控错误的显著特征；一个2岁

学童可以使用教具，并且具有监控错误的观念，从而走上完美之路。通过每天的练习实践，他能够纠正自己的错误，并变得有自信心。这并不意味着完美无缺，而是认识到自己的能力，从而变得擅长做各种事情。他可能会说："我并不完美，我也不是万能的，但我会做这事，了解自己的力量，还知道我可能犯错并会自己改正……从而我认识自己的道路。"这句话语里有谨慎、坚定和经验：向完美迈进的切实慰藉。达到这种坚定不似人们认为那样简单，走上完美之路也绝非易事。说一个孩子愚笨、勇敢、好或坏，是一种背叛形式：儿童应当自己明了要做的事，因此我们必须提供他们可以自己发展的条件，还要提供他们可以监控自己错误的手段。

更晚些时候，我们观察一个这样教育的孩子。他做算术练习，但我们让他能够验算，这个孩子习惯自己验算答案。这种验算比练习本身更具吸引力。阅读同样如此。学童要做的练习是把写有物品名称的卡片放在对应的实物旁。为了监控错误，我们专门制作一些卡片，上面画着物品图形，图形下标出名称。学童的最大乐趣是验证是否犯错。

如果在学校生活实际中，我们总能进行这种错误检验，我们就走上完美之路。对于儿童来说，自我完善的兴趣、不断自我检查和验证至关重要，从而保证他们不断进步。儿童天性倾向于准确，实现准确的练习方法令他们着迷。在我们开办的一所学校里，一个女童看到字条上的命令是"出去，关门，返回。"她仔细认真地研究字条，然后准备执行命令，走到半路返回，去问教师："如果门关了，我怎么返回呢？"教师回答："你有道理，我写错了。"接着，教师修改了命令字条；女童看后，面带微笑地说："好，现在我会做了。"

从监控错误中可以产生兄弟情义。错误把人们分开，但监控错误是让人们团结的手段。无论在哪个领域，纠正错误都会引起普遍兴趣。错误本身变得有趣，变成一种纽带、凝聚人心的手段。发现成人的一个小错不会引起儿童的不敬，或降低成人的尊严。错误变成一种自在之物，可以处于监控之下。

这样，千里之行，始于足下。

二十五 服从的三个阶段

在通常品格教育中，人们主要关注意志和服从，人们一般把它们视为两个对立的概念。教育的主要目的之一仍然是摧毁儿童意志，用成人意志取代，强求儿童服从。

我想澄清这些观念，不是基于一种看法，而是基于我的经验。首先，我们应当承认在这方面存在巨大混乱。生物学研究启示我们，人的意志属于一种普遍力量（生命冲力），这种普遍力量不是物理的，而是进化中的生命力。每种生命形态都被推动而不可遏止地进化，这种推动力就是生命冲力。进化受固定自然规律制约，并非由运气或偶然制约。这些生命规律告诉我们，人的意志是生命冲力的表现，并且塑造人的行为。儿童刚能有意进行活动，这种生命冲力就部分进入意识，以后在儿童那里继续发展，但必须通过经验。这样，我们开始说意志是某种必须发展的东西，由于是自然的，因此服从自然规律。

这一领域的混乱还由如下观念造成：儿童的意志行为，其性质是无秩序的，有时是暴力的。这一观念源于如下事实：人们看到儿童的这类行为，就认为是其意志的表现；但实际上并非如此，这些行为和普遍力量（生命冲力）毫无关系。如果我们考察成人的行为，把人的惊厥看作意志表现，或把火冒三丈时的行为看作其意志决定行为，显然荒谬绝伦。事实上，当我们提及意志，是指某种包含要达到目的及要战胜困难的东西。相反，如果把意志行为看成几乎总是无序混乱运动，那么就会

儿童的心智

感到有必要制服意志，正如老话所说，必须"摧毁意志"。如果认为这很必要，顺理成章的是，用我们的意志代替儿童的意志，强迫他们"服从我们"。

然而，事实并非如此。意志并非导致混乱无序和暴力；混乱和暴行是异常和痛苦的表现。在自然状态下，意志是驱使个体进行有益生命行为的力量。自然赋予儿童成长的任务，而儿童意志恰恰是促进他们成长和发展的力量。

如果意志和个体所为一致，个体就走上自觉发展道路。我们的学童自发地选择自己的工作，不断重复选择的练习，发展其行为的意识。起初只是生命冲力的东西，现在变成意志行为；起初儿童本能地活动，现在有意识地、自愿地活动：这是精神的觉醒。

儿童本身懂得这种差异，并以独特方式表现，这成为我们经验的宝贵回忆篇章。一天，一位上流社会的夫人参观我们学校，她怀着某种形式的陈腐观念，问一个学童："这样，在这个座位上，做你想做的事情？"学童回答说："不，夫人，我们不是做想做的事情，而是喜欢我们所做的事情。"这个孩子感受到做喜欢工作和喜欢所做工作间细微差异。

必须澄清的是：有意识的意志是通过练习和工作得以发展的力量。我们的目标是培养意志，而不是摧毁意志。意志可以在一瞬间被摧毁；而意志的发展是一个缓慢过程，是通过和环境有关的持续活动发展的。摧毁极其容易：轰炸和地震会在几秒钟将大片建筑夷为平地；但建筑它们多么困难！这需要了解平衡定律、材料的坚固性，甚至艺术风格，这样建筑物才能实用、坚固、和谐。

如果这一切是无灵魂的物质的建筑所必需，那么人类精神的建构就更不可或缺！人类精神的建构发生在隐秘深处。因此，建设者不是母亲，也不是教师，他们不是建筑师，只能帮助儿童本身从事的创造事业。他们的任务和目的应当是帮助，但他们也拥有靠压迫实施破坏和毁灭的能力。这一点被许多偏见搞得模糊不清，因此有必要加以澄清。

普通教育中最普遍偏见是，通过讲授（或针对儿童听觉）可以获得一切，或者以身作则（某种视觉教育）可以让儿童模仿；相反，人格的发展只能凭借自己锻炼。人们通常把儿童看作被动接受的客体，而不是积极行动的主体。各个领域都会发生这种情况：甚至想象力发展也从这一视角思考。人们给儿童讲述迷人的童话故事（美丽的仙女、善良的公主、勇敢的王子），相信这样可以提高儿童想象力；然而，他们倾听这些故事，只是接受一些印象，一点儿也没有发展自己的想象力——这种较高的智力。这一错误发生在意志上就更加严重，因为一般教育不仅不给意志发展机会，而且阻碍其发展，甚至直接地压制其表现。儿童反抗的任何尝试都被作为造反形态受到镇压；可以说教育者尽一切可能摧毁学生意志。另一方面，榜样教育原则让教师成为学生效仿的模范，想象和意志就都无用武之地。从而，想象和意志死气沉沉，儿童的活动只是听教师讲故事和看教师活动。

我们必须最终摆脱这些偏见，要勇敢地面对现实。

在传统教育中，教师推理似乎很符合逻辑，他们想："为了能够教育，我必须优秀、完美无缺。我知道该做什么或不该做什么。因此，儿童模仿我、服从我就足矣。"服从是教学的秘密基础。我记不清是哪位著名教育家说过这句名言："儿童的所有美德可以概括为：服从。"

这样，教师的任务变得容易和令人振奋。教师说："我面对的人空空如也，或满身错误，我将改造他，按我的形象再造他。"这样，教师就把表述的权力归于《圣经》的话语："上帝按自己的形象造人。"

自然，成人没有认识到自己处于上帝的位置，他们主要忘记另一个圣经故事，讲的是魔鬼因傲慢自大而想取代上帝，从而变成魔鬼。

儿童自身承担着远比教师、父母更伟大的创造者的重任；尽管如此，他们仍然要屈从于后者。在以往时代，教师为了达到目的，曾使用过棍棒；就是现在，在一个其他方面高度文明化的国家，教师公开说："如果我们不得不放弃马鞭，我们就将放弃教育。"我们在《圣经》所罗门箴言中发现那句著名格言，说不使用棍棒的父母不是好父母，由于他们把自己的子女打入地狱。纪律建立在威胁和恐惧之上。于是，我们就得出结论，不服从的孩子是坏孩子，服从的孩子是好孩子。

在我们这个民主、自由理论盛行的时代，如果思考一下这种态度，

儿童的心智

就会被迫得出结论：现行教育谴责教师是暴君。只是暴君自身更聪明，将意志力和有点独创性和想象性的东西相结合，而旧型教师通常只有幻想和偏见，他们支持非理性的规章制度。在暴君和教师之间存在差异：暴君使用残酷手段为了建构，而教师使用相同手段只能导致自己目的失败。相信为让个体能够服从，即能够接受并执行另一个体的决定，就必须摧毁前一个体的意志，就大错特错了。如果我们把这种推理应用于智力教育，我们就应当说，为了让儿童掌握我们的文化，就必须破坏儿童的智力。

然而，已经发展自己意志的个体，自由地决定服从我们的意志，就截然不同了。这种服从是尊师行为，是对教师优越性的承认，教师应当为此感到满意。

意志和服从是相辅相成的，由于意志是服从的基础，服从标志发展过程的第二阶段。由此可见，这种服从的意义比通常教育设想的意义深刻得多，可以把它视为个体意志的升华。

服从还可以解释为一种生活现象，看作自然的特征。事实上，我们发现我们学童服从的发展如同某种进化；服从自发地突然地显现，代表自我完善漫长过程一个阶段。

如果在人类心灵中不具有这种素质，如果人类没有通过进化过程获得服从能力，社会就不可能存在。只需浮光掠影地看看世界发生的事情。就足以认识人们服从的程度。这种服从恰恰是许多人坠入毁灭深渊的原因所在，这是一种没有监控的服从，是导致整个民族覆灭的服从。在世界上从不缺少服从，绝对不缺少！显而易见，服从是人类心灵发展的自然结果。很不幸，缺少的是对服从的监控。

在帮助儿童自然发展的环境中，我们观察学童的结果清晰地告诉我们，服从的进步是人的品格提升的协同因素之一。这种观察充分证实这一点。

在我们经验中，我们非常清晰地发现，儿童服从的发展和其他品格的发展方式相似：起初受生命力制约，然后提升达到意识水平；从那儿进一步发展，逐步地达到能受有意识意志的控制。

我们尝试界定服从对孩子的实际含义。说到底服从总意味着：教师和父母命令儿童该做什么，而儿童通过执行命令作出回应。

服从的自然发展可以分为三个阶段。在第一阶段，儿童只是偶然地服从，并非总是服从。这一事实可能被归于任性行为，但需要进行分析。

服从不仅仅和我们通常所说的"良好愿望"有关。儿童在生命的第一时期，其行为服从生命冲力。这在所有儿童那里显而易见，直到满1周岁。在1岁至6岁时期，随着儿童的意识和自控力的逐渐发展，这种现象变得不明显了。在这一时期，服从取决于成长事实。要能执行命令，需要一定技能和一定程度的成熟。因此，服从应当和儿童的发展及生活条件联系起来进行判断。命令一个人用鼻子走路是荒谬绝伦的，因为从生理上不可能做到。命令文盲"写一封信"同样如此。由此可见，首先必须联系儿童发展水平，考察服从的实际可能性。为此，3岁以下儿童不可能服从，如果所接受命令和生命冲力不一致。儿童不可能服从，因为他们尚未建构自身。他们正投入无意识地建构人格机制之中，尚未达到人格机制确立并能为其意愿服务和自觉控制的阶段。控制标志发展达到新水平。事实上，儿童和成人共同的生活方式，暗示成人不要期待2岁幼儿服从命令。成人通过直觉和逻辑推理，或许由于数千年和儿童共同生活，只能（或多或少粗暴地）制止两岁幼儿尝试做的事情。

然而，服从不仅仅是禁止；服从尤其在于和另一人意志相一致的行为。虽然稍大的儿童不再处于0—3岁的最初准备阶段（正如我们已指出生命奥秘中所发生那样），但在以后这一时期仍会遇到类似现象。3岁以上儿童为能服从，也应发展其某些素质。他们不可能突然按另一人的意志行动，也不可能在一两元内理解那人命令这样做的理由和逻辑。某些进步是经历不同阶段的内在建构的结果。只要建构期尚未结束，儿童有时也能按命令办事，但这和刚刚开始内在成熟的习得相符。只有当习得变得稳固和持久，才能受意志的制约。当儿童努力获得初步运动功能时也发生相同情况。1岁大小的幼儿开始迈出几步，但经常跌倒，并在一段时间内不再反复尝试。相反，当走路机制完全确定后，儿童就可

儿童的心智

以随时走路。这是非常重要的一点。在这第二阶段，儿童的服从主要取决于其能力的发展。可能发生这种情况：孩子能服从一次，但不服从第二次。这种不能重复服从行为被归因于"坏意志"。如果是这样，教师的固执和批评可能阻碍正在进行的内在发展。瑞士著名教育家裴斯泰洛齐对全世界的学校产生深远影响，在其生平中，我们发现一个非常重要因素。在对待学生方面，他是引入父爱的第一人，他总是同情他们，准备原谅他们。然而，有一种行为不能原谅，那就是任性行为：孩子第一次服从，第二次就不再服从。如果孩子一次执行命令，就是说他具有服从命令的能力，如果他拒绝再次执行，裴斯泰洛齐就不接受辩白。这是他唯一缺乏宽容的情况。如果连裴斯泰洛齐都这样看，其他教师犯同类错误就不用大惊小怪了！

另一方面，当一种特殊发展进行中，最大危害莫过于让儿童丧失信心。如果儿童尚未成为自己行为的主人，如果还不能服从自己的意志，那就更不能服从他人的意志了。这就是儿童只能服从一次命令的原因所在。不仅仅在童年发生这种现象。一位乐器初学者首次能够成功演奏一段乐曲，如果第二天再让他演奏同一乐曲，他就不那么成功。他并不缺少意志，而是缺少精湛技巧和信心。

因此，我们把这称作服从的第一阶段，在此阶段儿童可以服从，但不能总服从。在此阶段服从和不服从交替出现。

当儿童总能服从，也就是说不再存在由其发展水平决定的障碍，就进入第二阶段。现在，儿童业已稳固的能力，不仅能接受自己意志的指挥，而且能接受他人意志的指挥。这是在服从道路上迈出的一大步。这可以和从一种语言翻译成另一种语言相比。儿童可以吸收另一人的意志，然后以行为表现出来，这正是教育追求的更高水平。一般教师从不期待超过总服从自己的更高水准。相反，儿童一旦有条件遵循自然规律发展，就会取得我们意想不到的成就。

儿童不会到此止步，他们还向服从的第三阶段迈进。这里，服从超越与获得能力的关系，而是趋向儿童感觉优越的人格。仿佛儿童懂得教师能做自己力不能及的事情，他们对自己说："老师比我强，能用其特殊能力影响我的智力，让我像她一样伟大。她在我的内心起作用！"这种感受让儿童欢欣鼓舞。能够从这位优秀人士那里接受指令，让他们突然发现自身产生新的热情，儿童急不可待地渴望服从。如此自然又神奇的现象，我们能和什么相比较呢？或许在另一层面上，和狗喜爱其主、通过服从实现其主意志的本能相比。当主人向它展示球时，它目不转睛地盯着球；主人把球往远处抛出，它就跑去凯旋般地把球叼来，并等待主人的新命令。狗渴望接到命令，并且摇着尾巴、兴高采烈地跑去执行命令。儿童第三阶段的服从和这种情况大致相同。然而，确定无疑的是，儿童总能做好充分准备以服从，显得急不可待地执行命令。

　　一位有着 10 年教学实践经验的女教师向我们提供有趣的证据。她管理一个学童班井井有条，但她经常情不自禁地提示学生。一天，她说："收拾好东西，今晚回家前。"孩子们没有等她把话说完，刚听到"收拾好东西"，就既认真又快捷地执行命令。其后，他们惊奇地听到"今晚回家前"。他们的服从变得如此快捷，因此教师要特别注意自己的表达方式；其实，这次女教师应当说："今晚回家前，收拾好东西。"她说类似情况发生多次，她没有深思熟虑就说话，感到对孩子们直接反应负有责任。对她来说，这是一种奇特的经验，因为权威者发布命令似乎天经地义，而女教师却感到负担，感到自己权威地位的责任重大。她只要把"肃静"一词写在黑板上，就足以让全班同学安静，甚至刚刚写完"肃"，大家就都沉默不语了。

　　我自己的经验（让我引入"肃静课"）也证明这种服从能力，显现一种集体服从现象，整班学童几乎和我保持一致，真是既奇妙又出人意料。

　　为了达到绝对安静，必须大家达成共识，只要有一人不同意，就会打破肃静。因此，为了取得成功，需要意识到统一行动。社会共识就从这里产生。

　　通过肃静练习可以检验这些学童的意志力，经反复练习，意志力日益增强，保持肃静的时间延长。以后，我们又将肃静练习和点名练习相结合。我们轻声地呼叫每个学童的名字，听到点名的学童静静地走出座

儿童的心智

位，要求离位时不发出一点儿声响，而其他学童继续保持静止不动。可以想象，最后被点名的孩子要一动不动地等多长时间！那些学童难以置信地发展了自己的意志力。抑制冲动是这种练习的巨大成果之一，如同控制自己行为一样。我们的方法部分源于此：一方面是选择和自由活动的意志，另一方面是抑制。在这样的环境中，他们可以锻炼自己的意志，既为了行动，又为了抑制行动，他们真正形成值得羡慕的集体。由于一切要素都准备齐全，儿童的服从得以发展。

服从能力是意志发展的最后阶段，反过来意志使服从成为可能。我们学童服从发展水平颇高，以致无论教师下达什么命令，学童都能立即执行。于是，教师感到必须行事谨慎，不要滥用儿童的忠诚，意识到首领应当具有的素质。首领不是感到权威巨大者，而是感到责任重大者。

二十六 蒙台梭利式教师与纪律

缺乏经验的教师热情满怀，对在小集体中应发展的内在纪律充满信心，却面对不小的问题。她理解并且相信，儿童应当自由选择自己的工作，正如不应当中断其自发活动。说教、威胁、奖励、惩罚，都不允许。教师应当静静地、被动地耐心等待，几乎退居幕后让个性消逝，以保障儿童精神自由发展。教师为学童准备大量教具，几乎都是教具，但混乱无序状况没有减弱，反而变本加厉，令人担忧。

或许她学习的原则错误吗？不是。在理论和结果之间缺少某些东西，那是实践经验。在这一点上，缺乏经验的新教师需要指导和解释。这同年轻医生很相似，和那些通过学习深入观念、原则王国，后来面对生活现实，感觉事实比未解数学问题未知数还神秘的人们大同小异。

我们应当记住，内在纪律现象是应当形成的东西，而不是预先存在的东西。我们的任务是引导儿童走上纪律之路。当儿童能够聚精会神地投入吸引他们的工作，不仅反复练习，而且监控错误时，纪律就形成了。由于这些练习，儿童个性实现神奇的协调，从而儿童变得平静、喜悦幸福、辛勤忙碌、忘却自我，结果对奖励和物质报酬不感兴趣。这些自身和周围世界的小征服者确实是超人，他们向我们揭示人的神秘心灵。教师的幸福任务是给他们指出通向完美的道路，为他们提供手段并清除障碍，首先清除自身可能构成的障碍。因为教师可能成为最大障碍。如果纪律业已存在，我们的任务就没有必要了。儿童的本能确保战胜重重困难。

然而，3 岁幼儿刚刚迈进校门，是一位快被压迫击倒的战士；他已经发展自卫能力以掩盖其隐秘本性。能够引导他实现平静、守纪和大智慧的崇高力量正在沉睡；只有外在个性积极活跃，却在不协调动作中，在模糊观念中，在力图反抗或逃避成人压制中消耗殆尽。

但在儿童那里，智慧和纪律等待被唤醒。成人的压制阻碍了儿童，但他们尚未被打败，其偏离正轨也未成定局，我们的努力不会白费。学校应当给儿童提供精神活动空间和发展的优越条件。同时，教师必须记住，儿童的自卫反应和一般低劣特征是发展精神生活的障碍，儿童自身必须摆脱它们。

这是教育的出发"点"。如果教师不会区分纯粹冲动和从平静精神中产生的自发力量，那么辛勤耕耘不会有收获。教师能力真正基础就是区分这两种性质不同活动的能力。两种活动都具有自发性的外观，因为在两种情况下儿童都依自己意志行事，但它们的意义完全对立。只有当教师具有这种分辨力，才能成为观察家和向导。教师的必要准备和医生大同小异：首先应当学习区分生理现象和病理现象。如果他不能将健康和疾病区分开，如果他只能区分活人和死人，就不可能辨别病理现象之间更加细微的差异，他就不可能对疾病作出正确诊断。区分好坏的能力是照亮灰暗纪律之路的光芒，纪律之路通向完美之乡。可能充分、清晰地确定症状和症状组合，从而达到在理论上认识儿童心灵提升到纪律必须经过的不同阶段吗？这是可能的，一块基石可以竖立，作为教师的行路指南。

处于混乱状态的儿童

我们考察三四岁儿童，他们尚未受到产生内在纪律诸多因素的影响。我们通过简单描述，帮助更容易认识三种类型和特征。

1.随意运动是混乱的。不是指运动动机，而是指运动本身，缺乏基本的协调性。这种症状非常重要，对一位精神病专家比对一位哲学家更有意义。医生观察一个重症病人随意运动的细微特征，譬如一个慢性瘫痪者最初阶段的动作特征。医生知道这些细微特征特别重要，他主要根据这些特征诊断，而不是根据精神失常或行为混乱（该疾病症状）诊断。运动笨拙的孩子显现出其他明显特征，诸如行为不雅、活动失控、抽搐和喊叫，但这些表现诊断价值不大。巧妙配合儿童最初运动的教育将减少随意运动中的各种混乱。教师与其努力纠正偏离发展正轨的千种外在表现，不如提供一种促使运动和谐的有趣的智力发展手段。

2.总伴随随意运动混乱的另一特征，是儿童很难或不能把注意力集中在实际东西上。他们的心智更乐于在幻想王国里漫游。当他们用石头或枯叶玩耍时，说什么在巨大桌子上准备盛宴。当他们长大艰难度日时，他们的想象力就荡然无存。心智越脱离其正常功能就越疲惫，变成以内在生活发展为目的的精神的无用工具。很不幸，许多人认为，这种瓦解人格的力量却是发展精神生活的力量。他们坚称内在生活本身具有创造性；相反，内在生活本身是无，或仅仅是影子、卵石或枯枝败叶。

相反，内在生活要在统一人格根本基础上建构，而统一人格要在外在世界中确定正确方向。飘忽不定的心智脱离现实，脱离其正常功能，应当说也就脱离正常健康状态。在它趋向的幻想世界里，没有对错误的监控，没有思想的协调统一。不可能把注意力集中于实际东西上，将来也不可能使用这些东西。这种想象（虚假）的生活是由于器官的萎缩，而器官的功能决定精神生活。教师竭力促使儿童的注意力集中于实际东西（让现实具有吸引力和易接受），能让儿童兴致勃勃地实际布置餐桌，端上并分配真实饭菜。这样的教师以小号般悦耳的声音召唤漫游心智回归正确道路。协调完美运动，呼唤全神贯注于现实事物，是纠正异常所需要的手段。我们不应当想要一个一个地纠正偏离正轨征兆，一旦儿童心智能够聚精会神于实际事物，其心智就能恢复健康状态，发挥正常功能。

3.与前两种现象"结伴"的第三种现象是模仿倾向，并且模仿变得日益敏捷、迅速。它是特别软弱的标志，是两岁儿童正常特征的突出显现（更小幼儿的模仿是另一类，这里不进行论述）。这种倾向表明意志尚未准备好其工具，也没有找到自己的道路，就步他人后尘。儿童没有走上完美之路，就像一艘无舵的小船随波逐流。无论谁观察全部认识限于模仿提示观念有限范围的 2 岁儿童，就会认识到模仿是退化形态（我反复地说）。这种形态和混乱及心智不稳定有关，会引领儿童走下坡路，就仿佛走下楼梯。在一个班级，只要有一个孩子做错事，譬如，弄出响声、躺倒在地、哄堂大笑、大喊大叫，不少孩子或许所有孩子都会模仿他，甚至更胜一筹。这种毫无意义的轻率行为在儿童集体中不断扩散，甚至扩散到教室之外。这种群集本能导致集体性混乱，和社会生活不相容，因为社会生活建立在工作和秩序基础之上。模仿精神在人群中扩散并使个体缺陷更显著。哪里抵抗力最弱，退化就在哪里开始。

这种退化越严重，儿童要服从做好事的命令就越困难。然而，如果他们走上正确的道路，这一错误产生的各种后果将会消逝。

呼　唤

一位教师被叫去领导由这样的儿童组成的班级，她没有其他武器，只具有为儿童提供发展手段和让他们自由活动的基本观念，她将会面对一种令人痛苦的局面。这些儿童把所有能拿到的东西都来回拉拽，教师如果消极被动，就会被这种混乱和难以想象的噪声所压倒。教师由于缺乏经验，或过于僵化或信守原则过于简单，而处于这种类似局面，就应当记住这些纯洁、高尚的幼小心灵中蕴藏着力量。她应当帮助正在跑向深渊的幼小生命，促使他们调转方向奔向高峰。她应当用声音和思想唤醒沉睡者。对这些幼小心灵来说，坚定有力的呼唤是真正的善举。不要害怕摧毁邪恶，只应害怕摧毁善行。正如要孩子回答之前，我们必须叫他的名字。同样，为了唤醒心灵，必须大声疾呼。教师应当从学校那里选择自己的教具，从所学东西中选择自己的原则，然后应当切合实际地独立地面对呼唤问题。这一问题千变万化，只有靠她的智慧才能解决。

教师清晰了解主要症状和治疗方法，认识医学理论；其余一切就取决于她了。好医生就像好教师，他们不是机器而是人，不止给病人开药，采用教学法上课。细枝末节应当让教师来判断，正是她开始走上新道路。在孩子喧闹混乱之时，要由她来判断，要大声呼叫，还是对几个孩子低声提醒，从而引起其他孩子好奇并导致平静。钢琴琴弦被用力一击发出强音，犹如太阳喷薄而出，立即驱散混乱的迷雾。

表面的秩序

一位有经验的教师，其班级决不会出现严重混乱局面，因为在她退居幕后让他们自由活动之前，在一段时间内，她注意观察并加以指导，这样从否定意义上"准备"，也就是在消除未能控制运动的意义上准备。为此目的，教师应当进行一系列预备练习，头脑脱离实际的儿童感到教师能够给予他们巨大帮助。教师赞扬和激励儿童的话语声声入耳，那声音平静、坚定又耐心。这样的练习特别有用，比如不发出声响把桌椅排列整齐；把椅子排成一排后入座：踮着脚尖从教室这头跑到那头。如果教师真正自信，那么此时她若说："现在你们肃静"，足以让全班奇迹般地鸦雀无声。最简单的实际生活练习就能让漂泊小心灵投入实际工作，并受到实际工作的吸引。教师循序渐进地提供教具，但在儿童未掌握教具使用方法前，千万不要让儿童自由地选择教具。

现在，我们看到一个安静的班级，孩子们开始和现实接触。他们的工作具有特殊目的，比如清除桌子灰尘、去掉污迹、去橱柜取一件教具并正确地操作，诸如此类，不一而足。

我们发现，自由选择能力随着练习得以增强。一般来说，教师很满意，但她似乎觉得蒙台梭利方法规定的教具不够用，有必要增加一些。在一周内儿童多次使用全部教具。大部分学校或许到此止步。

只有一种因素，揭示出这种表面秩序的脆弱性，并导致整个工作失败：儿童不断地从一件教具到另一件教具，每种练习只做一次，然后再到橱柜里去取其他教具。他们不断地来往于橱柜。没有一个孩子感到强烈兴趣，能够激活其神圣、强大的本性：其人格没有锻炼，没有发展，没有强化。在短暂接触中，外部世界不可能对儿童的精神和谐产生影响。儿童就像蜜蜂，在花间飞来飞去，没有找到落脚的花，以采集花蜜并心满意足。儿童没有感到注定建构自己性格和心智的神奇本能活动被激活，就不会投入工作。

当儿童心不在焉达到如此程度时，教师感到她的任务非常困难。此外，她从一个孩子跑向另一个孩子，把自己的焦虑、疲惫和不安传染给学生。她刚一转身，许多疲惫、厌烦的孩子就拿着教具玩耍，毫无意义地使用教具。当教师指导一个孩子时，其他孩子就纷纷犯错。教师真诚期待的道德和智力的进步没有产生。

这种表面的纪律确实很脆弱，教师感到混乱会随时发生，总处于紧张不安状态。大部分缺乏充分培训和经验的女教师最终认为，热切期待的"新儿童"（人们热议）只是一种幻想、一种理想；事实上，想方设法让一个班级凝聚，即使教师劳累也对儿童无益。

教师必须能够理解儿童的状况。这些小心灵正处于过渡期：他们没有找到打开的门，正在叩门，期待有人给他们开门。无论如何，还看不到什么进步事实！这种状况更接近混乱而不是纪律。像这种儿童的工作肯定不完美，其协调性基本运动也缺乏力量和优雅，其行为只能是任性的。同未与实际接触的前一时期相比，他们很少进步。这是患病之后的恢复期。它是发展中的关键时期，教师应当行使两种不同功能：监督儿童和个别授课；也就是说规范地介绍教具，示范正确使用方法。一般性监督和精确地个别授课，是教师帮助儿童发展的两个手段。在这个时期，教师在关注个别学生时，千万不要忽视全班同学。教师必须让所有探寻生活之路的幼小漂泊心灵感到她的存在。教师亲切地给儿童个别上的正确、引人入胜的课程，是送给其精神世界最好的礼物。然后，有一天，一个幼小心灵苏醒，某个孩子"自我"掌握某个教具，全神贯注地重复某个练习，持之以恒的练习使其能力更完善，他满心喜悦的表情，他令人满意的举止，标志他的精神获得新生。

纪　律

自由选择是最高级活动，儿童只有认识到锻炼自己和发展其精神生活所必需的东西时，才能进行真正选择。当每一外在东西同样地呼唤儿童，他们由于缺乏意志力而响应每次呼唤，不停地从一件东西转向另一件东西时，他们就不可能自由选择。这是教师应当会区分的最重要差异之一。尚未能够服从内在指导的儿童，不是走上漫长、狭窄的完美之路的自由儿童。他们还是受环境摆布的外在感觉的奴隶；他们的精神像皮球一样滚来滚去。当心灵能意识自我、全神贯注、确定方向并选择时，人格就形成了。

所有生物都显现出这种简单而伟大的现象。在复杂多样的环境中，所有生物都具有选择能力，选择维持生命所必需的东西。

植物的根在土壤众多成分中只吸收所需的东西。每种昆虫准确选择专门接待它的那种花。在人类这里，这种神奇辨别力不是简单本能，而是某种需要习得的东西。儿童，尤其是幼儿具有内在敏感性，为精神所必需。导向错误的教育或压制会让这种敏感性消逝，取而代之的是外部感官对环境万物的奴性。我们业已丧失这种深刻、活跃的敏感性，发现它在儿童身上复活，面对他们，感觉仿佛面对揭示的秘密。没有做好观察准备的女教师，在自由选择微妙行为出现之前就会摧毁它，就像一头大象能够践踏草地上含苞待放的花。能把注意力集中于选择的东西上，能全神贯注地反复做同一练习，这种儿童心灵在精神健康意义上获救。从这时起，只要准备满足其需要的环境，清除其完美之路上的障碍，就再也不用担心他们了。

在注意力集中和全神贯注未实现之前，教师必须压制自己，以便让儿童的精神自由发展和表现，教师任务关键在于千万不要打断儿童的努力。此时此刻，教师在培训期形成的道德敏感性显现出来。教师应当知道帮助儿童绝非易事，或许仅仅静心观察也不容易。即使在帮助和服务

儿童的心智

时，教师也必须观察，因为儿童形成聚精会神现象很微妙，就像含苞待放的花一样。教师观察的目的，不是让儿童感觉到她的存在，也不是用她的力量帮助弱者。教师观察，为了认识儿童业已聚精会神，为了沉思其光荣精神新生。

全神贯注的儿童感到非常幸福，对邻近同伴和参观者浑然不知。在一瞬间，其精神如同沙漠中隐士的精神，一种新意识、自己个性意识在自身产生。当孩子从全神贯注中走出时，首次感觉周围世界是探索新奥秘的广阔天地，还发觉自己的同学，觉得他们既有趣又亲切。对人类和万物的爱心萌发了，他对所有人都和蔼可亲，并欣赏世上一切美好的事物。精神进步是明显的，他脱离这个世界，为的是获得和它携手合作的能力。我们离开城市，为的是能够欣赏更开阔的城市全貌。我们乘坐飞机俯视，大地呈现更美的轮廓。人类精神同样如此。为了生存和同伴进入社会，我们必须"隐居山林"并自强不息，这之后我们才能热爱我们的同伴。独居的圣徒准备用智慧和正义考察平民百姓不知的社会需要。这是在沙漠中为爱与和平的伟大使命做准备。

儿童单纯地效法独处的习惯，并且在其身上也形成坚强、平静、钟爱周围人和物的品格。从这种态度产生自我牺牲、认真工作、服从命令，同时就像从岩缝间涌出的清泉，生活的欢乐油然而生，帮助周围所有人，并为他们感到欢乐。

聚精会神的结果是社会感的觉醒，教师应当对此做好准备。儿童的心灵一旦苏醒，教师就会受到爱戴。儿童发现了教师，就像发现蔚蓝的天空，闻到藏在草丛中野花的芳香。

这些儿童热情激昂、爆发式神奇发展，缺乏经验的教师会被他们的要求搞得不知所措，正如在前一阶段她不应当着重考察儿童的许多混乱行为，只应考察其基本需求的迹象，现在不应当被其美好道德品质的数不胜数的迹象所压倒。教师总要关注那些简单、核心的东西，就像门轴一样的东西，整扇门围绕它转动，门轴必须隐而不显，独立地行使功能，并且和门的装饰无关。教师的使命总以不变和准确的东西为目标。开始时她感到自己并非不可或缺，因为儿童的进步和她扮演角色及所做工作不成比例。她继续发现儿童越来越独立地选择自己工作，独立地表现丰富的能力；有时他们的进步仿佛奇迹。她感到自己用准备环境和退居幕后为儿童服务，任务很卑微。她记起（救世主启示以后）施洗者约翰说过的话："那人①必然成长壮大，而我将日益衰弱。"

然而，此时此刻儿童最需要教师的权威。当一个孩子用自己的智力活动完成一个成果（一幅画、一个词或其他不起眼的工作），就跑去找教师，想让教师告诉他活儿干得是否漂亮。儿童不去问教师应当做什么，也不问应当怎样做，并且拒绝任何帮助：被解放的心灵擅长选择和活动。

然而，当工作结束后，他们想知道教师的感受。

相同本能促使儿童坚决捍卫其精神秘密（每人都神奇地服从内在导师的声音），其后引导他们屈从于外在权威行为，因为他们确信走上正确道路。这让我们想起婴儿的蹒跚学步，虽然他具有行走和完善动作的能力，但他需要看到成人伸出手臂以防他摔倒。于是，教师必须用赞同的话语回应，用一个微笑激励，就像妈妈面带微笑地看着婴儿迈出头几步。因为儿童的完美和自信应当是其内因发展的结果，而教师和这种内因毫无关系。

事实上，儿童一旦确立自信心，再无须每走一步都征得权威的赞同。他们继续积累不为人知的完美工作，单纯服从产生及完善其工作成果的需要。他们感兴趣的是结束工作，而不是会欣赏工作，也不是把它视为珍宝：驱使他们前行的崇高本能远离骄傲和吝啬。我们学校的许多参观者记得，教师在展示学童所做的优秀工作时，却没有指出是谁做的。这种表面的粗心源于她知道孩子们并不关注这些。在任何一所传统学校，如果教师在展示儿童的优异工作时，不注意介绍其工作者，就会感到内疚。如果忘记介绍，她会听到那个孩子的抗议声："是我做的！"在我们学校，学童完成令人赞赏的工作后，可能在教室的一个角落投入

① 指耶稣。

儿童的心智

新的神奇工作，只希望不要打扰他。这是纪律形成时期，在此时期工作
更完善更频繁，儿童既积极又平静，服从并怀有爱心。恰恰如同春天里
百花盛开、五彩缤纷，已经为秋天收获甜美、鲜亮的果实做好准备。

二十七　蒙台梭利式教师的准备

对于蒙台梭利式教师来说，迈出的第一步是自我准备。她应当让自己的想象力活跃，因为传统学校的教师认识其学生的直接行为，并且知道必须关心他们及应教给他们的东西，而蒙台梭利式教师面对的学生，可以说尚未存在。这是蒙台梭利学校教师和传统学校教师的主要差异。来到我们学校的教师应当确立一种信念：儿童通过工作显现自身。教师应当抛弃一切涉及儿童水平的先入之见。教师不要受到儿童各种或多或少偏离正轨行为的困扰；教师应当在想象中看到那个生活在精神世界的不同儿童形象。教师应当有信心，她面前的儿童一旦找到吸引自己的工作，将会显现出其真正天性。于是，她要关注什么呢？她要关注这个或那个孩子开始聚精会神。为了促使这种情况发生，她必须投入自己的全部力量；其活动按不同阶段发生变化，如同在精神进化过程中。教师行为通常为三种类型。

第一阶段

教师应当成为环境的卫士和管理者；因此应当关注环境，而不是被儿童烦躁不安所分心。必须关注环境，因为环境魅力可以使儿童意志集中，从而纠正偏离正轨的缺陷。在我国，每位妻子都有自己的家，她为自己和丈夫，尽可能让家更有魅力，而不是更关心丈夫。她首先关注家，以创造一个利于正常的或建设性的共同生活环境；努力创造一个安静、舒适和充满情趣的家。家的主要魅力在于整洁有序，一切到位、干净、光洁和令人愉快。这是家庭主妇首先要考虑的。在学校里，女教师也是如此：教具放置井然有序、精心保管，让教具保持美丽、光洁、完好无损、一件不缺，这样学童感到教具是新的、完整的和随时可用的。这也意味着女教师自身应当有魅力：和蔼可亲、整洁干练、平静沉稳、端庄大气。这是每位女教师可以希望实现的理想，但当我们出现在儿童面前，请记住他们是优秀人士。教师的仪表是赢得儿童信任和尊重的第一步。教师应当注意自己的动作姿势，要尽可能地彬彬有礼和优雅大方。这个年龄的儿童把自己母亲理想化了。我们不知道他妈妈是什么类型，但当他看到一位漂亮女士，就会听他说："她真漂亮，和我妈妈一样！"可能他妈妈一点儿都不漂亮，但在他眼里漂亮，他欣赏的每一个人都和他妈妈一样漂亮。由此可见，注重个人仪态成为儿童周围环境的一部分：教师成为环境中最生机勃勃的因素。

因此，教师的第一个任务是注重环境，这是首要的任务。虽然这是间接工作，如果掉以轻心，儿童在身体、智力和精神各个领域都不会产生有效、持久的结果。

第二阶段

考虑环境之后，现在讨论教师对儿童的行为。对这些不守纪律的幼童，对这些混乱无常的心智，对那些渴望被吸引并全神贯注投入工作的孩子，我们能够做什么呢？我有时使用一个不总被看好的字眼：教师应当具有诱惑力，必须能够吸引儿童。如果环境被忽视，家具布满灰尘，教具破破烂烂并胡乱摆放，尤其是教师不修边幅、不拘小节，对待儿童态度粗暴，那么就缺少完成教师预定任务的主要基础。在初期，当儿童聚精会神尚未出现时，教师应当像熊熊燃烧的火焰，用光和热唤醒、激励和鼓舞他们。教师不要担心干扰重要心理过程；因为这一过程尚未开始。

在儿童做到聚精会神之前，教师可以或多或少地随心所欲行动，可以对儿童活动进行必要干预。

我读过一个圣徒的故事。他收养街头上的弃儿，那座城市风气不正。他怎么办？他竭力让他们娱乐。这就是此时此刻教师应做的事情：朗诵诗、唱儿歌、讲故事、做游戏。吸引儿童的教师，能够让他们饶有兴味地做各种练习，即使练习本身并非重要，但这些练习具有吸引儿童的大优点。实践证明，活泼有趣的教师比死板乏味的教师更有魅力。所有教师都能够活泼有趣，只要她们渴望那样。譬如，每位教师都可以用愉快的口吻说："为什么今天不把家具重新摆放？"她和儿童一起兴高采烈地工作，并且鼓励他们、赞扬他们。或者说："是不是要把那个漂亮黄铜花瓶擦亮？"或许她还说："我们到花园里摘点儿花儿？"对儿童来说，教师的每个行动都是一种召唤、一种激励。

这是教师行为的第二个方面。如果在这个时期，有个别孩子不断地打扰其他孩子，最实际有效措施就是立即制止他这样做。相反，正如我们多次说过，当一个孩子全神贯注地投入其工作时，就不应当干预，从而中断其活动周期并阻碍其充分发展。然而，当孩子打扰他人时，相反做法正确：中断干扰活动进程。教师可以大声疾呼以中断干扰，或者对捣乱者显现出关爱和兴趣。随捣乱活动增多，从而让捣乱者分心的爱心表露也增多，对他仿佛是一系列电击，随着时光流逝，最终产生效果。教师的干预可以用一句话实施："好吗，乔万尼？到我这儿来，有件事我让你做。"或许他不想知道是什么事，于是教师对他说："你不喜欢？好吧，没关系，我们一起去花园。"这样，教师和他一起去花园，或者让助手陪着他去玩。从而，那个淘气包转由助手照管，其他孩子不再受他打扰。

第三阶段

儿童终于对某些东西感兴趣，一般对实际生活练习感兴趣，因为经

儿童的心智

验证明，当儿童不能从感觉和文化教具中获益之前，把此类教具提供给他们不仅无益，而且有害。

为了引入此类教具，必须耐心等待儿童能全神贯注做一件事的时刻到来。正如我所说，通过实际生活练习，可以实现这种情况。当儿童对某个实际生活练习感兴趣时，教师不应当中断，因为这种兴趣符合自然规律，并开始一个活动周期。然而，开始阶段是如此脆弱和微妙，以致轻轻一碰，就像肥皂泡一样破灭，那瞬间的一切美也消逝了。

现在，教师必须谨小慎微：不要干扰意味着不要任何形式的干扰。但往往教师犯错误。此前一直淘气的孩子，现在终于全神贯注地投入工作；如果教师从他身旁走过时只说声"好"，就足以让麻烦再次开始。可能两个星期他对任何其他工作都不感兴趣。如果另一个孩子工作遇到困难，教师前去帮助他，他就让教师做，自己走开。儿童的兴趣不仅关乎工作，而且往往关乎克服困难的愿望。儿童的心态是："如果想要替我克服困难，就让他做好了，我再也不感兴趣了。"于是，如果孩子抬重物，教师前去帮他，他就把重物留给教师，他自己离开了。一声赞誉、一次帮助，甚至一个眼神，都足以打断或破坏儿童的活动。这样说很奇怪，但儿童只要发觉有人注视，就会中止工作。此外，我们成人也发生类似情况：有人来看着我们工作，我们就不可能继续。教师取得成功的重大原则是：儿童一旦开始聚精会神，教师就仿佛对他们视而不见。自然，她迅速一瞥就可看到儿童在做什么，而没有让后者发觉。这之后，儿童不再厌烦，不再毫无目的地从一个事物转向另一个事物，而是受一个意图指引，开始选择自己的工作。这在一个班级会引起问题：许多儿童都想要同一件教具。然而，在解决这些问题时，如果儿童没有提出要求，教师也无须干预，让他们自己解决问题。教师的职责只是介绍新教具，当她发现儿童用旧教具没有可能继续做练习了。

教师不干预的技巧和所有其他技能、实践一样，绝非轻而易举就获得的。它应当提升到精神高度。真正的精神正确地认识到即使帮助也可能是傲慢自大的。

教师能够给予的真正帮助并不服从冲动情感，而是源于对仁爱控制，源于有辨别地施行仁爱。因为施仁爱者比受仁爱者更心满意足。真正仁爱潜移默化地施给需要者，或者显现为帮助，只是一种自然而然、自发的行为。

虽然儿童和教师的关系是在精神领域，但教师行为可以好仆人为榜样。仆人把主人的毛刷排列得井然有序，但不告诉他何时使用；精心准备菜肴，但不命令他用餐，他布好餐桌，一言不发就离开了。我们也应当这样对待精神正在发展的儿童。教师要服务的主人是儿童的精神，当它表现出某种愿望时，教师必须立即满足。当主人一人独处时，仆人不去打扰主人；但当主人呼唤他时，他马上跑去听主人的吩咐，并且回答说："是的，先生。"如果主人请他欣赏一幅画，即使他看不出有多美，仍然说："真美！"同样，当儿童聚精会神地工作时，我们不要打断他们，如果希望得到我们的赞同，我们要毫不犹豫地表示赞赏。

从教师和儿童关系的心理方面看，教师的作用、技能和仆人相似：服务并要服务好，为精神服务。这是新生事物，尤其在教育领域。不是孩子脏了给洗澡，给他们缝补或洗熨衣服。我们不为儿童的身体服务。我们知道，如果儿童要发展，就必须自己动手做这些事情。我们教学的基础不是这样为儿童服务。儿童应当通过自立获得身体独立；通过自由选择工作获得意志独立；通过持之以恒工作获得思想独立。儿童发展要走一条不断获得独立的道路，对这一事实的认识应当成为我们对儿童态度的指南；我们应当帮助儿童自己行动、决定和思考。这就是为精神服务的艺术，是一种在儿童世界能完美表现的艺术。

如果教师行为和托付给她的一群孩子要求一致，她将会看到班级里学童社会品格奇迹般地形成，能够享受观察儿童精神发展这些表现的快乐。能够看到这些表现是一种伟大天赋；正如朝圣者来到绿洲，仿佛从炽热、干枯、毫无希望的沙漠深处听到潺潺流水声。通常人类心灵的高尚品格隐藏于偏离正轨儿童之中，当它们显现时，预感到它们的教师热烈欢迎，由于没有辜负信任而感到快乐。从儿童的品格可以预见他们将是不知疲倦的劳动者，因为驱使他们不懈工作的是永恒热情。他们尽最大努力工作，因为他们渴望不断战胜困难。他们将是真正帮助弱者的人们，因为他们有一颗仁爱之心，知道如何尊重他人。而尊重每个人的精神努力，是浇灌自己心灵之根的源泉。教师在这些品格中认出真正的儿童、真人之父。

然而，这是逐渐发生的，开始教师会说："我已经看到应当成为的新儿童，我业已觉得比我设想的高尚。"这意味着理解童年，光知道那个孩子叫乔万尼，他爸爸做木匠或类似职业是不够的；教师必须认识并体验儿童的秘密。教师一旦揭示此秘密，就会对儿童有更深刻认识，而且萌生一种新的爱，它不对个体自身，而是对隐藏在儿童秘密中的东西。当儿童显现出其真性情，教师可能第一次理解什么是真正的爱。儿童真性情的展现也改变着教师。

教师深受感动、激动不已，逐渐改变。她们情不自禁地述说和描写所见的事实。她们忘记儿童的名字，但不可能去除其精神表现留下的印象和能够唤起的爱。

存在两个层面的爱。当说到爱儿童时，通常是指对我们认识的、引起我们柔情的孩子的钟爱之情、关怀和爱抚。如果和他们有某种精神联系，也仅限于教他们祈祷。

但我所说的是高层次的爱。这里，爱不是对个人的，也不是物质上的。谁为儿童服务，就会感到在为人的精神、有待解放的精神服务。两种层面爱的差异不取决于教师，而取决于儿童：教师感到上升到不了解的高度。儿童促使教师成长，才能进入儿童的领域。

在此之前，她感到自己的任务崇高，她喜欢度假，如所有为他人工作的人一样，她渴望减少工作时间和薪酬丰裕。教师对拥有权威心满意足，她是儿童渴望仿效的理想模范。她如果升为校长和教导主任，会感到幸福快乐。然而，当她上升到更高水平时，她就懂得这不是真正的幸福。喝过精神幸福泉的人，会自发地放弃学校职位的升迁。事实证明许多学校的校长和教导主任离开领导岗位，致力于幼儿教育事业，成为被人贬称的"幼儿教师"。

我知道有两位巴黎医生，他们放弃自己的职业，献身于我们的事业，探索这些现象的真理，他们感到从低水平上升到高水平。

对发生如此变化的教师来说，成功的最大标志是什么？可以说："儿童现在工作，仿佛我不在现场。"

在变化之前，教师的感受恰恰相反；她感到是自己教会儿童，是她把儿童从低水平提高到高水平。然而，现在，面对儿童的精神表现，她的贡献最大价值可以这样表述："我帮助这一生命完成其建构。"这才真正促她心满意足。6岁儿童的教师已经知道自己帮助人类奠定其建构基础。教师可能对儿童实际事实一无所知，就她所知的那点儿事实来说，还是儿童在和她自由交谈时吐露的。教师可能对儿童未来（是否上中学、大学或是否很快辍学）不感兴趣；但她感到高兴，因为她知道儿童在建构期能够完成应当做的事情。她能够说："我曾为那些儿童的精神服务，他们完成了自己的发展，我陪伴他们取得经验。"放弃（让自己事业有成）权威的教师，在令人满意的精神生活，即永恒生活和每天晨祷中，感受到自己工作和事业的成就。对于没有享受这种生活的人来说，要理解这一点非常困难。许多人把这归因于牺牲美德，他们说："这些教师太谦卑，她们竟然对自己权威都不感兴趣。"不少人说："如果你们让教师放弃最自发最习惯的行为，你们的方法怎么成功呢？"几乎无人能够理解这一点，这不是牺牲，而是满足，不是放弃，而是一种具有不同价值的新生活，在这种生活中存在鲜为人知的生活的真正价值。

此外，所有原则都不相同。以正义原则为例，在学校，正如在社会和民主国家里，正义往往只意味着为所有人制定一种法律，无论是有钱有势的人还是饥寒交迫的人。正义通常和诉讼、监狱及判决相联系。法庭被称作正义宫。一个人说："我是一个正直的人"，就意味着和司法机关（警察局或法庭）没有任何关系。即使在学校，教师爱抚一个孩子时也要小心谨慎，否则就要爱抚所有孩子，因为她必须正义。这是一种把所有人置于较低水平的正义，就仿佛从精神意义上，为了让大家身高相同，就砍掉高个子的头。

在较高教育水平上，正义确实是精神层面的，努力促使每个儿童尽可能发展。正义是给予人类个体所需要的帮助，能够引导他充分构建崇高精神境界。谁为各个年龄儿童的精神服务，就应当帮助那些实现这一

儿童的心智

崇高目标的力量。这可能就是未来社会的组织。千万不要丧失这些宝贵精神财富，和它们相比那些经济财富就不值一提。我富有或贫穷无关紧要，如果我的人格能够充分发展，经济问题将迎刃而解。当人类能够彻底完善其精神时，人类生产效率变得更高，经济方面将丧失其优势价值。人们不用脚和身体进行生产，而是用精神和智力进行生产，当人们的精神和智力发展到应有水平时，所有难以解决的问题都将迎刃而解。

没有接受帮助的儿童能够建构一个井然有序的社会。我们成人需要警察局、监狱、士兵和大炮。儿童在和平中解决自己的问题；他们向我们表明，自由和纪律是一枚勋章的两面，因为科学的自由导致纪律。通常硬币有两面，一面漂亮，精细地刻有人像或寓意图像，另一面很少装饰，只有一个词语或一个数字。可以把平实一面比作自由，精雕细刻一面比作纪律。确实如此，当班级变得不守纪律时，教师在混乱无序中看到自己所犯错误，她努力找出错误并纠正错误。而传统学校的教师把这视为羞辱；但不是这样，而是新教育的技巧所在。教师为儿童服务，就是为生活服务，也就帮助了自然，上升到超自然的更高阶段，由于自然规律是不断上升的。正是儿童修建了这座美丽的通天塔。自然规律是秩序，但秩序自发地出现时，我们就知道恢复普遍秩序。显而易见，自然在赋予儿童的使命中，包括驱使成人提升到更高水平的使命。儿童引导我们到更高精神境界，并解决物质层面的问题。请让我再对你们说几句话，作为临别赠言，以帮助你们记住我所陈述的所有内容。这与其说是祈祷，不如说是备忘录，对我们教师而言，还是某种呼吁、一个纲领——我们唯一的大纲："上天啊，请帮我们深入儿童的秘密，以便让我们根据您的正义法则，遵循您的神圣意愿，能够认识儿童、热爱儿童并为儿童服务。"

二十八 爱的源泉
——儿童

在我们的培训班上，典型蒙台梭利工作者总欢聚一堂。他们往往带着亲属、朋友和熟人前来，这样就有机会看到，相邻而坐的有儿童、少年、青年、成人、专业人士和非专业人士、有文化人士和无文化人士，我们这里没有人去领导或管理这些人。我们的培训班显得异质，不同于一般文化课程。参加培训的学生应当具有一定文化程度，这是唯一条件。此外，他们之间有大学新生和大学教授、律师和医生以及他们的服务对象。我们的学生来自欧洲各国，有一次甚至从美国来了一位无政府主义者。虽然学生成分复杂，但他们之间从未发生冲突。怎么会这样？因为一个共同理想把大家团结在一起。在比利时，这个只相当印度一角的小国，存在两种语言：佛来芒语和法语；国民在政治上分裂，这种分裂因天主教徒和社会主义者的差异、其他政治团体的差异而日益加剧。因此，如此分裂并在自己团体抱团的人们很少一起参加大会；但在蒙台梭利培训班恰恰发生这种情况。这是太不寻常的现象，从而各家报纸纷纷评论："多年来我们致力于让不同党派人士参加同一文化聚会，现在，在研究儿童培训班上得以实现。"这是儿童的力量。无论人们的宗教和政治情感如何，大家都亲近儿童、都热爱儿童。儿童让人们团结的力量就源于这种爱。成人有着强烈的、有时疯狂的信念，从而让他们分属不同团体。当他们之间进行讨论时，很容易争斗起来。然而，在一点上，对儿童的情感相同。很少有人能够认识到儿童的这一社会重要性。

儿童的心智

显然，需要思考并探究人们是否希望在世界上创造和谐。大家的柔情和爱心只汇聚一个点：当人们说到儿童时，心灵变得温柔似水；整个人类共同分享儿童激起的深情厚谊。儿童是爱的源泉；人们触及到儿童，就触及爱。这种爱很难界定；大家都感受到，但无人能够描述其根源或评价其深远影响，或洞察其团结人们的潜力。尽管我们的种族、宗教和社会地位不同，但在谈及儿童时，我们感到一种友爱之情把我们团结在一起；战胜生活实际中人与人、群体与群体之间的不信任和戒心。

在儿童身边，不信任的疑云消散，我们变得和蔼可亲。因为在儿童身边，我们感到其生命火焰燃放出的温暖。成人的生命就源于这种火焰。在成人中，存在捍卫情感和爱的冲动。这两种情感中，爱是根本的，捍卫建立在爱的基础之上。就像我们对儿童的爱一样，在人与人之间应当潜在存在爱，因为人们团结一心，而没有爱就不可能团结。

让我们努力认识爱的本质。我们考察先知和诗人对爱的描述，因为他们把爱——这种伟大力量表述得生动形象。千真万确，没有比爱的颂歌更美好、更高尚的了，爱是所有生命的基础，爱的颂歌甚至能够打动那些野蛮、暴烈的人。即使那些给整个民族带来死亡和毁灭的人，也被那些优美的诗句所打动。这标志着他们生活实践残暴，但他们内心仍保留这种力量，它一旦被诗句唤醒，就会让其心灵震颤。如果不是如此，他们就感受不到诗句的美，反而认为那些诗句空洞或毫无意义。

他们感觉到诗句的美，尽管他们的生活缺少爱，但受到爱的影响，并且无意识地渴望爱。

如下现象非常奇怪：在如同我们时代里，战争造成的破坏史无前例，战火燃遍天涯海角，谈论爱被认为是纯粹的讽刺，但人们仍在坚持不懈地谈论爱。人们制订团结的方案，这意味着不仅存在爱，而且说明爱是一种基础力量。今天，仿佛一切应当对人们说："不要再做爱的美梦，让我们面对现实，正如我们所见，到处是破坏。难道没有摧毁城市、森林、妇女和儿童吗？"然而，今天，即使战火未熄灭、满目疮痍，仍然可以谈论重建和爱。著名政治家在讨论爱，教会人士和反教会人士在谈论爱，电台、报刊、路人、有文化者和文盲、富人和穷人、各种信仰和神学的追随者，大家都在谈论"爱"。既然如此（没有比这更大的爱的力量证据），为什么人类不应当研究这一伟大现象呢？为什么当仇恨造成破坏时大谈呢？为什么不应当总对爱进行研究和分析，从而让其力量有益于人类呢？为什么我们不重视对这种原初力量的研究、不把它和其他已知的力量相结合？人们把大量智力用于对其他自然现象的研究，呕心沥血、绞尽脑汁，有许多发现；为什么不发扬一点这种精神，研究能够团结人类的力量呢？只要揭示爱的价值和爱本身的贡献，都应当受到热烈欢迎和特别关注。我说过，诗人和先知常常作为一种理想谈及爱，但爱不是一种理想，而是一种实在，过去一直是，将来也永远是。

我们应当懂得，如果我们今天感觉到爱是客观实在，不是由于学校教育的结果。

即使我们记住诗人和先知的话语，他们的话语不多，我们也会在生活的事件中遗忘。如果人们强烈地需要爱，并非由于他们听到或读到爱。爱和对爱的渴望不是可以学习的东西，而是属于生命遗传的部分。是生命在诉说爱，而不是诗人和先知。

其实，除了从宗教和诗歌方面考察爱之外，我们应当从生命本身观点考察爱。于是，爱不仅仅是想象和渴望，而且是坚不可摧的永恒力量的实在。

我想就这种实在和诗人及先知的说法谈点看法。我们称之为爱的这种力量是宇宙最伟大的力量。然而，这种表述并不确切，因为爱不止是一种力量，还是创造本身。说"上帝是爱"更确切些。

我想引述所有诗人、先知和圣徒的话语，但我并不都认识，我也不能用各种不同语言引述，因为我并不懂得所有语言。请让我引述认识的一个圣徒的话语，当他谈论爱时表达得力透纸背，以至两千年后的今天，他的热情洋溢的话语仍然在基督徒心中激荡。他说："我若能说所有人们和天使的语言，却没有爱，我就仿佛变成鸣锣和响鼓。即使我能预言百事、明白所有奥秘、通晓各种知识，即使我信心百倍足以移山，却没有爱，我就微不足道。即使我将所有财产周济穷人，舍身受火刑，

儿童的心智

却没有爱，则与我无益。"(《圣经》哥林多前书第 13 节)

假若我们对使徒① 说："你感受如此深刻，肯定知道什么是爱。它应当是某种令人惊异的东西，请为我们揭示。"因为，当我们试图解释这种崇高情感时，我们发现绝非易事。我们发现圣保罗的话语在我们现代文明中得以实现：我们可以移山填海和创造更大奇迹；我们在地球一头轻声说话，另一头可以听见。然而，如果没有爱，这一切都是无。我们创办庞大机构以供给穷人食物和衣服，但我们若对他们没有爱心，我们就仿佛敲响的大鼓，大鼓发出响声，因为它是空的。由此可见，这种爱是什么呢？圣保罗曾对我们描述爱的伟大，他接着说了如下一段话，却没有提供任何哲学理论："爱是恒久忍耐，又是仁慈；爱不是妒忌，不是挑衅，不是自大；爱不是野心，不是谋私利，不易发怒，不做坏事；爱是伸张正义，热爱真理，凡事包容，凡事相信，凡事渴望，凡事忍耐。"(《圣经》哥林多前书第 13 节)

这是对诸多事实的列举，这是对形象的细致描绘，但所有秩序形象奇异地让我们记起儿童的特质：仿佛在描述吸收性心智的威力。这种心智接受一切，它不判断、不拒绝、不反抗。它吸收一切，并把一切在人身上具体化。儿童完成具体化，为了成为和其他人一样的人，为了适应和他们一起生活。儿童忍受一切，他们来到人世，无论生于什么环境，都会在那一环境中成长并适应那种生活。有一天他们长大成人之后，就会在那种环境中幸福地生活。如果他们在热带地区出生，就会在湿热气候环境下成长，在其他气候下不会幸福地生活。儿童无论生于沙漠、海边冲积平原，还是高山坡地、极地的冰天雪地，都会享用家乡，只有在出生地生活并成长，才会感到最幸福。

吸收性心智接受一切，希望一切；接受贫穷如同富贵，接受其环境中的任何信仰、偏见和习俗：一切都在自身具体化。

这就是儿童！如果不是如此，人类就不可能在地球不同地方获得稳定；如果总要从头开始，人类文明就不会持续进步。

---

① 指圣保罗。

吸收性心智是人类创造社会的基础，我们觉得儿童外表柔弱、小巧，却凭借爱能解决人类命运神秘难题。

如果我们比迄今为止的儿童研究更上一层楼，就将发现爱的方方面面。爱不是由诗人和先知来分析，而是由儿童自身揭示的实在来分析。

如果我们考察圣保罗的描述，然后再观察儿童，我们就应当说："在儿童身上发现他所描述的东西，在儿童身上具体体现爱的各种财富。"

由此可见，最初这种财富不仅仅以诗歌或宗教人格化的少数人具有，而且每一个人都具有。它是奉献给所有人的奇迹；到处都能发现这一伟大力量的体现。人类创造了不和与争斗的沙漠，上天却持续地降下这种喜雨。这样，就很容易理解，成人创造的一切，即使是所谓进步的东西，要是没有爱，都将化为乌有。

然而，如果在每个儿童身上存在的这种爱扩展到我们身上，实现其潜能，或其所有价值得以发展，我们就会取得无法计量的成就。成人和儿童应当团结起来，成人为了变得伟大，就必须谦恭，必须向儿童学习。非常奇怪，在人类创造的奇迹中，有一个不被人类重视，那就是上帝从一开始创造的奇迹：儿童的奇迹。

然而，爱远比我们迄今认识的要深刻。在文学作品里，爱被幻想所颂扬，但在我们这里，爱仅仅是非常复杂力量的一个方面，这种力量可以用"吸引"和"亲和"来描述，它支配宇宙，让星辰在其轨道上运行，让原子结合成新物质，让万物待在地球表面。它是制约和协调有生命和无生命的力量；它被吸收到万物万人的本质中，仿佛拯救和永恒进化的向导。一般来说，它是无意识的；但在生活中，有时具有意识特征，并渗透到人的意识中，人们称之为"爱"。

所有动物在一定时期具有繁殖本能，这是爱的一种形式。这种爱的形式是自然的命令，因为没有它，生命就不能延续。这样，为了物种不被灭绝，大自然仅仅把这种普遍力量的一个"原子"给予它们一瞬间。

它们一会儿感觉到这种力量，接着就从它们的意识中消逝。这证明大自然在施舍爱时多么节俭和适度。这种力量非常珍贵，因为自然给予

儿童的心智

的量极少，刚够执行命令之用。当年幼生命来到世上，就能唤醒父母的爱；这种特殊爱驱使父母喂养其幼子，给它们以温暖，并保护它们，直至它们能够对付死亡威胁。母亲对子女眷恋，日日夜夜守护在子女身旁。这种爱保障了生存、安全和健康。爱的这一特殊方面任务是确定的："物种必须受到保护，你必须致力于这种保护，直至托付给你的幼小生命不再需要帮助。"于是，幼儿一旦长大，爱随之消逝。以前它们仿佛被牢不可破的情感纽带结合起来，现在却分道扬镳了。其后，如果它们相遇，它们的行为就如同素不相识那样。以前，母兽让给幼崽一切，现在，它胆敢夺走母兽的一点儿食物，母兽就会凶残地攻击它。

这意味着什么？这意味着赋予每个动物并透过模糊意识的爱的微弱之光，在实现其目的之后，立即消逝。

人类截然不同，当孩子长大后，不仅爱并未消逝，而且还扩展到家庭之外。当某种理想触动我们的心灵时，我们就感到要挺身而出并团结一致。

在人类这里，爱是永恒的，爱的结果超越日常生活。因为，如果不是人们在过去几百年感受爱的影响，那么不断扩展并囊括整个人类的社会组织又是什么呢？

如果自然给予这种力量带有确定目的，如果给予其他生命形态时如此适度，那么自然对人类的慷慨大方就不可能没有目的。

如果这种力量所有方面都趋向拯救，那么当它被忽视时，必然导致破坏。给予我们这份力量的价值远远超过与人类息息相关的所有物质文明成就。这些成就只是相同力量的暂时表现，不久后被新成就超越，它们就消逝了。然而，即使人类从宇宙消逝，这种力量仍将肩负其创造、保护和拯救的任务。

爱是为了某种目的和由于某种独特预设而馈赠给人类的礼物，如同宇宙意识给予生物体的每种东西。我们必须尽最大可能珍惜、发展和扩展它。在所有生物中，只有人类将给予的这种力量升华，能够不断地发展这种力量，珍视它是人类的任务：恰恰因为它是一种将整个宇宙结合起来的力量。凭借这种力量，人类可以把用手和智慧创造的一切结合起来。没有这种力量，人所创造的一切将最终趋向混乱和破坏（正如通常发生那样）。没有这种力量，伴随人的力量的增长，其一切都不能维持，一切都将毁灭。

现在，我们能够懂得圣徒的话语：如果没有爱，一切都是虚无。爱不止是照亮黑暗的电灯，也不止是在空间中传播人声的神秘波，爱胜过人类发现并利用的任何能量，爱是比它们都重要的力量。人靠发现所能做的一切都取决于利用这些发现人们的良心。相反，给予我们爱的力量，为让我们每人都拥有爱。虽然给予人的这种力量既有限又分散，却是人能够支配的最大力量。每当新生儿降生，我们意识到的那部分力量就被激活。即使以后环境使这种力量昏昏欲睡，我们仍感到对它的渴望。因此，我们应当研究并利用它，力度超过对环绕我们的其他力量的研究和利用。因为它不是赋予环境的（像其他力量那样），而是赋予我们的。对爱的研究和利用将把我们引向爱的源泉——儿童。

如果处于忧虑和痛苦中的人类，想要实现拯救和人类团结的目的，就必须走这条康庄大道。

教育与和平

Educazione e pace

前　言

　　和平问题不能从负面观点考察，比如其政治含义通常是"避免战争"，从而用非暴力手段解决民族间的冲突。

　　其实，和平本身具有建设性社会改革的正面含义。人们反复说"为了拥有新社会，必须造就新人"，这不是一句抽象的话语。千真万确，人们可以实现自身完善，社会可以建立在正义和博爱的原则之上。然而，我们大家都知道这绝非唾手可得的现实，而是遥远的愿景。

　　相反，有一个实际、直接的问题必须从和平观点考察，即人类社会没有达到现状需要的组织形态。由此可见，必须考察"现实必要性"，而非"未来"好组织。

　　当今社会缺乏对适应社会生活现状的人的培养，缺乏群众的"道德组织"。

　　在人类社会，人们被教育成把自己视为孤立个体，为满足其直接利益，同其他个体展开竞争。为了提出并力求实现集体目的，从而促进文明进步，需要一个强大"组织"以理解并组织历史事件。

　　相反，今天只存在一个"匀的组织"，而不是人的组织；只有环境是组织好的。技术的进步促使某种"机械论"异常活跃，个体受到强烈影响，他们就像铁粉受到磁铁的吸引。这方面，工人和知识分子大同小异。所有人因自己利益彼此孤立地生活，大家都在谋求能够保障物质生活的职位，大家都被机械化和官僚化世界运转所吸引和吸纳。显然，

教育与和平

"机械论"不可能促进人类走向进步，因为进步取决于人。现在，到了人类制约并引导进步的时刻了。

这一时刻已经来临。或者群众组织起来并且控制机械世界，或者机械世界摧毁人类。

为了迈出伟大一步，实现人类竞相普遍进步，必须赞成人类组织起来。全人类必须紧急行动起来，立即纠正让文明处于危险境地的缺陷。必须组织起人类，因为防线就要崩溃，敌人就要入侵。这也就是说，即将爆发的战争不是国家间物质战争，而是由于人缺乏准备和个体的孤独。因此，必须"发展人的精神生活"，再组织人类争取和平。和平积极方面在于在科学决定的基础上重构社会。社会和平与和谐应当有唯一基础，这个基础只能是人本身。

"重构"，也就是永久地决定性地调整，并没有受到从保守观点出发的实践重视。相反，显而易见，突然的、惊人的进化是在最近50年环境"组织"中，由于科学发现才取得的。这种进化造成人类生活的截然不同条件，从而绝对必须重视"人"的方面，以便帮助人类本身进化。

这就是教育的任务。

今天的教育受到过去文明需要造成的局限。教育不仅是反科学的，而且和当代社会需求不一致。不能把教育视为国民生活中"无足轻重的东西"，只给青年提供文化知识的手段。应当从双重视角考察教育：从个体的"人的价值发展"、尤其从"道德价值"发展的视角，还有从（其派生的）"把有价值个体组织成"一个意识到自己目的的社会的视角。新道德形式应当和新文明形式相一致。秩序、纪律应当"趋向实现人类和谐"，任何反对最终调整人类共处的行为都是"不道德的"，是"社会生活的灾难"。不采取实际行动，就不可能实现这一目标。提出"抽象原则"远远不够，宣传和谐共处也不够，需要从事伟大工作。这种至关重要的社会工作，是有效实现人的"价值"、实现人的能力的最大发展：这是真正准备实现在更高层面上的人类共处的不同形式。"社会人"不可能在瞬间就培养成。当个体业已成为"人"，在童年和青春期受到成人（因个人利益）压迫和孤立，在成人盲目统治下，其"所有生活价值"均被忽视，只让个体追求狭隘、自私目的——在社会中为自己谋得一个"报酬丰厚的职位"。今天的教育让个体"贫乏空虚"，使人的所有精神价值枯竭，把人变成显现"环境"特征的无意识机器的"数字"和"原子"。如果说在任何时代这样准备都是荒谬的，那么在今天则是罪过的，就是犯罪。压制和摒弃"道德自我"的教育，为智力发展设置障碍，并且迫使广大群众愚昧无知。相反，所有财富都源于人类劳动，不把人视为"财富"荒谬绝伦。为了让人的能力、智慧、创造精神、道德力量毫不丧失，我们必须"探究"人、培养人，让人实现自己的价值。人尤其要在其道德力量中实现自己的价值。由于人类不仅仅生产，而且被召唤来守护、履行"宇宙使命"。人类生产应当为实现"文明"的目的服务，或人类活动创造一个超自然！然而，人类应当感到自己的伟大，应当自觉地成为"外在事物和人类事件的统治者"。

道德尤其关乎人与人之间的关系，并且是社会生活的基础。伦理学应当被视为"把在自我中实现价值的人们组织成社会的科学"，他们的价值不是在其机器的效率中实现。因此，人们必须自觉地遵守行使"社会功能"的"社会纪律"，并且善于竞相维持这些功能的平衡。

由此可见，现在，战争与和平问题的焦点不再是武装国民并捍卫边界，因为反对战争的真正边界是人本身，何处人们在社会上一团散沙，并且没有实现其价值，宇宙敌人就会乘虚而入。

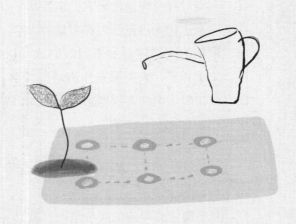

和 平①

开场白

在我们时代"专业化"崇拜异常活跃，我被邀请谈论和平，显得特殊并不合时宜。如果把和平提升到纪律高度，和平就会具有至高无上的地位，由于国民生活本身受其制约，或许我们整个文明的前途——进步或消逝也取决于它。不存在充分发展的和平科学，至少从其外在特征看，不似战争科学，涉及武器装备和战略战术。然而，即使战争作为集体人类现象，也仍然隐藏着巨大秘密：为什么各国国民渴望远离战争，把战争视为最大灾难，或者他们自身挑起战争，并且自愿为战争作出贡献。当人们无力抗拒地球灾变时，许多人为研究引起灾变原因而献身。战争是一种人类现象，因此对思想研究来说，应当比自然现象更好理解。如果不是如此，意味着要实现人类和平，和诸多复杂、间接的因素有关。这些因素肯定值得研究，它们能够构成一门内容丰富的科学。

饶有兴味的是，人类会解开许多宇宙之谜，发现并利用其隐秘能量。人类受保存生命的本能驱使，进一步受认识冲动驱使这样做。相

---

① 1932 年国际教育署在日内瓦举办报告会，这是蒙台梭利在该报告会上的讲演。当时，国际教育署是欧洲和平主义中心。

反，人类对自身能量的研究、掌控却是空白。人类——外在世界的统治者，尚未达到统治自己内在力量的水平。经过成百上千年，人类力量组织、聚集为大群体。如果问人们这一切的原因，他们不会作出准确回答。关于和平，人类没有作出堪称科学、持之以恒的研究努力。甚至，在丰富我们认识的无限概念中，缺少和平的概念。

战 争 与 和 平

和平通常被理解为战争结束，但这一否定性概念并不是真正的和平概念。尤其当我们考察一场战争的明显目的时，于是和平被理解为标志最终、持久的胜利。其实，古代战争以占领土地为动因，伴随占领土地还奴役被占土地上的民族。

虽然人类的"环境"不再是土地，相反是社会组织本身（建立在经济结构之上），进而成为真正的动因，成千上万人被拖入战争，由于他们受征服观念的蛊惑。

现在，面对祖国被入侵的危险，为什么人们奋起奔向死亡？不仅是男人，还有妇女，甚至少年为捍卫祖国而奔向战场。

由于他们害怕在战争结束时被称作和平的东西。

人类历史教导我们，"和平"就是强迫战败者适应持久统治，丧失他们钟爱的东西，转让他们的成就和劳动果实。被打败的民族被迫给予，仿佛只是他们有罪，应受惩罚，这恰恰因为他们被战胜；相反，胜利者行使对沦为灾难牺牲品民族的权利。这样的形势，虽然标志使用武器战争的结束，但肯定不能称作和平；甚至，真正的道德灾难就源于这种妥协。

请允许我做一比较：战争可以和一座宫殿的火灾相比，这座宫殿里满是艺术品和珍宝。当这座宫殿沦为令人窒息的冒烟灰烬时，灾难是彻头彻尾发生了。于是，那些灰烬，那些令人窒息的浓烟，可以和世上理解的和平相比。

在人的机体中，由传染病发起的生命力和病菌之间战争，战胜死亡之后，就实现类似和平。我们恰如其分地祝贺在和平中歇息的死气沉沉者；但这种和平与称作健康的和平有天壤之别！

将战争动机实现的持久胜利称作和平是错误的，这种错误让我们不再承认拯救之路，一条能够引导我们实现真正和平的道路。由于在所有民族历史上，都存在这种非正义胜利的交替，当这种根深蒂固的误解深入人心时，人类就不可能实现真正的和平。我不仅仅说过去，因为就在今天没有交战民族的生活，仍在迁应胜利者和失败者之间确立的形势。胜利者肆无忌惮，失败者大声诅咒，他们就像但丁在《神曲·地狱篇》描绘的魔鬼和恶棍。他们都脱离爱的神圣影响，大家都是牺牲品，对他们来说，宇宙和谐业已破坏。这种事变永远发生，从而所有民族交替地成为胜利者和失败者。在这种轮流的折磨中，他们的力量耗尽了，在成百上千年无限流转中，变本加厉，雪上加霜。

相反，必须澄清战争与和平的深刻差异、对立的道德取向。否则，我们会像梦游者那样迷失方向，我们的精神追求和平，却只能找到武器和废墟。真正的和平让人思考人与人之间正义和爱的胜利，让人思考普遍和谐的美好世界。战争与和平之间泾渭分明的取向只是出发点。为了阐明这个题目，正如阐明其他任何问题一样，需要实证性研究。然而，哪里存在这样的实验室，让人的头脑在这里致力于探究某些真理，发现和平问题的某些实际因素呢？

千真万确，人们召开会议旨在唤起争取和平的美好情感和愿望，但我们没有找到合适概念，以它们为基础进行研究，从而认识并深刻理解这一惊人之谜的原因。相反，我们发现存在真正的道德混乱，否则不能确定一种精神状态，赞同颂扬发现一种病菌、同时发现可挽救众多生命治疗血清的人。然而，更严重的是，发现破坏因素的人，运用自己智力灭绝整个民族生命的人，都受到颂扬。在这两种情况下，生命价值观和道德原则是如此矛盾。这让人想起集体人格的神秘两重性。

显然，在人类心理学中存在未知内容，某些力量未被制约，这对人类意味着巨大危险。

于是，未知数应当进入研究领域。研究包含存在隐秘因素的意思，甚至包含没有料到的因素，因此距离最后结果相当遥远。由此可见，战争的原因不可能存在于众所周知和被研究的事实中，那些事实涉及在经济生产领域对劳动者的社会非正义，或者涉及战争结束造成的形势，理由是这些事实过于明显，凭借最基本逻辑就可识别出。为了能够在这些事实中探究战争的深层或神秘原因，而不是视为战争爆发前的导火索。

为了说明这一论断，可以利用和战争并行不悖现象的历史，健康领域的这一现象能够让人印象深刻地反思战争。我想提及瘟疫，这种灾难能够造成人口大量死亡，甚至整个民族灭绝，在长达几千年历史长河中，它到处肆虐、所向无敌；它造成可怕后果，因为受到愚昧无知的保护。只有当其隐秘原因成为科学研究对象时，瘟疫才被战胜。

众所周知，瘟疫相隔很长时间爆发一次，几乎是突然爆发，如同战争一样。瘟疫总是自消自灭，没有社会的任何积极影响，社会不了解瘟疫爆发的原因，人们害怕瘟疫，就像害怕上帝的惩罚。就屠杀人类而言，在历史上瘟疫不比战争逊色。甚至，瘟疫比战争造成的死亡人数和经济灾难还要严重。正如战争往往引出历史上的名人，同样瘟疫让我们记起伯里克利[①]、马可·奥勒留[②]、君士坦丁大帝[③]、格列高利一世。[④]14世纪在中国爆发的一次瘟疫夺去1000万人的生命；那股不祥浪潮席卷俄罗斯、小亚细亚、埃及和欧洲，威胁到整个人类的生存。

海克尔（Hecker）估计死亡人数超过2500万，这是韦尔斯（Welles）引述的。任何战争，包括世界大战，都难以造成如此可怕的屠杀。在那些可怕时代，生产劳动几乎完全中断，此外还为以后时代的

---

① 伯利克利（Pericle，约公元前495—前429），古代雅典最伟大的政治家。

② 马可·奥勒留（Marco Aurelio,121—180），罗马皇帝（161—180在位）。

③ 君士坦丁大帝（Costantino，约280—337），罗马皇帝（306—337在位）。

④ 格列高利一世（Gregorio Magno，约590—604），意大利籍教皇，为中世纪教皇制奠定基础。

极度贫困做准备。于是，在大瘟疫之后，大饥荒接踵而来，并且涌现大量呆痴者，因为相当比例的幸存者受到精神疾病的折磨。祸不单行使恢复正常状态更加困难，文明进步的建设性活动长期地停滞。

提及人们对这种巨大灾难解释和防卫手段饶有行兴味。我们可以把瘟疫视为一场身体因素的战争。在荷马①和李维②的时代，甚至在中世纪的拉丁编年史中，一直重复着相同的解释：瘟疫是恶人投毒造成的。狄翁·卡西欧③描述了公元189年的大瘟疫，他叙述罗马帝国当局用钱雇用坏人到处抛毒针。在教皇克雷芒六世④时代爆发的黑死病夺去众人生命，人们指控犹太人传播疾病。那不勒斯被围困⑤时爆发的瘟疫导致40万居民丧生，这几乎是全城居民；围城部队也有四分之三士兵丧命。那不勒斯人认为是法国人投的毒，而法国人认为是那不勒斯人投的毒。然而，更有趣的是，在米兰古老的安博罗西亚纳图书馆发现的文件，这些文件涉及司法制度和刑事审判程序，两个传播瘟疫者被公开审判并判处死刑。这是严格按法律诉讼的案例，旨在避免公众被如此可怕罪行所激怒，采取过激的报复行动。这些诉讼文件，被严格保存在国家档案馆，以后被作家作出形形色色的评论。今天，我们很难设想，一个明显和病理学有关的问题，却作为刑事诉讼案例来讨论。无论如何，罪犯的所谓罪责和死亡人数极不相称。

今天，涉及瘟疫的诉讼看似荒谬，但涉及战争就没有类似情况发生吗？这里，人们仍急切地把普遍灾难的罪责落在某些人身上：德国皇帝⑥、

---

① 荷马（Omero，约公元前9—公元前8世纪），古希腊诗人，相传著名史诗《伊利亚特》和《奥德赛》为他所作。

② 李维（Tito Livio，公元前59—公元17），古罗马历史学家，所著《罗马史》142卷，今仅存35卷。

③ 狄翁·卡西欧（Dione Cassio，约155—235），古希腊历史学家，著有80卷《罗马史》。

④ 克雷芒六世（Papa Clemente Ⅵ，约1291—1352），法兰西籍教皇（1342—1352年在位）。

⑤ 法国元帅洛德维克（Lautrec，1485—1528）率法军围攻那不勒斯，因染上瘟疫病逝。

⑥ 指威廉二世（Gulgielmo Ⅱ，1859—1941）。

沙俄皇后①或神汉拉斯普廷②身上，或在萨拉热窝刺杀奥地利王储的青年③身上，或所希望的其他人身上。

从而聚集在广场、教堂的人群没有得救的希望，传播广泛的疾病不是到处肆虐？当灾难结束时，幸存者心灵向生活重新敞开，不会微笑地相信遭受不幸是人类所需的考验，或许还是最后一次考验？

人们希望逃避战争所求助的灵丹妙药，不是让我们想起那些渺茫希望和假药吗？

那次战争④的目的不是建立欧洲反战平衡，相反却用来为一次巨大灾难做准备，许多国家曾被卷入战火，不是仅仅因为对其他国家承担责任吗？假若今天地球上所有国家联合起来反对战争，却对战争的最初原因认识不清，战火仍会无可救药地燃遍全球；而人们仍然希望通过最近必要的战争，实现真正和平，最终解决问题。

如果没有人应用科学研究方法，永远不可能找到瘟疫的直接原因，也就是不可能料到致病的病菌及其传播者老鼠，它们才是不折不扣的罪犯。

当瘟疫的病因众所周知时，瘟疫只具有危害人类健康的众多传染病的外观，人们这才发现持续传染区的环境卫生极差。中世纪居民生活在极不卫生的环境中，行走在肮脏街道上，睡在黑暗、空气不流通的陋室里，没有水来沐浴，缺少阳光的照射。这样的环境不仅利于瘟疫的传播，而且利于扰乱人们正常生活无数疾病的传播。

当人们成功战胜瘟疫时，同时也战胜所有微生物引起的疾病，通过一个成为所有预防措施改革基础的行动：公共和私人环境的清洁卫生；每座城市，每处居所内部都要清洁卫生。战胜瘟疫的战役，成为人类成功防御威胁其生存的、看不见微生物光辉历史的一页。

---

① 指沙皇尼古拉二世的皇后亚历山德拉（Alexandra,1872—1918）。

② 拉斯普廷（Rasputin,1864—1916），原为西伯利亚农民，以占卜和浪荡出名，后成为沙皇尼古拉二世的宠臣。

③ 指波斯尼亚学生普林西波，1914年6月28日在萨拉热窝刺杀奥地利王储费迪南德。

④ 指第一次世界大战。

　　然而，个人卫生作为这一长期战役的最后战果，形成截然不同的观念：人本身健康具有最高价值，因为发育良好、强壮、健康的人能够对付传染源，不会受到其侵害。个人健康和人对自身的控制、对生命自然美的崇拜有关。人们不再关注防范疾病，而致力于成为身体健康的人——战胜任何疾病的堡垒。在这种新观念出现之初，健康之人并不存在，或营养不良，或营养过剩，总是带着毒素，甚至就是给自己积极投毒之人。人们兴高采烈地自杀和折磨自己：他们乐于消化多余食品；他们乐于用酒精毒化自己；他们乐于躲避阳光、冰雪、新鲜空气——大自然馈赠的健身礼物，懒于努力锻炼自己的肌肉。卫生学最大的惊人成就不是揭示和营养不良及贫困有关的危险：从中世纪起，更确切地说，从悠远的古代起，这些危险众所周知并不断听说。卫生学最大成就是揭示出人们认为愉快惬意并渴望享受的东西是致命的。放弃冗长的、美味的奢华午餐，放弃诱人的讲究酒窖，或放弃无所事事，被认为是一种牺牲、一种苦修，不再是健康之路。这是放弃直接享受，是对享乐生活的牺牲。然而，那种享乐已经建立在未曾察觉堕落基础上，这种享乐受懒惰制约，使生命力丧失。大群微生物向道德衰弱者进攻，有时他们垂死挣扎。然而，一旦恢复生命感，会对自己衰弱后果感到害怕，就跑到阳光下活动，感受到获得解放的快乐。简朴的生活，必要充足的营养，选择植物食品，甚至生吃蔬菜，加强体育锻炼，在自然界获取生命活力，终于成为现代享乐者的目标，他们是一群渴望长寿并战胜疾病的人。

　　由此可见，个人卫生概念完全颠覆陈旧术语含义，也就是放弃奔向死亡的享乐，用奔向生命的享乐取而代之。

　　然而，我们在道德领域没有前进一步，我们落后程度可以和中世纪人们的卫生状况媲美。人们浑然不知在道德领域存在未认识的威胁，只理解表面反应：习俗的松弛被解释成现代自由的形式、反对古老道德约束的斗争（那些约束从生命健康仿佛是最大牺牲的时代起就保持不变）。让机器开大马力大干，人们少干，成为新时代成就的最大目标。在这种混乱道德生活深处，发财致富的渴望锐不可当，显现不可遏止的吝啬恶习，道德领域的这种恶习和身体上懒惰相一致。事实上，人们在这两个领域幻想着聚财和享乐。然而，人们衰退了，由于这种享乐植根于两种恶习：向健康和进取的生命开放的广阔世界对他们隐蔽起来；他们不知不觉被孤立，在享乐欲望永不满足中消耗自己生命。在这方面，如果可以和病理学进行比较，这种道德状况可以和肺结核相比：疾病不知不觉地蔓延，却严重威胁生命。在初期它引起享乐的狂热，其危害却长期潜伏、未被发觉。由此可见，瘟疫代表迅速、巨大的灾难，而肺结核是对虚弱人格的慢性消耗。

总之，我们在一个灰暗、令人窒息领域，道德生活麻木不仁，我们往往被大量骗人说教牵着鼻子走。今天，多少道德家喋喋不休地说，错误在于把一切都建立在人的理性之上，又有多少人确信进步不能仅仅凭借指导一切的理性支撑。大家都以为理性在今天凯歌高奏、至高无上。然而，恰恰理性在今天暗淡无光，几乎被打败。其实，道德的混乱，一方面是心理衰竭，另一方面是理性丧失。我们现状的特征恰恰是狂热的蔓延，我们当务之急是要回归理性。

成人与儿童之间的斗争

先生们，为了开始重构人们的健康心理，必须重新塑造儿童。我们必须承认他们不是子女，不是集中我们责任的小家伙；不能把他们视为从属客体来研究，而应作为自尊独立主体来研究。我们需要求助于儿童，就像求助于救世主、种族和社会的革新者。我们应当克制自己、保持谦逊，直至接受类似认识：然后我们去朝拜儿童，就像朝拜出生耶稣的三博士，满载着礼物和祝福，向着东方希望之星前行。

卢梭[①] 在儿童身上探寻人（尚未受社会有害影响而发生畸变）的纯

---

① 卢梭（J.J.Rousseau,1712—1778），法国启蒙思想家、哲学家、教育学家、文学家。在教育观点上，提出"返归自然"的口号，主张顺应儿童的本性，让他们的身心自由发展。

粹天性。天才想象力会围绕真正理论问题撰写小说。这样的问题会让抽象心理学感兴趣，这种心理学倾向于构建一种精神胚胎学。

然而，我们在研究新型儿童，他们已经显现出毋庸置疑的神奇心理特征，因此我们发现胚胎中精神的东西。

实际、可怕冲突的存在令我们震惊：永不休止的战争，从人生下开始，并伴随终生。这就是成人和儿童之间、强者和弱者之间的冲突；我们也可以说是盲人和视力正常者之间的冲突。

在儿童面前，成人是真正的盲人；而儿童是视力正常的人。他们把光明火炬当礼物带给我们。成人和儿童对自己的特性都浑然不知，彼此隐秘斗争长达几千年。今天，在当代复杂、软弱无力的文明中，这种斗争变得日益尖锐。成人战胜儿童，在儿童长大后仍保留战后那种"著名"和平的特征，一方面是破坏，另一方面是痛苦地适应。

从儿童——新人方面看，不可能用自己蓬勃朝气感染旧人——成人，让旧人从衰落中崛起，因为旧人与儿童对抗，其首要行动就是让儿童窒息。

今天，这种形势比过去更加严重，人们建设的环境越来越远离自然，因此越来越不适合于儿童，人们扩大自己的权力，从而也强化对儿童统治。没有任何新道德感能让成人摆脱盲目的利己主义，没有任何新认识（改变不利于儿童的形势）激发成人的智慧。关于人类个性整齐划一发展的陈旧、肤浅观念没有改变；成人被错误地呼唤来塑造儿童，为了赋予他们社会所希望的心理形态。由于这种特别陈旧、拙劣误解的过错，爆发本应相爱人们——父与子、教师与学生——之间的冲突和第一次战争。

解决这一问题的关键在于认识人格的不同形态和目标：儿童独特的人格和成人独特的人格。儿童不具有缩小的成人特征，而是首先拥有自己独特生活（具有自身目的）。儿童的目的可以概括为具体化，也就是在他们身上应当发生人格的具体化。

儿童完全趋向这种具体化的工作具有和成人截然不同的特征及节奏，儿童是环境的伟大改造者，是杰出的社会成员。

教育与和平

如果人们想到胚胎，这一观念立即变得清晰：母体中的胚胎只趋向新生儿成熟，而没有其他目的。这样，人在出生前阶段得以实现。健康的母亲能够提供尽可能好的条件，从而在这样条件下正常发育的新生儿更有活力。无须其他照料，让新生命自己成长。

然而，其后人的准备不似在母体内短暂。存在另一种准备，儿童在外部世界中完成，使精神（其胚芽在儿童身上是潜在的和无意识的）具体化。

为保护这一工作，需要细致入微的照料。凭借经验和同外部世界的接触，儿童逐渐意识到这种工作。儿童受规律指引，睿智地进行工作，正如在自然中进行的其他工作一样。儿童活动的节奏和成人（征服者、好战者）的节奏没有丝毫的关系。

精神具体化或准备的工作和在社会中活动的成人工作截然不同，这不是什么新观念。甚至，这一观念庄严地、喧闹地伴随我们几百年，并作为神圣礼仪强加给我们。我们大家在一年中承认两个节日，在我们内心承认，通过停止社会工作来承认。我们中的多数人遵循宗教习俗：欢度圣诞节和复活节。这两个古老节日让人们想起什么？让人想起一个人。但在此人身上注定实现具体化和社会使命。

在耶稣的历史中，具体化直至青春期：在 13 岁左右，他对自己的父母说："为什么你们创造我？你们还知道我不取决于你们。"少年的聪明才智并不是从睿智成人那里学来，因为他让成人惊愕不已、困惑不解。只是在这之后，少年的生活黯然失色，被迫服从父母安排，学习父亲的职业，并开始在人类社会活动，应当完成自己的使命。

现在，你们假设：儿童独立生活的特征及其目的未被承认，成人对其特征的解释和实际不符，他们认为那些特征是错误，就急急忙忙地去纠正。于是，强者和弱者之间的斗争就发生了，这种斗争对人类来说是致命的，因为心灵健康还是患病，性格坚毅还是懦弱，智力清晰还是浑噩，就取决于儿童精神生活是否完美和平静。

如果在这个微妙、宝贵的时期，形成亵渎神圣的奴隶制形式，生命的种子就变得不结果实，人类就不可能完成生命赋予的伟大事业。

现在，在家庭和学校，成人和儿童之间的斗争，以"教育"（一个老词）的形式展开。

当我们承认儿童自身的人格时，我们就为他们提供发展的空间，正如我们学校所做的实验那样，在那里我们为儿童构建了一个适合其精神发展的环境。于是，他们向我们展现出全新的儿童人格，带有令人惊奇的特征，和我们以前认识的特征截然不同。他们钟爱秩序和工作，证明其智力水平比我们设想的高得多。显然，在普通教育中，儿童为了迎合压迫他们的成人的判断，本能地进行伪装以隐藏自己的能力。

儿童作出痛苦的努力以掩饰自己，在其潜意识中埋葬想要扩展的生命力，在其期待中生命力丧失了。由于这种隐秘的负担，儿童投入错误的世界中。

这就是关于战争与和平的教育问题，并不涉及文化内容。对儿童讲不讲战争，无论如何儿童都要适应人类历史，这不会改变社会的命运。

失败，衰弱，得不到发展，最终沦为奴隶，这就是从强者与弱者之间盲目斗争的教育中走出的人的命运。

最近25年从不间断的实验让我们认识到，儿童自身具有和以前人们认为的截然不同的特征。不仅几乎在当代文明的所有国家，而且在文明完全不同种族中，在美洲红种人、非洲土著人、泰国人、爪哇人、拉普人中，都是如此。在取得最初经验时，人们就活跃地谈论一种能够取得惊人成果的新教育方法，人们意识到此现象的客观性和重要性。在英国出版了第一本题名"New Children"（新型儿童）的著作。

不同的人类隐约可见，现在诞生了；这是卓越人士的希望，希望在发展期的畸变实现正常化，并最终实现人的心理健康。

今天，心理健康的人寥若晨星，正如在个人卫生学帮助人们找到健康道路之前，难以找到身体健康者。人们在道德领域仍乐于慢性中毒，追求对精神有致命危害的特权。人们一次次地呼唤美德、责任和荣誉，那只是用来掩盖教育传播的首要恶习的伪装。儿童的渴望得不到满足，对成人作出反应，并转化为精神发展滞后、道德偏差、无数心理异常。结果，人的性格脆弱、摇摆不定。

从未学习独立做事、指导自己行动、控制自己意志的儿童，以后承认成人权威，接受成人指导，需要他人帮助。

在学校里的儿童总是气馁并重新尝试，这样逐渐对自己失去信心并感到恐惧（这被称作胆怯）。其后，这种胆怯表现为灰心丧气、低眉顺眼和缺乏道德抵抗力。在家庭、在学校，儿童都要服从，这种服从没有理性和正义可言，让人准备屈从噩运：这种惩罚在学校非常普遍，让无能儿童接受公众责备，近乎把他们绑在柱子上受折磨。这样，在他们幼小心灵中，产生对公共舆论的不可思议的非理性的恐惧，即使公共舆论是不正确的、明显错误的。形形色色的适应让儿童意识到自己的低能，从而开辟崇拜精神之路，几乎都是对指挥者的偶像崇拜，父亲和教师代表麻木不仁的人，却迫使儿童认为是完美无缺、所向无敌的形象。这样，纪律几乎变成奴隶制的同义词。

儿童从来不能尝试道德之路，其潜在生命冲力曾在其新世界中焦急地探寻。他们从来不能实验并度量自己的创造能力，从来不能建构内在秩序（其最初结果是可靠的持久的纪律性）。

他们想要知道何为真正正义的尝试发生偏差和混乱：当他们去帮助比他们更受压迫、精神更压抑的同学时，其仁慈行为却受到惩罚。相反，如果他们监视同学并打小报告会受到宽容。向他们展示值得激励和奖励的美德是，在竞赛中超越并战胜同学；在单调、持久的奴隶制生活中，经过年复一年的考试，赢得最后胜利。这样教育出的人并不准备探索和掌握真理，也不准备善待他人，同他人团结一心过美好生活。所接受的教育让他们主要准备集体、实际生活的一个插曲——战争。因为，事实上，战争不是靠武器发动，而是由人发动。

如果人在心理上健康成长，由于其充分发展，具有坚毅性格和清晰智力，自身就不能接受对立道德原则；也不能同时成为两种正义的支持者，一种是捍卫生命的正义，另一种是摧残生命的正义；也不能在心灵中培育两种美德——爱的美德和恨的美德。不可能设想两种纪律：一种聚集人类力量去建设，另一种聚集人类力量去破坏建设的东西。坚强的人不能屈从两重意识，不能从事对立行为。由此可见，如果人类现实和生活中显现的截然不同，就是说人们是消极被动的，他们就像枯枝败叶那样被狂风席卷。

今天的战争是对敌人仇恨引起。这样断言的人，或许今天和一个民族作战，明天和另一个民族作战；或许明天和昨天的敌人结盟？

不！以文明自诩的白种人，其道德水准已经降至古代侵略军队，他们冷酷无情地和任何人作战，即使后者已经作出赔偿。没有发生任何变化，伴随着饥饿，今天人们仍去破坏自己的事业和财富，仅仅因为他们接受命令。聪明的埃及人将文明事业和战争行为相区分：他们招募腓尼基士兵去作战，让埃及民众耕种土地、建设公共事业。

然而，我们，文明人，却将这两件事相混。

我们之中的佼佼者，面对着困难的社会问题（今天的苦恼），运用智慧和先人取得的文明成果，以便找到和平解决办法。否则，为什么要拥有智慧呢？为什么我们从先人智慧中汲取大量精神财富呢？对于人杰而言，战争全然不是一个问题，简直就是反对文明的野蛮，新心灵不能接受的荒谬。

如果人类能够决定自己的命运，如果武器从他们手中落下，在那一瞬间，人类将开始光辉灿烂的一天。

第三维

先生们，这一相当亲切的断言显得过于天真。为了实现世界和平，首先需要新人、更加优秀的人，其次需要不再具有局限的环境（面对人的无限欲望）。

财富在任何国家不能地区化，应当让大家共享。正如保障其他民族通过自己修建的大道，为什么不让他们利用自己领土埋藏的宝藏呢？为了让全人类亲如兄弟、团结一致，必须清除一切障碍，这样全球的人们像儿童那样，在一个广阔的大花园里嬉戏玩耍。法律和条约远远不够，需要一个充满奇迹的新世界。

教育与和平

就像儿童显现得那样神奇，当他们努力工作、追求独立、满腔热忱和拥有爱心时。

当务之急是建构新人的新世界。如果说这一断言是乌托邦、玩笑话，当我们生活在万丈深渊边缘，面临人类灾难的巨大危险时，这样说就是亵渎神圣。从本世纪初奇迹世界就开始露出曙光。

人能飞翔不是千真万确吗？现在，地球上的天然障碍已经不能把国与国分开，人们无须修路，无须侵占他人地盘，乘飞机就能完成环球旅行。

如果人们成功地克服重力到达平流层，就能更加快捷、自由地旅行，谁还能吹嘘占有一个或另一个地球？谁将吹嘘对地球重力或对位于大气层外的太空拥有权利？那些长波、短波属于谁？那些神奇的、看不见的电磁波，通过空间实际传递人们声音和全人类思想。谁能耗尽这伟大的自由的能量？

太阳能转化为营养丰富的面包和人们住所冬季取暖的热源。现在，有哪个民族声称是太阳能的所有者？人们向太空、无限天际获取的新财富没有界限、没有地区化。那么，人们争斗的目的将是什么呢？

他们以前争斗为了物质，但后来揭示其起源，发现它们是能量，不再掌握有限结果，而是掌握无限、隐秘的原因。人们像个上帝掌握这些，从此观点看，人类社会生活彻底改变。

神奇、突然的提升将人类成就置于高于地球的水平。地球表面对人类来说有两维，但今天人类已经走向第三维；在一维中考察的人类历史终结了。

从历史之初，从传说开始的几千年古老时代终结了；甚至上溯到少量残骸埋藏于地球深处的时代：洋洋大观历史一章翻过去了：现在翻开叙述伟大时代历史新篇章。

直至今日，人们不得不像一个囚犯，在田间汗流浃背地劳作，不得不像一个奴隶，把自己的伟大力量隐藏起来。人类——爱的结晶，不得不戴上物质交换的枷锁。然而，进入太空的人类，作为新生命，能够面对宇宙。儿童、新型儿童，命中注定要去征服宇宙。

这种事业伟大光辉，需要所有人竞相努力，而为了团结一心，只能靠爱来凝聚。

这是我们时代现实景象，我们——最后平庸的人们，为了理解这一现实，必须努力提升自己。我们置身于危机之中，处在已经结束旧世界和业已开始新世界（其建设性因素一目了然）之间。我们正在经历的危机，不是标志从一个时代向另一个时代过渡的危机，只能和生物的或地质的一个时代比较，在那个时代出现更高级、更完美新物种，在地球上实现从未有过的生活条件。

因此，如果看不请这种形势，我们将面临普遍灾难，将会让我们记起千年、甚至不止千年的预言。如果宇宙能量被平庸者利用以破坏自身，却浑然不知，将会迅速地达到目的。因为他们能够支配的能量无穷无尽、不计其数；无论何时何地都能被大家所利用。

如果人们了解瘟疫的秘密，并且手中握有看不见的致病病毒，他们能够永无止境地培育复制，那么他们就会利用拯救生命的最大成果来传播瘟疫灾害、毒化世界，他们的险恶用心很容易得逞。

现在，抵达世界各个地区没有障碍，就是天涯海角都畅通无阻，因为乘坐飞机可跨越高山大海。

谁吹响号角，让他们苏醒？躺在地上、昏昏欲睡的人们怎么办？地球正准备吞噬他们。

争取和平①

今天，人类所有优秀力量在此聚会发出呼吁，要求解决生活的最紧迫问题。

和平是只有通过协商才能实现的目标，两种手段可以导致和解团结：其一是立即努力用非暴力解决冲突，也就是说避免战争；其二是长期努力构建人与人之间的和平。现在，避免冲突是政治事业，建构和平是教育事业。要让人们急迫地认识到：为了构建和平，必须集体协同努力。

构建和平教育不能只限于学校和教育机构，这是具有普遍意义的事业。它不仅是对人的改造，促使人格的内在发展，还是对人类目标和社会生活现实条件的定向。因为人们不仅几乎不了解自己，而且通常不认识社会机制的秘密，今天人们利益和马上得救就取决于这些机制。

现在，我们时代最典型事实是社会条件的突变，这种改变的外观非常明显，因为科学发现及其应用奇迹般地改变了环境，但伴随我们文明外在表现的更深刻、本质方面并非引人注目。这第二个方面告知我们，通过经济机制和交通，人们可以有效地实现自己物质利益的统一。

这种实际成就标志在利益领域产生新方向，人们必须自觉地做好准备，因为如果继续把各民族利益视为泾渭分明，就会冒两败俱伤的危

---

① 1936 年 9 月 3 日，在布鲁塞尔召开欧洲争取和平大会，这是蒙台梭利在大会上的发言。

险。这是涉及和平的所有问题的关键。

因此，战争不再带来物质效用。我们业已发现，在欧洲战争中胜利者并未从胜利中获得新能量和好处，不像过去时代所发生那样。这种全新的现象说明，对胜利者来说，战败民族变成一种危险、一种负担、一种障碍。胜利者不能不关注重振和帮助战败者。对全人类来说，被战胜的民族是心病。一个人贫穷不会让另一人富有，而是让大家都衰落。摧毁一个民族，如同切除一只手，却幻想另一只手具有双倍力量。

我们大家构成一个机体、一个单一国家。这种单一国家是人类精神的、也是宗教的无意识渴望，我们可以大声宣告（传遍地球各个角落），这一理想终于实现。"人类机构"已经诞生，这种超级结构终于实现了，它是人类从在地球上出现至今所做一切努力的结果。我们生活其中。今天人们具有超过自己本性的神奇能力，最有说服力的证据之一是人类能在空中飞，比雄鹰飞得高、飞得稳。人类使用宇宙看不见的秘密能量，人类能够观测无限宇宙，能够隔洋通话并能够收听全世界音乐广播，人类能够掌握改变物质的秘密。今天，人们终于成为人类大国的公民。

具有超过自然能力的人，设想成荷兰人、法国人、英国人或意大利人，是荒谬绝伦的。他是新世界的新公民——宇宙的公民。

若是如此，就不再可能设想存在利益分离的民族（如同过去那样）。没有理由存在拥有自己边界、习俗、不同权利的各个国家。总要存在具有不同传统和语言的人类集团和家庭，但不再存在传统含义上的国家，各国应当作为唯一机构的成员结为一体，或者一起毁灭。把人们召唤在人类唯一旗帜下的大钟，敲响的是决定生死的钟声。今天，所有人都在相互交流；思想通过太空从世界的这头传播到那头，没有任何边界。在全世界不断形成各个思想集团，人们保留中世纪精神状态不再合法，那种精神面貌在意大利的梅第奇家族①追随者和萨沃那

---

① 梅第奇家族，为中世纪佛罗伦萨著名家族。13世纪末参加佛罗伦萨共和国政府，1434年在佛罗伦萨建立僭主统治，广与欧洲各国王室联姻。该家族出教皇两人、皇后一人、枢机主教多人。

罗拉①追随者中最典型。

然而，今天的宗派主义者想要掌握应当属于人类总机构的权力。

今天，人们面前只有两条路：提升到应当达到的高度，或被我们取得成就所毁灭。

为了物质利益，为了捍卫国家，或为了颂扬社会原则，彼此交战是荒谬的。

我们的时代是适应彻底改变外部条件的时代。我们对环境的征服已经实现：我们业已超越纯粹自然界限，我们已经掌握看不见的能量，我们代替了希腊人的朱庇特、住在奥林匹亚山上的诸神。然而，我们尚未认识到这一点，这恰恰阻止我们亲如兄弟，让这个超级世界变成天国。

人接受教育必须达到其伟大高度，应当和其能力相称。如果在罗马帝国，罗马公民应当认识自己的尊严，那么今天宇宙帝国的公民更应当认识到。

相反，今天的人格仍然停留在过去水平上。人们的心理依旧，性格和精神面貌依旧，不理解源于其支配外部手段的命运和责任。总之，和外部环境相比，人们没有进步。于是，人们仍然困惑和惊慌，甚至害怕并准备盲目服从，屈从回归的"异教"，甚至回归的野蛮，因为感到被生活其中的超级世界所压倒。

现代心理学家谈论个体易患所谓"自卑感"的危险；但为何不提危及整个人类的危险呢？由于宇宙国王——人类——害怕地发抖，并且沮丧消沉，直至自取灭亡。

我们的主要兴趣应当是教育人类——所有民族人类——为共同命运而努力。应当返朴归真，像儿童那样行事，指引他们作出科学努力，因为他们拥有人类之谜的根源和关键。儿童富有能力、敏感性、建构本能，尚未受到重视和利用。为了让儿童更好发展，他们需要我们提供比现在更多的手段。这不是在改变能够实现这一目标的教育结构吗？社

---

① 萨沃那罗拉（G.Savonarola,1452—1498），意大利基督教宣教士、改革家和殉教士。他是梅第奇家族的死敌。

会必须充分承认儿童的社会权利，为儿童和青少年准备保障其精神发展的合适世界。

为此，所有民族必须达成协议，实现某种形式的休战，以保障每个民族对其人性的关注，并期待从中实际解决今天似乎难以解决的社会问题。

那样，实现和平仿佛容易和临近，正如从睡梦中苏醒，从催眠状态下解脱。

请你们为和平而教育①

今天，在我们经历的特殊社会时刻，教育确实具有巨大重要性。其实际价值可以用一句话表示：教育是和平的武器。

如果我们思考今天武器准备达到的技术全面和完善，而对国民的拯救就依靠这些武器装备，我们就应当得出结论：只有当教育达到科学完善的高水平，武器装备才能保障国民的安全和进步。

我不想讨论武器装备的适合性，也不涉及政治问题；我只说对国民的真正捍卫不能只建立在武器之上。由于战争接连发生，并未保障任何民族的和平和繁荣，如果没有求助于"伟大的和平武器"——教育。

为了让教育能够真正拯救人类，教育不能局限在现在呈现的形态。与现实要求相比，今天的教育过于落后。为了对此做恰当比较，可以说和目前武器装备相比，教育仍停留在弓箭的水平。用弓箭怎么能同火力强大的重炮和轰炸机抗衡呢？

因此，必须构建并完善教育的"装备"。

显然，理解为奠定和平的教育不能只探寻不让儿童受战争教唆的手段。避免玩具模仿武器，不要把系列战争史当成人类史来学习，不要把战场上的胜利视为最高荣誉，做到这些远远不够。对儿童灌输对所有生命和（上千年）所有文明成果的钟爱及尊重，同样不够。

---

① 1937年5月22日，在丹麦哥本哈根举办报告会，这是蒙台梭利在会上所作报告。

教育与和平

所有这些只是直接反对战争本身广泛实验的教学部分，这部分可以界定为"否定性"部分，也就是理解为远离冲突的威胁，而不是为世界和平做准备。

显而易见，战争不能通过这种教育避免。相反，我们应当思考文明的影响，它不是宣布人的生命及自由是神圣的？应当提及宗教的影响，几千年来不是它努力宣讲人与人之间的爱吗？

人们奔赴战场打仗，因为渴望流血，或急不可耐地使用武器。他们本不愿意打仗，但被命运所裹挟。大家都认识到灾难的可怕，都希望躲避灾难。为了舍弃自己家园和家庭亲情，他们必然受道德和物质强制的驱使。

人们去打仗，因为从小就受玩具教唆。学校历史教学建立在死记硬背事件和日期基础上，肯定没有确定激起英雄主义的合适方法。

显然，战争是一种复杂现象，认识并了解战争非常重要，尤其是在我们时代。今天，人类已经被全球规模事件所裹挟，但教育尚不能应对。今天的人们就像在森林中漫步的儿童，他们迷失方向，在深夜受黑暗和神秘声音的摆布。

人们并不认识把他们裹挟其中的事件，因此根本不能自卫以躲避那些事件。社会是在纯粹外在意义上进化，社会能够构建庞大机械，修筑复杂的交通道路，却让人类处于无知和无组织状态。千真万确，这些没有组织起来的民族，每个人只考虑自己直接利益。

教育（正如今天理解那样）鼓励个人孤立和追求个人利益：今天教导学生不要相互帮助，不要给不知道答案的同学提示，只关心升级，在和同学竞争中获奖。这些可怜的利己主义者懒于思考，正如实验心理学所证实那样，其后他们在世上彼此相处像沙漠中的沙粒：每颗沙粒都和其他沙粒分开，所有沙粒都是无益的；如果刮起强风，这些缺乏生机勃勃精神性的人类沙粒，就会被席卷并形成灭绝生命的沙尘暴。

能够拯救人类的教育要求颇多：它包含人的精神发展、人的价值实现、培养青年理解时代。

秘密就在这里：让人类能够成为机械环境的统治者（今天被这种环

境所压迫）。生产者应当管理生产。现在，生产被科学技术所强化，达到全世界组织的高度。因此，必须相应地科学利用人类的能力并组织起人类。人们不能再对自己和生活其中的世界一无所知，今天威胁人类的真正灾难恰恰是这种无知。需要组织和平，通过教育科学地准备和平。

教育指出有待征服的新领土，这种领土只是人类精神世界。

我们对儿童取得的经验可以证明，儿童是精神胚胎，拥有指导他们的神秘敏感性、趋向在心灵中建构某种神奇工具的创造性力量。这类似于无线电，能够收听长波、短波广播，接收由它们在空间传输的音乐。同样，在儿童心灵中不断建构的这种工具，注定接收在永恒空间中传输爱的"神波"。这种敏感性赋予人的价值，人之所以伟大，就在于能够感受神圣的心灵激荡。

儿童是脆弱的精神胚胎，但能够发展并提供能够成长为优秀人士的可靠证据。儿童向我们显示正常人类建构的真正现实。我们发现他们完全改变，在热爱物品的同时，发展秩序感、纪律性和自制力，作为充分自由的表现。我们看到他们持之以恒地工作，在工作中完善自己的能力。

儿童同时建构人类的希望和未来。因此，关爱这种胚胎（视为我们的珍宝），我们在为人类伟大事业工作。我们这样教育出的人们，将用神圣闪电战胜今天把自己命运交给机械的人们。当务之急是相信人类的伟大和卓越。如果人类能够掌握宇宙中神奇能量，就应当理解，天才火花、智慧价值、意识清晰，是有待组织、规范并在人类社会生活中有效利用的纯粹能量。

今天，这些能量正在丧失，甚至被影响全人类的教育错误所压制和扭曲。儿童不被成人所理解，父母和子女争斗却浑然不知，而不是帮助他们完成神圣使命。父子彼此不理解，从孩子降生起，他们之间就形成不可逾越的鸿沟。正是这种不理解让人们深受其害，让人偏离正道，精神上患病，让人贫乏，比自身能力低下。成人与儿童之间的不理解造成人类心灵的悲剧，其后表现为冷漠、懒惰和犯罪。受侮辱者感到自己丢脸，胆小者畏缩不前，害怕者无所事事，人们的全部财富丧失殆尽。

教育与和平

教育应当利用指导人们建构自身的隐秘本能。现在，在这些本能中，社会本能最强。我们做过实验，如果儿童和青少年不能获得社会生活经验，其秩序感和道德感就不能发展。这些品质仿佛是强制的结果，实际是自由的表现。人格要通过不断获取经验来建构；要由我们为儿童、青少年准备适合获取成长经验的环境、世界。青少年要和生产世界接触，以度过经验实习期。人应当接受指导首先形成对人类社会组织的责任意识，因此从儿童时代，人就应当实际实验什么是社团，其后逐渐认识人类社会技术进化的秘密。

今天，存在机械的组织，就像吸引铁粉的磁铁一样，机械吸引着劳动者。相反，人们要善于利用机械履行意识到肩负的崇高使命。

青少年是发展中的人类，无疑，他们蕴藏着人类未来力量的秘密。

今天，那些想要发动战争的国家，为了自己利益，擅长利用青少年，把他们在社会上组织起来，把他们变成社会的一股活跃力量。直至今天，只有想要战争的列强才承认这一真相——凶残的宿命。然而，这是具有巨大实际价值的现实，真正强大的人类组织不可能突然形成，它应当从青少年开始准备，从生命初期开始。总之，只有当教育为人提供逐年的社会经验阶梯，才能组织社会。想要发动战争的人正在让青年为战争做准备；而希望和平的人们却忽视了青少年，由于他们不会为和平组织青少年。

和平是人类和社会组织的实践原则，它是建立在人的本性基础之上的。和平并不让人屈从，而是让人奋进；它不侮辱人，而是让人认识到自己对世界的能力。由于它基于人性，是对所有人一视同仁的唯一、普遍原则。

这一原则应当引导实现和平科学及为和平的教育。

为和平而教育①

开幕词

今天，尊敬的丹麦教育大臣，以隆重仪式为我们第六届国际大会揭幕。这届大会不仅仅是狭义的教育学大会。我们历届大会都把捍卫儿童作为宗旨。因此，我们提出过建议更好地认识和热爱儿童，并为儿童服务，旨在让人类更崇高。

我们不应把儿童视为虚弱和无自卫能力的人，从而只需要保护和帮助。我们应把他们视为精神胚胎，从出生起就拥有心理生活，受微妙本能指引积极构建人格。由于儿童构建人，我们应当把儿童视为人类生产者，并应当承认他们是我们的"父辈"。在他们身上存在我们起源的大秘密，只有在他们那里才能显现引导人正常成长的规律。从这个意义上看，儿童是我们的导师。

因此，首先应当教育成人认识这一现实，从而改变对新一代的态度。

事实上，迄今成人把儿童视为消极、空虚、没有内在指令的客体，从而强迫儿童适应自己意志和自己环境的条件。这样，成人就践踏并压

---

① 1937年8月，在丹麦哥本哈根召开第六届国际蒙台梭利大会。

制儿童天生微妙倾向，引起儿童抗拒和自卫的不可战胜本能，它们能够恶化成为真正的精神疾病。

由此可见，人的生活以成人和儿童之间未意识到的斗争开始，就这样代代相传，人不能正常发展，而是发生畸变，远离正常人的智力、情感的平衡理想。

社会应当认识儿童作为人类建构者的重要性，应当利用心理起源，成人方向正确与否就取决于这些起源。今天，儿童是"被遗忘的公民"，社会应当记住他们，并应为他们准备适应生活需求和精神解放的环境。

围绕儿童，有待完成一项正义、和谐的伟大社会事业，它就是教育事业，只有在这种形式下，才能对建设新社会和实现和平作出贡献。

在我们这个危急时代，社会不断受到战争的威胁，谈论为了和平的教育，可能显得理想化和天真。然而，我认为通过教育为和平做准备是反对战争的最有效的建设性事业，鉴于今天的战争不能以各国国民需求为借口，也未能带来改善他们现状的希望。

人类已经跌入丧失理性和精神无序的状态，个体在人类中沦为沙漠中的干燥尘埃。每个人都不了解自己时代面貌，他们对隐藏在此面貌下的危险一无所知，直至被裹挟进去才有所察觉。

在这种形势下，如果在人类内部不采取迅速、果敢的行动，就不会有进步，也不会有和平的希望。

现在，面向人类首先意味着面向儿童，这些"被遗忘的公民"应当发挥作用，其建构人的权利应当变得神圣，其正常心理发展的秘密规律应当照亮文明之路。

如果我们可以把在人类进化史上战争永不停歇为特征的时代称作"成人时代"的话，那么开始建设和平的历史时期将是儿童时代。

正如在古代，力量规律取胜；现在，应当是生活规律取胜。只能用一个词——"教育"，才能更好地表达这种期望及其全部复杂性。

尊敬的阁下！丹麦政府给予我们第六届大会的慷慨接待，是对我们和世界和平的祝愿，因为丹麦在各个时代都尊崇和平及智慧珍宝。

丹麦有能力关心儿童问题并促进作为建设和平的教育。我想补充一点，8 年前，我们第一届大会就在丹麦，在赫尔辛格市艾尔西诺城堡旁举行。这座城堡的传说让莎士比亚获得创作灵感。①那时，欧洲战事已经结束，仿佛一片和平景象；我们——儿童捍卫者，选择了天才文学家安徒生的祖国，是他使全世界儿童的心灵欢快。然而，战争并未结束，因为人类在精神上没有重构，战争就不会结束。

我们的号召，旨在强调儿童在人类精神发展中的重要性，今天却面对着只关注成人的全世界思想运动；为此，我们更应当感谢来支持我们的人们。令我们感到荣幸的是，政府人士的与会，来自 25 个不同国家代表的出席，他们被微弱儿童呼声召唤到这里，尽管不久前让世界听到其呼声。我谨代表我们国际协会②，向哥本哈根教师高等文化学院院长威廉·拉斯穆森（Wllhelm Rasmusse）表示诚挚的谢意，是他不辞辛苦地负责本届大会组织工作。

我衷心感谢阁下，因为从一开始您就希望当局支持我们。与此同时，我还要衷心感谢王国首相斯陶宁③阁下、社会事务大臣路德维希·克里斯坦森（Ludvig Christensen）阁下，他们和女王陛下同意承办这届大会；对外交大臣蒙克④博士表示谢意，阁下亲自与会并庄严致词。我发自内心，并让我代表儿童的声音，我想欢呼："对世界和平作出慷慨、伟大贡献的丹麦万岁！"

本届大会的主题几乎是一个命令："为和平而教育！"诸多国家和地方的政府与会，它们是比利时、加泰罗尼亚⑤、智利、捷克斯洛伐克、

---

① 莎士比亚著名悲剧《汉姆雷特》就发生在赫尔辛格的艾尔西诺城堡，该城堡于1574—1585 年由丹麦国王弗雷德里克二世建造。

② 指国际蒙台梭利协会。

③ 斯陶宁（T.Stauning,1873—1942），丹麦社会民主党政治家，曾两度出任丹麦王国首相（1924—1926，1929—1942）。

④ 蒙克（P.R.Munch,1870—1948），丹麦历史学家、政治家。1929—1942 出任丹麦王国外交大臣。

⑤ 加泰罗尼亚，是西班牙的自治地区。

法国、希腊、海地、提契诺州①、拉脱维亚、墨西哥、罗马尼亚、俄罗斯、美利坚合众国、埃及。它们都派遣官方代表团或驻丹麦的外交代表参会，他们亲自出席开幕式，令我们感到非常荣幸。

为什么今天教育能够影响世界？

今天给我指定的题目具有特殊意义，因为仿佛提出一个问题：为什么今天教育可以影响世界？

这仿佛想要断言，不是在所有时代、所有情况下，教育都具有这种影响。事实上，如果教育本身具有影响力，足以能够反对动员强大军队，为什么在过去就不能影响呢？几千年来基督教，更早古代伟大哲学，都呼吁在人类心灵中隐藏的兄弟友情和爱；但人们继续彼此争斗，类似于达尔文描述的物种间生存斗争，仿佛受不可抗拒的命运驱使。或许人们对我说，过去是如此，将来仍是如此。

然而，我们时代存在类似现象和独特战争形式，让我们认识到过去走过的道路和我们的截然不同。当我们通过战争学习人类历史时，我们可以承认以往战争由征服和捍卫的需要决定，无论问题如何解决，战争总给一方带来好处，给另一方带来损害。此外，战争可以导致两种不同文明的接触，因此产生有益的选择结果。有时主要表现为各民族融合及文明传播，虽然我一再重复，即使没有战争也能产生这样的结果。

然而，今天在战争中没有发现什么好处。或许好处在于征服另一个民族？有待提问：为什么？丹麦已经达到很高文明程度，也没有感到需要征服其他民族。为什么应当感到这种需要呢？或许为了占有其他民族的优质食品？为此，购买和生产足矣。或许通过更好交通工具实现文明的进步？为此，购买和建设足矣。在世界任何地方，没有不能买到和利用的东西。我说，靠生产而不是靠征服谋得生活资料的地方，更

---

① 提契诺州，是瑞士联邦的一个州。

容易过无忧无虑的生活。或许求助于战争，为了拥有并利用生活在外国的某位天才的发现？没有一个发现，甚至智力的微小进步，不在世界的任何地方得到传播，类似于连通容器中的液体一样流动取平。由此可见，古代原因不复存在。但存在给人深刻印象的事实：社会环境发生奇迹般进化，尤其在最近几年。神奇和突然的进化得益于少数人，但这并不重要，因为他们代表智慧力量，这种伟大力量、无穷无尽财富，可以给全世界带来惊人成果，即使只是通过一个人表现。

然而，似乎得益于一人的所有发现和发明，都是建立在劳动者持续、默默无闻工作基础之上，是劳动者创造一种产品，无人能够征服并窃为己有。这种默默无闻工作不属于任何个别民族；它或多或少传播到所有民族。这是超自然的工作，创造超自然世界、传播四海的文明。

由于这种惊人成就，社会发生变化；我们对此却没有发觉，因为这种变化是我们时代特征。克服重力并认识某些放射性元素，人具有的惊人能力成为我们时代的显著标志。

此外，所有人都变得更富有，我几乎可以说由于太富有而烦恼。如果我们把这个时代和以前相比，可以说当代是富人的时代：所有房屋都有供水和照明设施，所有人都可享用交通工具。啊，人类真有福！达到普遍富有的水平。确实，人类相当富有，希望重返简朴生活，求助于过去视为苦修的"灵丹妙药"，节食、露天生活、住帐篷，成为今天渴望的生活方式。

货币财产也不缺少；银行数量成倍增长。然而，虽说人们追求在某些方面更健康、更简朴的生活，但业已习惯过舒适生活，从而不愿意严肃认真地放弃。有人不厌其烦地宣扬去过一种外在形式欠文明的生活，放弃我们今天享用的交通工具、电灯和收音机。无人可以怀疑这些东西代表宝贵的进步。

譬如，有人对今天的人们说："请你们看看，狄摩西尼①、西塞罗②

---

① 狄摩西尼（Demostene，公元前384—前322），古希腊政治家、伟大的雄辩家。
② 西塞罗（Cicerone，公元前106—前43），罗马政治家、律师、古典学者、作家。

和其他历史人物生活在什么文明条件下，他们不是照样拥有紧张精神生活。因此，我们要像他们那样生活，放弃我们文明的成果，让我们放弃电灯！"无人愿意重返那些时代，大家都认为类似放弃相当愚蠢。若有人还说："让我们放弃温水沐浴，从井里打水冲澡！"大家会异口同声地抗议："这和进步毫无关系！"若有人呼喊："朋友们，让我们取消所有交通工具，飞机、汽车、电车；让我们步行，或者骑马骑驴，我们会变得更崇高！"结果，大家认为这种说教幼稚可笑、荒谬绝伦。由于我们实验证明，智力进步并非同技术进步对立，而是和技术进步同步发展。我向你们保证，若有一位意志坚定的方济各修士英雄致力于此类说教，在今天他不会找到追随者。

现在，我们可以扪心自问，为什么在文明进程中人类道德水准降低？为什么有人宣扬必须杀人，大家都会听从？为什么还能谈论英雄主义，就像过去年代那样，根本没有改变观念？我们会回答：人类在外在层面上发生很大进步，但在内在层面上没有进步。人类肯定对问题的某些方面一窍不通，对自己精神发展毫无作为。人们的人格仍停留在数世纪前，但改变的社会条件迫使他们生活在一个非自然环境中。人们面对环境（如人般）的暗示，既无能又软弱，不能准确批判，缺乏人格统一性。这就是今天的人，如果我们想用褒义形容词来界定：关心人的科学的人们更为严肃；他们断言适应环境（人受其制约）的努力导致心理畸变（可以称作精神疾病）。这就构成目前最有趣的问题：今天，所有人都乐于有点不正常。

事实上，统计学家断言，所有心理康复中心、精神病院都人满为患，几乎所有个体都需要心理咨询，以便解脱自己的痛苦。

我们还可以说，如果我们不是唯一，也是最早承认并非所有视为正常的儿童实际上正常，今天这种心理灾难比过去更为严重，因为今天儿童处于特殊条件。我们用三言两语不可能描绘出这些条件；这里只限于指出如下事实：在我们当前世界没有儿童的空间，儿童世界仿佛锥体，变得越来越狭窄，已经没有他们的位置。确实如此，我再重复一遍，在世界上没有儿童的空间，既没有物质的空间，也没有心灵、智力的空间。人类创造自己规律并进化，但儿童条件日益恶化，成人条件越来越好。父亲和母亲也似乎和自己子女说再见，因为他们有太多事情要做。这样的人类已经衰弱、患病、物欲横流，没有力量扭转命运车轮。因此，这样的人类就成为今天的问题。

外部环境发展和人类精神发展之间的不平衡现象饶有兴味。无论如何，这是比战争本身还要奇怪、矛盾的现象；已经拥有许多东西的人们，可能业已相当富有，却感到贫穷和不幸福；恰恰在今天，每个人都自问如何能够生活。一切在进化，一切在变化，人类生产很多，甚至过多，这种"过多"有时引起人们重返过去的愿望。

巨大混乱的迷雾笼罩着世界！这种发展欠佳的人类充满矛盾，他们甚至不知道自己是富有还是贫穷，是健康还是患病。他们恰恰患有焦虑症：病人的焦虑、生活的焦虑。"我怎么生活？"这是每个人在这个充满资源和新道路的神奇世界里的渴望。为了这种渴望（重复精神病人的渴望）的目的，人们准备牺牲一切。古人朴实得多，他们会说：上帝安排。在他们的世界里，还有穷人的空间，个体为了同类的幸福准备牺牲自己。今天，生活的渴望有点儿类似于从火灾中得救的绝望愿望。今天，人们准备秘密地放弃某些东西、其良心、其原则；他们准备脱离文明化人类，仅仅为了能够生活。

你们看看父亲和教师的教育变成什么！他们说："加油，去学习，你必须毕业……你应当找个职位……你怎么生活呢？"他们已经忘记说过的话，过去曾是教育核心的话语："我们大家皆兄弟。"

今天的人们走向世界，他们头脑空虚、孤立无援。然而，这些头脑空虚、孤立无援的人们结合不成社会，不能成为道德进步、人格提升的繁荣社会。人们类似于沙漠中的沙粒，彼此分离又相互聚积。这种贫瘠的土地，刮阵风就足以遭洗劫；但给点水足以让它变成不太干燥、较为坚实的土地。必须在这里种植植物，因为只有植物才能将荒漠变沃土。对今天人类的真正威胁不是战争，而是这种绝望的贫瘠、这种发展的滞后。最可怕的现实是人们不幸福：人们不会享受，他们被吓坏了，感到自己大材小用。自身感到虚空！天忙害怕虚空，天性渴望以某种方式填补虚空。

人类真正的危险是心灵的空虚，其余一切都是其后果。

意义深远的是，在这个进步时代，人们发现自身患有某种道德疾病，称作"自卑感"。人能飞，能用无线电波播放音乐，几乎无所不能，却在抱怨自己软弱、无能和不幸。

真正的根本问题是，给人类治病，并根据"人是宇宙之王"的伟大思想指导个体发展。已经获取所有物质能量的人们，现在应当获取自身能力并利用这种能力，把握自己并驾驭时代。为此，必须利用个体，让个体实验自己的能力，教给个体观察世界的真正伟大、拓宽生活领域，并同其他个体进行接触。

宇宙之王，天地之王，可视万物和无视能量之王，这才是应当统治的人类！无疑，其王国是整个地球，但其真正王国是自身。

我用一个小比喻结束我的发言，可能显得并不高雅，但适合说明我讲的内容。

我们想象一位亲王，他拥有一座神奇的宫殿，内部用精美艺术品、东方地毯、奇珍异宝装饰。这位亲王和一位平民女子结婚。这位善良女性以亲王王妃身份进入宫殿，但她脚踩在东方地毯上，却不知其价值，不知珍重、不会欣赏艺术品。于是，亲王懂得和平民女子结婚不足以让她成为王妃，必须让她接受教育。这样，当她重返宫殿时，就成为真正的王妃，并能够享用命运让她支配的东西。

恰好，文明化世界类似于亲王的宫殿，人类类似于平民女子。必须把平民女子教育成王妃，这是真正的问题。不需要其他：不缺少宫殿、尊严、头衔；只缺少教育。

今天，教育至关重要，因为人类有许多东西未知，许多东西未能享用。人类拥有一切！但必须善于利用拥有的东西！必须准备享用它们。

第二个报告

我想让大家更好地理解这一基本观念：教育必须肩负为和平做贡献的任务，这和通常理解的教育截然不同。

在我们时代，教育通常不被列入重大社会问题，也不被看作关乎整个人类的事业，教育被认为无足轻重。相反，致力于和平的教育应当被大家视为基本的不可或缺的因素、出发点、关乎全人类的一个问题。

在社会问题中，今天的儿童完全不为人知，他们几乎成为社会之外的生物。然而，如果我们思考教育能对世界和平的影响，我们就应当首先求助于儿童和对儿童的教育。这就是我们说教育至关重要的原因所在，如果考虑到教育对人类的影响力。

教育不应仅视为教学问题，而是首要的社会问题，因为只有教育关乎全人类。其他众多社会问题涉及成人的一个阶级、一小部分人；儿童社会问题涉及所有人。

我们多次面对着诸多社会问题，它们都是难以解决的问题。我认为它们难以解决源于一个事实：没有重视一个因素——童年的人。人们讨论社会中的诸多重要事情，但都涉及成人；成人对自己思考过多，竭力创造更舒适生活，却忘记自身的一大部分，由于人并不来自成人世界。然而，人从何时开始为人，也就是说成为结伙的人、要求权利的人。

人从出生起为人。

迄今为止，社会关注儿童仅限于其学校教育。今天，我们还从身体上关注儿童，但这种对待被称作"卫生"，而不是教育。我们还说，在幼年，人仅为肉体，只需考虑身体方面。那么，何时开始视为人呢？

显然，如果我们忘记儿童具有人格价值，我们就不会意识到儿童享有最神圣社会权利。

这一断言让人震惊，因为仿佛夸大其词、荒谬绝伦。大家将会说："怎么能说我们没有尽职尽责，如果儿童是我们的至爱、我们的希望？

我们有缺陷，我们不是自觉负起父亲的责任？"的确，我们肯定热爱儿童，我们非常爱他们，但没有发现他们身上的光辉。我们爱他们，或自认为爱他们，却不理解他们，为他们我们没有做应该做的事情，因为我们不知道应该为他们做什么，不知道他们在社会中应当占什么位置。

不久前，人们提出一个非常重要的问题：妇女社会问题。当时谈论被遗忘的妇女显得很荒谬。"怎么，我们忘记了妇女？我们所做一切不是为了她们，我们那么爱她们，我们捍卫她们并准备为她们牺牲，把我们所有工作都奉献给她们！"

同样，还存在儿童社会问题。

我们从多年前就断言，成人错误地看待儿童。成人犯下大错，认为自己是儿童的创造者，应当为他们包办一切。儿童被成人看作空花瓶，要由他们来充实。

成人自认为是创造者，相反应当为创造服务。成人只能成为独裁者，儿童必须盲目服从其意志。

成人并没有把儿童社会问题视为自己的社会问题。

儿童社会问题并不像现代教育家认为那样容易解决，他们说："我们让儿童做他们想做的事情，我们让他们自由，把礼物献给这部分人。"于是，我们仿佛看到乾坤扭转，可以说爆发儿童革命。相反，必须认识存在有待解决的一个问题——教育问题。

指出如下事实肯定饶有兴味：儿童本身已经帮助解决了这一问题。自然，儿童不能给予我们实际贡献，但通过自身表现，可以引导我们彻底改变教育观念，让它切合实际、可以实验和具有科学性。

如果从身体发展观点看，幼年最重要，那么对心理发展同样如此。因此，如果我们想把教育视为准备生活、让生活富有价值的手段，我们就应当从出生起开始教育。教育的最重要时期是幼年，因为在这一时期虽说人格单纯并逐渐形成，但能向我们揭示人形成的规律。正如胚胎学说明构成身体的器官形成过程。

在人的幼年，怎么能够设想教育呢？

在我们看来，教育不是教学，其含义是在学校学知识；在我们看来，教育是保障顺应生活。

教育应当帮助儿童从出生起发展其心理。这不言而喻：儿童从出生起就有心理生活。这一观念开始得到科学研究的广泛支持。现在对新生儿意识的研究，对出生两小时新生儿所做实验，成为当代最引人注目的文献。对我们来说，确实儿童从出生起代表神秘，某种和精神胚胎相似的东西。

在《童年的秘密》中，我论述过这些重要现象。儿童相当聪慧，因此在成人认为没有心理生活的年龄，能够看见并识别一些事物。婴儿在4个月大时，就能看见周围的一切，并能识别物品的图像；1岁婴儿对看多的引人注目的东西不感兴趣，开始寻找不起眼的东西。满1岁后，婴儿就成了"绅士"，为了能够聚精会神，需要更有趣的东西、看不见的东西。否则，就显现出厌烦一切，以致我们说："他还不懂事。"在他们长大些时，这种过程仍在继续：学校女教师知道要让他们感兴趣有多么困难。我们可以说（显得奇怪，却是真的），儿童特别容易厌烦。婴儿从头几个月就感到厌烦，还感到不幸福并号啕大哭，以致人们说哭是发展嗓音所需。其实，儿童具有伟大能力、内在敏感性、观察和活动的强大潜力。所有这些特征，让我们得出结论：儿童生机勃勃。的确，儿童既富有朝气又聪明伶俐。如果他们不具有强烈求知欲，如何能够在世界上确定方向？儿童具有天生素质，可以称作本能、生命力或内在能量，它们让儿童对一种确定事物（而不是所有事物）产生观察力、一种强烈兴趣（如果可以这样说的话）。在这种确定事物中，显现出儿童巨大的力量，如果不用这一事实来解释这种力量，就不能理解它。

我举一个实例：对秩序的敏感性。儿童看物品总在相同位置，代表观察时定向的出发点。一件物品放错位置，可以引起儿童极大混乱、号啕大哭，这种大哭通常被称作"任性"。这种敏感性，一般不容置疑，往往很强，具有赋予人格某些确定特征的功能。

我们把这种敏感性称作"敏感期"。敏感期过后，如果在这一时期形成的特征不完美，就将永远不完美。为了说明这一断言，我将说对物种形成的此类研究不仅限于人类，而且扩展到动物，人们发现所有成长中的动物都有特殊敏感期。敏感期消逝后，会留下确定特性，在敏感期形成的特性将持续存在。

儿童在敏感期最重要的一个成果是语言。6个月大的婴儿就能在环境的诸多声响中区分出人声，并能把人声组合。假若他们是倾听和重复声音的机械的话，那么生活在铁道旁的儿童将永远像火车头那样鸣叫。相反，根本不是这样。可以说存在某种东西，为他们把说话者声音分割开来，并激发他们的兴趣，从而引导他们说话。现在，不可否认的事实是，只有在童年才能完美地掌握语言。事实上，如果一个成人和一个幼童到一个外国生活，其后幼童说的外语和当地人一样，而成人说的外语总带有其"母语"语调。

儿童具有巨大能力，我们不再具有。由此可见，他们和我们不同。当然，我们也具有巨大能力，我们可以用思考来理解；但儿童具有我们没有的能力：构建人的能力。成人应当怎么做？成人面对着这种精神胚胎，应当帮助现实其伟业。

如果儿童没有能够使用自己的智力，那么其智力就会衰退。儿童需要做事情，需要施加行动的对象。他们拥有一件物品，意味着创造一个他们在其中可以活动的环境。何时应当创造这一环境呢？当幼儿刚刚能够活动时。禁止儿童活动，成人认为是在教育他们：成人变成"独裁者"。独裁者希望儿童这样做，儿童服从自己的意志，根本不考虑他人的人格。对他们来说，主要问题是：如何让儿童服从？是用温情还是严厉手段？成人也不知道，时而用前者，时而用后者，但儿童不服从，也不改正。由于问题不在成人的态度。问题是建设性的。需要建设一个儿童活动环境！

为此，我曾说过，能够帮助人类发展的教育是一个内容广泛的问题。必须为儿童和青少年建设一个世界，现在没有这样的世界。

对于儿童来说，正常化和能够从事活动这一事实有关。不能从事这类活动，所有人都不正常。这就是教育问题是社会基本问题的原因所在。

这些小大人，会用自己的声音对我们说："我们在这个世界拥有权利。"这种教育应当从出生开始，儿童应当能够在为他们建设的环境中生活，这个环境符合他们的需求。

于是，可以产生一门新科学，由于这门新科学，开始建设和平世界。实现成人和儿童之间和谐，创造儿童没有过的环境，重建事业业已初露端倪。

教育为能帮助目前世界应具有的形式

今晚的题目是："教育为能帮助目前世界应具有的形式"。

教育的任务是什么？首先要填补空白，而空白太多了。教育的首要目的应当是个体价值实现和人类发展。

提出这种目的的人们自然会想到，为了人类发展，必须培养热爱和平的个体，这样教育出的个体恰恰构成和平社会。

接着，我还要补充，个体的价值实现应当建立在人的天性基础之上，应当从儿童的倾向出发，进而可以预先确定儿童未来可能从事的活动和职业。然而，我不相信仅仅通过这一途径就可以实现目标。这种方法只能预见职业方向，并不能引起社会组织改革。此外，每当人们尝试确定儿童真正天性，让他们能够显现其倾向时，就会有惊人发现：儿童向我们显现意想不到的现象，它们那样显著、不容置疑。儿童对我们说："不要帮我。不要管我。让我自己做。"

所有成人都有过这种经验，但并未加以重视，或者忽视理解这些经验的启示，因为它们显得过于简单。

当儿童自由并拥有在其中活动的世界时，他们就会为了自己发展孜孜不倦地工作。我们还要说：儿童愿意自己做一切事。但成人却不理解这一点，从而爆发盲目斗争。儿童既没有享受游戏，也没有无所事事消磨时间，更没有无目的地活动（像人们通常认为那样）；他们用直接本能去探寻某些确定目标。这种本能驱使儿童独立活动，它要求我们为儿童准备保证其真正成长的环境。于是，儿童从成人（为儿童大包大揽）

压迫中解放出来，就实现其第二个目标——实际确立自己的独立性。

人们总是说：儿童应当自由，但这种自由在于什么？自由只能是每个个体能独立活动。这就是个性形成的条件。若不能独立活动，个体就不能成立。这样，引导儿童独立的本能让我们肯定自然证明的真理：每个社团都由独立个体构成；否则不存在社会，只存在群体。在自然的阶梯上，我们处于较低一阶，是由并不分明个体构成群体；在更高一阶，个体分明并独立，每个个体都发挥自己作用。因此，个体成为形成社会的基础因素、出发点。社会由许多个体构成，每个个体都独自起作用，但为实现共同目标而和其他个体团结一致。在自然中，我们有许多这种现象的实例：同一物种的无数个体一起发挥独特作用，以维持地球生态经济平衡。在这种情况下，各个个体行为无限多样，而群体所起功能总有限。个体独自生活的情况极少，而是大规模地联合以生存。联合可以是有组织的或无组织的。在后种情况下，不构成社会，只有由分开活动个体构成的群体。

这样，我们阐明了教育理念：教育应当帮助个体发展和社会发展。没有个体发展，就不可能有社会发展。正如儿童向我们证明那样，他们刚获得独立性，就运用到社会环境中。如果我们周围没有其他存在物，我们的行为就没有理由，我们从事大部分行为，因为我们联合起来生活。当儿童刚开始在为其准备的环境中发展时，就能摆脱成人、独立行动，不仅立即发展他们和环境的和谐，而且发展他们和成人的和谐。

这种解放行为至关重要，因为自由活动儿童避免或治愈其所有心理畸变，他们拥有自己的力量。

只通过自由活动就能发生类似变化的事实，清楚地证明缺少自由的儿童将沦为不正常儿童。

人们饶有兴味地发现：在不同条件、不同种族的儿童那里，被认为正常的性格（诸如说谎、不守纪律、任性、好幻想）都消逝了，而被全新的其他性格所取代。儿童通过平静活动而改变了性格，并发展了智力。

教育应当致力于个体的发展，从而让个体不仅在幼年，而且在其发展的各个阶段都保持独立性。由此可见，个性发展和个体参与社会生活都不可或缺。根据童年生活的不同阶段，这种发展和参与的形式也不同。然而，通过这种连续变化，同一原则保持不变：必须为儿童提供必要手段，以便让他们能够活动和取得经验。这样，在青少年的各个阶段都可实现社会生活，社会生活随年龄增长变得越来越丰富多彩。如果儿童身旁没有可供活动的东西，他们就不可能成长。迄今为止，人们认为最有效的教学是直接向教师学习，相反是向环境学习。

儿童需要教具做练习，而这些教具就是他们的精神食粮。

如果我们思考，人类在世界建设的一切，并且实现环境的巨大发展，就会顺理成章地认为，人类肩负改造自然的宇宙使命。

人们常说："人们的乐趣是拥有东西。"不对！人们的乐趣是使用东西！为了自身完善而使用东西，同时为了环境的完善。

这一切是个体和环境的一致：使用东西塑造人，人塑造东西，在这种相互塑造中，形成人对环境的爱。这种一致（正如在儿童那里存在）代表在个体和环境之间应当形成的正常关系。这就是爱！儿童不仅热爱物品，而且热爱使用物品完成的工作。现在，当儿童在环境中开始工作，也开始形成团结协作精神，由于无人能够单独工作。生命就这样发展：产生兴趣盎然的工作，这种工作赋予人格价值，从而个体素质提高。然而，如果没有发生这一切（如果某些东西阻碍儿童活动），他们就会热衷占有构成环境的物品，不是和其他同伴协作完成一件工作，反而和后者争斗，不是团结合作，而是产生冲突。

这些就是儿童向我们所做的伟大揭示。在个性发展中，可能有两条道路：一条是有爱心者之路，另一条是有物欲者之路；前者获得独立，并和他人和谐相处、紧密团结；后者沦为奴隶，渴望解放却变成物欲奴隶并孳生仇恨。

这仿佛是两条通向善和恶的道路：一条通向天堂，另一条通向地狱；一条引导人走向超自然的自我完善，另一条引导人低于自然水平。

这两条截然不同的道路不是自由选择的结果，而是人的正常发展或异常发展的结果。

教育与和平

在正常发展情况下，可以证实不仅对万物，而且对所有生命都怀有爱心。这种爱心并不源于教学，而是正确生活方式的自然结果。人们可以断言，当具有爱心时，我们就处于正常状态；当失去爱心时，我们就处于异常状态。爱不是原因，而是个体正常发展的结果。生活中某些情景也可证实这一点：譬如，只有发展到一定程度，男女之爱才能成立；同样，母爱的表达也是作为确定事实的结果。

或许可以用榜样促进爱？但以什么方式，如果缺少爱的原因，会有爱的结果吗？或许作为一种理论，我们可以教授兄弟之爱、人类之爱？为了能够实现这一点，必须形成和人类规律一致的合适组织。为了我们能够谈论这种爱，为了我们能够感受这种爱，我们必须首先符合自然规律或人类超自然规律。许多实例向我们证实，可以达到这种爱；不少人感受到对人类的这种爱，这是每个个体的真正本质。某些人从人类"毁灭"中"获救"，他们过着简朴、积极的生活，恰恰是儿童的生活。这些得救的人士（我们称他们为"圣人"），向世界证实一种爱，它能给全人类带来福音。

儿童强烈感受对环境和所有生命的爱，他们兴高采烈、满腔热忱地投入工作。他们让我们满怀希望：人类能够朝着新方向发展。

我们对未来和平的希望，并不在于成人能够给予儿童的教育，而在于新人的自然发展。

我们可以思考的巨大可能性、得救的唯一希望，恰恰幸好没有依靠我们教学，而是儿童正常发展的结果。

我们可以做的事情，是如科学家那样客观地研究现象，研究决定此现象的诸多事实，发现哪些是导致此现象和继续正常之路的必要条件。

我们能够做并应当做的是，实施环境建设，以提供这种正常发展的条件。

儿童的心理能量，一旦被激发，就会按自己规律发展，从而产生对我们自身的影响。生活在如此发展儿童之旁，这一事实可以让我们产生新能量。和谐发展的儿童，在他们身旁提升自己的成人，构成一幅动人心弦的画面。

这是我们今天需要的珍宝：帮助儿童摆脱我们、独立发展，我们从他们那里获取希望和光明。

在这幅新画作中，成人不再显现为外在世界的创造者，而主要是让每个人面目一新的心理和道德力量的保护者。

为捍卫人类的道德准备，必须达成普遍共识

今晚的题目是："为了捍卫人类的道德准备，必须达成普遍共识"。

这个题目指示必须行动以就某种教育目的达成普遍共识。

当我们谈论和平时，我们不把这个概念理解为国家之间的局部停战，而是理解为一种涵盖全人类的持续状态。通过国家间签订条约不可能实现这一目标。对我们来说，问题不在于为了拯救这个或那个国家而采取政治行动的方式，而是要解决关乎全人类的心理特征问题，进而懂得要捍卫全人类所需的道德应是什么。由于今天不是一个国家，而是全人类，无论居住在地球何处、什么种族、文明差异多大，都受到毁灭的威胁。

当一种危险迫近一个国家，所有人都感到要团结起来保卫祖国，不止一次威胁本身促成原本因政治理想或宗教信仰而敌对的集团结成民族阵线。今天，我们面临的威胁如此可怕，或许是命运所赐，让全人类团结起来共同捍卫。

如果威胁造成一种普遍心理状态，显然我们不可能用武器抵御这种危险局面，唯一可能的捍卫是心理捍卫，它以认识社会机制和道德准备作为前提。

人们可能会问我们："什么是道德，何时道德成为捍卫人类的武器？"

"道德"不仅仅限于我们通常赋予这个概念的狭义。

今天，我们关于道德的观念受到某些戒律的限制：不要损害他人利益，伸张正义，以兄弟情义爱近邻。当道德应作为捍卫人类手段使用

教育与和平

时，它不应仅仅视为一种观念，而应当在实践领域拥有一个坚实基础。

首先必须知道我们人类处于什么条件，支配人类的现象有哪些。那些现象极不清晰，我们徒劳无益地向历史求教益于我们在社会辨别方向的东西。

我们周围存在一些模糊不清的现象，最模糊不清的当属把我们引入战争的那些现象。

我将用某些实例说明，导致人类毁灭危险的心理状态的原因模糊到什么程度。在建议反对战争精神的措施中，我最近听说在教育中必须以新观点加强历史教学。显然，目前进行的历史教学同今天的现象没有直接关系。在分析时必须谨慎小心，由于如果想要在教育中找到"灵丹妙药"，我们却把无用的东西引入教育，我们将会走上一条虚假的道路。

战争不是通过学习历史可以灌输的怨恨引起的。并非仇恨情感把今天的人们引入战争。很久以来，人类朝着克服（通常所说）"民族主义"的方向发展，以致在不久前人们抱怨缺乏民族情感。

新方向引导人们思考超越国家界限的世界。证明这一点的是：每个国家人们都对认识世界其他地方发生的事件感兴趣，或者实地考察；到世界各地旅行的愿望越来越普遍；为了加强各民族间的联系，感到必须学习许多语言，甚至学习一种语言就能更好地和其他国家国民交流。

今天比以往任何时候，能更真切感受到遥远种族（中国人、印度人、日本人）的魅力。今天的进步日益满足这种强烈愿望，提供能克服巨大自然障碍的交通工具。很久以来，人们就显现出彼此融合、观察其他民族生活方式的渴望。为回应这种新渴望，各国采取利于交换和各自交通工具通行的种种措施。

对"故乡"、"故土"的古老热爱之情，被奔向世界各地的冲动所替代。

人们可能会问：由于什么原因，今天人们竭力反对闭关自守、设置海关、为货币交换设置障碍，那样做的唯一目的就是阻止任何交流。

提供对诸多荒谬事情的考察，人们意识到一个重大问题：自己对许多事实一无所知，它们是可怕毁灭的首要原因。

今天的社会组织，大部分人不了解其结构。

只是含糊地提及存在决定事件的经济因素。现在，存在形形色色的不为人知的因素，必须识别并揭示它们。

改革历史教学用处不大，最好研究我们社会的目前结构，人们对其结构浑然不知，由于教育没有帮助理解当代现象。急需一门研究当代的科学，那会是"和平科学"。

依我看，这门科学应当特别考察和利用两个现实。其一，是存在新型儿童；由于我们向他们提供正常发展的必要手段，我们能够发现那些规律，从而认识和从前截然不同的儿童新形象。其二，是在许多方面，人类构成一个国家、这种人类统一性的证据数不胜数，无论从经济观点，还是从物质、智力观点看。

不同民族间的相互依存促成它们的统一，即使现代战争也证明这一点：今天的胜利者未因胜利而富有，失败者反而成为胜利者的负担。

相反证据是各国民族主义兴起的事实，各国不得不切断同其他国家的大量联系。

民族主义原则强迫禁止本国国民移民国外，禁止资金外流，人为地导致人们对本民族的过分依恋，让他们从出生起就开始接受民族利益。

为什么产生这种强制分成国家集团的暴力运动？因为另一方面民族间团结仅仅通过外在结构发生，而没有任何相应道德基础。政治国际主义只考虑一部分人类的利益，并趋向基于取消其他人类权利并摧毁其道德标准的团结。

然而，无论是民族主义者，还是国际主义者都有收获，他们证明当想要引导国民达到一个目标时，不能再像过去那样做，只注意发动成人而不考虑儿童。今天，这两股思潮都不把妇女和儿童排除在发动准备技术之外。

这两个运动都很强大，都有用新观念武装的志士仁人，他们仿佛从不为人知的地下深处突然冒出的清泉。在两大运动都未占优势的国家内，这类人士构成危险，迫使当局采取适当防卫措施。

不幸，这两大对立思潮类似，都像疾病那样传播，从而让其他国家国民害怕。这两大思潮进一步发展，让所有人都强烈地感受到其威胁，以致大多数人不得不问自己，更喜欢哪个，应当选择哪个。这两大思潮都是在纠正社会错误中形成的，在纠正一种错误时矫枉过正，以致二者都像社会疾病一样危险和有害。在二者之间选择，如同在鼠疫和霍乱之间选择。即使鼠疫可以战胜霍乱，或者相反；无疑，最好还是选择身体健康。

如果今天人类是这种状况，这意味着我们当代和过去发生的现象没有丝毫共同之处，我们时代值得研究其社会结构。

今天人与人之间存在的一致、联系主要由于科学进步、发现、发明、机器数量倍增。这样，当科技进步不断影响使人们利益趋于统一时，在精神领域出现有待填补的巨大空白，陈旧的错误造成人们的分裂，这些错误有待教育去纠正。

今天被时代裹挟的人们应当驾驭时代。当人们对目前生活状态做好准备时，就不会被事件裹挟着"随波逐流"，相反会驾驭它们，从而人类不会被各种疾病缠身，被各种危机困扰，社会开始走上健康之路。

人类不再像今天这样害怕，将认识自己的力量和勇气，将组织起来以彻底实现自己目标。

为实现这一目标，必须促进新科学、新学科的发展，这样就会如对立意识形态宣传所做那样，说明并讲授这些新理想。

前面我说过，人类可以建设的新组织大厦的基础是：趋向团结人类和新型儿童。

唯一国家和杰出人物，这是两个现实。杰出人物将告诉我们，应当如何培养具有团结意识的人类。人们应当实现的这个新世界和我们世界截然不同；它或许正在出现，而我们对此浑然不知。我们发现到处都有一些明显迹象；从危害人类的疑惑和恐惧的迷雾中，隐约可见驱散迷雾的曙光，因为新社会已稍露端倪。为新世界培育出新人类吧！

第五个报告

培育新人类的教育只有一个目的：引导个体和社会一起提升。这一理念是综合性的，可能显得模糊不清，但成人人类对地球肩负的集体使命会有助于我们理解：这是全人类的使命，因此也是构成全人类的每个个体的使命。

我说，这一理念可以引导我们确定方向。但人类的使命能是什么呢？

它是一个民族对另一个民族的优势？国民的力量？工业或文化的进步？个体怎样看待自己的使命？和其他个体一起保障生存手段或受教育可能？似乎高于涉及个体或集团利益的这些事情，存在某些关乎全人类的东西，或许还有宇宙本身、创造、普遍和谐。

可以把这些东西理解为一种宗教理想。但我想说的是可能在科学中识别这种唯一、普遍的使命。

我们可以用唯一观点考察地球上的生命。现在，我不能展开这个题目，我只限于提及关于地质学及地球进化的一些现代研究成果。

在此类研究中，最饶有兴味的现象（我说给人深刻印象），是地球由生命创造。岩石、腐殖土都由生命创造，维持和谐也靠生命。海水总保持成分的相同平衡，从而保障生命在海水中进化，但这是生命活动的结果，正如空气净化也是生命活动结果。

地球上的所有生命或多或少都肩负宇宙使命。地球生态平衡和许多不同物种有关，每一物种都有一个独特、确定的任务。动物要进食、生存并繁殖，总之，它们都具有符合关乎其他生命的特殊任务的生命周期。

由此可见，生命被视为维持生命本身的力量。

现在，我想提个问题：人类在地球上是否肩负宇宙使命？人类会从地球中获取宝藏、神奇能量，创造一个超世界、（或我们想说）一个

教育与和平

超自然；在逐渐建设这一超自然时，人类提升自己，从自然人变成超自然人。自然是一个层面，存在上亿年；超自然是另一层面，人类正在建设。

今天人类不再生活在自然中，而是生活在超自然中。一种动物可以直接从地球获取自己食物，但人的食物要由人来生产。为了面包到达我们餐桌，多少人在劳动！一种从远方到达我们这里的产品，能够代表整个人类组织、一种庞大而严肃的组织，它将全人类联系起来。

承认这种组织有助于澄清今天流行的某些观念，它们用俗语表达是"重返自然"、"投入自然"。

今天某些人所说的人造生活，就是人类的超自然生活。我们的生活方式不是人造，而是劳动的结果。否则，或许可以说某些动物的生活方式也是人造的，譬如蜜蜂的生活方式，它们"人造地"生产蜂蜜。人类是伟大的劳动者，善于靠自己劳动创造一个超自然。

然而，人们可能发问：如果动物十分愉快地劳动，为什么人类做不到？人类应当远比动物幸福。人类的不幸福表明，在人类组织和人类建设的超自然中应当存在严重错误。人劳动不应当只为自己和同类为生，还要为伟大、庄严的事业服务，不是为个人利益服务，而是为人类服务。从这一观点看，人类历史变得饶有兴味。通过这种学习，我们参与前人的努力，他们先在地球上探险并从地球内获取财富，后在天空探险并获取宇宙能量，无穷无尽、看不见摸不着的能量。人类取得伟大辉煌的成就！但今天人类却面临生死存亡的问题。

人类没有意识到自己的使命，也没有意识到自己达到的高度。人类业已患病，仿佛循环系统出了问题；从而变得既虚弱又不幸。然而，人类正在履行自己不可抗拒的使命，人类已经形成一体、"唯一国"。

如果衰弱和不幸的人们愿意，可以治愈疾病。只需睁开眼睛，纠正自己的错误，并认识自己的力量。

当我们说需要加强交通与交换时，我们提出一个不能立即实施的目标。必须首先引导人类对此有紧迫感。必须教育！教育可以造就优秀人类，是千真万确的真理，但需要做伟大而艰难的工作。这一工作将是长期的，但和人类已经完成的二作相比是短暂的。

首先要做的事情是，建设一个适合青少年的环境。迄今为止，我们为青少年做过什么？为儿童和青少年建设过什么？可以说"一事无成"，或微不足道。这和动物截然不同，它们为幼崽做很多事情，用自己双手劳动的睿智的人类，却为自己的后代什么也没有做。充斥美好建筑、"安乐窝"的世界里，有专为儿童而修的建筑吗？抽象地爱远远不够，必须立即开始行动，做些实实在在的事情：为儿童和青少年建设其生活所需的超自然环境。

我想就这一点简单说说。

我们最早为儿童建设了环境，提供其生活所需的所有小物品。儿童没有对我们说"谢谢"，而是向我们揭示人类心灵深处的宝藏。对人类心灵、对其伟力和潜能的认识，对我们既是警示也是希望。

于是，我们继续前进！我们为青少年建设环境；作为感谢回报，他们的非凡表现，让我们认识到在为我们（成人）创造超自然时所犯全部错误。

我们为大孩子提供的东西和为小孩子的东西不一样，我们又制作了新东西。为幼儿准备的家具和用具已不能满足7岁儿童，他们需要其他东西。光有房屋已不够用，需要走出四壁，探索世界。需要一个更加广阔的世界。人们强烈地感到必须努力，才能实现其价值：童子军部分地适应这种需要。动员青少年的想法并没有错。错误在于阻碍满足个体精神需要。

现在是纠正错误的时候，要实行伟大的改革，要为儿童提供其发展和实现人格价值不可或缺的手段。

这一任务不能交给私人承担，要呼吁全社会完成这一任务。国家要关注组织儿童的生活。12岁以上少年应当积极参加社会生活，应当生产、销售、劳动，不是为了学会一种职业，而是因为劳动意味着开始和生活接触，参与建设超自然环境。他们应当认识交换、货币价值并自觉地参加生产。

今天，机器最终代替手工劳动，因为人的生活节奏日益加快。然而，那些精美的手工业品（现在重新时兴），可以让少年生产。千万不要因为有了机器，而丧失天才技能！可能让青少年继承这些精美物品的制作！青少年的创造精神还可有其他作为：譬如，今天科学可以让青少年在百花园里学习色彩，这要求细致入微和鉴赏力。青少年可以从事这种平静、安宁、充满美的工作，此类工作可以让青少年个性得到发展和形成。如果青少年应当在某个时刻积极参与人类生活，首先应当感到人类肩负伟大使命要完成，并要为这一使命做好准备：应当静思一会儿。我们称呼这一时期为"荒漠"时期。基督也从童年走出，在开始其伟大使命之前走向沙漠。这样做好准备的人，将能真正地自觉地完成其使命。

今天人们督促儿童学习，让他们抓紧时间，不要虚度光阴，以便在社会立足。小可怜，当他们结束自己的学业时，对社会生活一无所知，将感到被抛弃而迷失方向。那么为什么人们如此着急呢？因为他们学习过，现在把书本抛在一边？

我再也不想多说了。我只说，我们认为，博学多才的灵感应当伴随人们终生。

这样做好准备的人，意识到自己的宇宙使命，将善于建设和平新世界。

闭幕词

我想以大会全体成员名义，对哥本哈根市表示衷心感谢，感谢该城为我们提供如此慷慨接待，感谢愿意参加我们大会、支持当代重大问题——儿童社会问题的当局。

我要感谢派代表（以道义支持）拥护儿童神圣事业的各国政府。

最后，我还要感谢那些来自遥远国度的所有与会者，他们每年都来参加我们的会议，以表示和我们团结一心，为解救人类这一伟大工作共同奋斗的决心。

还有一些人士来自特别遥远的地方，比如美洲。他们的与会，我再重复一遍，证明今天工作的重要性：把人类道德价值从黑暗中解救出来。

我们大会有一个主题：为和平而教育。参加大会的人们，确实因教育兴趣而来，但也被这种教育倡导的目标——实现和平——所吸引。他们这样做，表达了他们的良好愿望，我们希望他们不仅接受我们倡导的理念，而且积极行动起来，因为只有通过实际行动，才能实现和平。

因此，我们希望大家团结一致，携手一起干些具体事情。

首先，每人必须审视自己的意识，看有哪些缺陷、不足，努力加以改正。

或许消除非正义，可能朝和平迈进一步？如果是这样，必须首先承认最大非正义：对儿童的非正义。这种非正义不限于一个集团或一个民族，而是普遍性的。

或许社会进步能够带给我们和平？能够真正解放人类的进步？在这种情况下，我们不要忘记一部分人类有待彻底解放，这部分人类就是儿童。

我们不是相信并重申，为了实现和平，各国国民必须合作？那么，首先需要儿童之间的合作。成人为自己已经做过许多事情，他们为消灭非正义也做过不少事情，他们也尝试过合作，但成效甚微，因为在这一切努力中缺少某些基本的东西。当建筑大厦的地基不牢时，一切努力都将落空。

只要我们没有纠正对儿童犯下的极大非正义，并和儿童合作，所有努力都将白费。如果我们属于希望和平的"良好愿望"人士，我们就应当自己修好地基，为建设儿童的社会世界而努力工作。

在我们面前，儿童形象如同灯塔那样光辉，不仅为我们指示目标，而且为我们指出抵达目标的唯一道路。

一般说来，我们把儿童视为需要帮助的小生命。当他们痛苦时需要得到帮助，当他们啼哭时需要得到安慰，当他们生病时需要得到照料。然而，儿童真正形象已由基督描绘，他从全新的、令人惊奇的视角观察：儿童是成人走向天国的向导；儿童是成人应当洗心革面、效仿学习的榜样。

这种看法同贬低儿童形象的实际素质的认识相距甚远。这种看法应当在现实中从精神层面上被证实。恰恰因为存在这些证明，并且已经成为我们实际经验的一部分，我们才成为这些证明的传播者。这些经验揭示出我们浑然不知的东西、我们为走上和平之路应当认识的东西。

然而，即使我们想要抛弃精神性计划，以便仅限于实际考察儿童，我们同样应当改变观点。

我们希望考察儿童，是说从社会角度，把他们视为人类，作为公民，作为拥有自己尊严、生存权和受保护权的人。无论其出身如何，无论属于什么种族，世界各国的儿童都应当作为公民得到承认。

让我们看看近期的社会进步。人们获得多少权利，在多少领域实现了解放：奴隶的解放、工人的解放、妇女的解放。然而，这些解放都关乎成人。在新的进化中，在新的法律中，儿童公民被忘却了。为他们未做一事。儿童几乎被视为成人的过渡，自身人格从未得到承认。

在法国大革命时期宣布了人权。这其中包括受教育权。但人们怎么做的呢？把需要成人完成的工作放在儿童肩上。儿童的痛苦无关紧要，儿童的愿望不值一提；至关重要的只有一件事：保障成人权利。

要描绘成人对儿童不理解的悲惨画面需要很长时间。然而，今天世界开始懂得儿童生命受压抑，他们受到不公正的对待，对此应当加以纠正。

我们宣传的主要目的是"建设环境"。这一理念不是唯物主义的；它是有根据的，因为考察隐藏在人们心灵深处的东西。儿童的社会环境不应保护其弱点，而应保护其巨大潜能，让潜能充分发展以造福人类。

这种保护工作也是教育工作及成人再教育工作，是为拯救我们拥有的最大财富、并引导我们走向光明——和平——所做努力。

并非讨论并静思儿童的痛苦可以帮助我们，而是新方向使我们思想焕然一新。于是，道路变得更清晰，更容易走了。没有一个男人或女人未曾经历童年，他们不得不承认所拥有能力都是通过童年获取的，对社会也可以这样说。人类未来道路不能是片面的：如果在儿童世界无所作为，那么在成人世界也将一无所获。由此可见，是双重道路、双重人类：塑造的人类和实践的人类。成人在社会生活中从事的每项活动，也应当在儿童社会生活中进行。每一条成人法都应有一条儿童法对应；在帮助成人生活的每个新发现中，都应有一部分帮助儿童生活。不仅要为成人修建房屋，而且要为儿童修建房屋。不仅生产成人物品，而且生产儿童物品。成人享有权利，儿童也要享有权利。我认为在议会应当有维护儿童的代表，因为在议会讨论所有法律，这里关注人的所有物质和精神利益，因此要有人捍卫人类庞大部分——儿童——的利益。此外，还应设立一个儿童事务部，正如每个具有重大、普遍利益事务都要设部那样。这个儿童部也应是保护人类部。

仅设教育部已不够。事实上，教育部仅仅关心特殊问题，当儿童已发展并到上学年龄时才关注他们。相反，儿童社会问题应当从法律及实践方面考察，必须从出生起就关心儿童。在这届大会结束时，我想为儿童播下第一粒社会行动的种子，做点儿实实在在的事情：重建"儿童党"。

为此，我向所有人，不仅与会者，也包括未出席大会者，呼吁他们参加捍卫人类种族和文明的事业。这样理解对儿童的保护，它就是新的、伟大的事业，让儿童（人类一部分）潜能充分发展，就能引导我们实现更加美好世界：这就是通向和平的道路。

"儿童社会党"首先倡议承认儿童及青少年的尊严，为他们争取当代进步条件所要求的社会地位。为了实现这一目标，我们不仅面向与会者，而且面向未与会者；我们不仅想对教育者说话，而且想和广大公众，尤其是具有父亲意识的人们讲话；因为当涉及子女权利时，要由父亲来捍卫。事实上，儿童被自然抛到地球上，就是把他们托付给其父母，父母肩负着爱的使命。当父子都承担新的社会责任时，父子之间的联系就能引导在文明之路上前进。因为所有国家、所有种族的所有人都有子女，他们可在儿童身上找到让普遍利益、目的会聚的焦点。因此，"儿童社会党"不仅必须保护社会免遭诸多恶的侵害，而且要推动形成全人类合作的行动计划。

我的方法 ①

　　当我面对如此众多优秀的听众，感到万分激动，因为我知道如果我不讲儿童的话，你们不会跑来听我演讲。我再重复一遍，这一事实让我很感动，因为让我想到世界正在觉醒，并渴望了解诞生的新王——儿童——的某些情况。

　　今晚的题目是：我的方法。这个题目让我很困惑。我可以说，或许你们不信，对我而言这个题目最难展开，因为我并未构建一种教育方法。事实上，当人们尝试实际陈述这一方法时，不得不求助于儿童心理学。因为是儿童心理学、儿童心灵生活，一步步地启示一切可以称作教育实践和教育方法的东西。如果我有一种教育方法，这一方法也是基于正常儿童的心理发展。

　　相反，所有教育方法都以某些成人活动作为起点，都试图根据成人制定的某些大纲教育或培养儿童，我认为儿童本身应当成为自己教育的支柱：不是人们通常认为的儿童，而是儿童的心灵，在我们所谓方法产生之前，儿童面貌还不为人知。

　　打个比方，有助于澄清我想表达的观念。我们假设有一块翡翠，被包在石头里，我们只有去除那些石头，才能发现首饰原料——翡翠。有

---

① 　这是蒙台梭利于 1937 年 8 月，在哥本哈根的克里斯蒂安堡（丹麦议会所在地）典礼厅所作报告。

教育与和平

人看到翡翠就问:"你们怎么得到这块翡翠?如此晶莹剔透。"我们回答,不是我们创造的奇妙翡翠,它早已存在,只不过隐藏在石头中。关于儿童也可以这样说。

他们启示我们,应当如何对待他们,向我们显现出自己的光辉。

在成人从事献身儿童事业时,首先应当理解和儿童心灵启示的关系。于是,成人所做一切和他们应当给予的帮助都具有重大意义;否则,他们的一切工作都将前功尽弃。这种工作应当实现双重目的:建设适合儿童的环境,确立成人对儿童的新态度。

这是保障儿童健康成长的两个不可或缺的因素。换言之,必须在儿童周围建设一个满足其需要的环境,不仅从卫生方面,而且从精神方面。

在这样的环境中,儿童应当能够自由地活动;或者儿童具有和其匹配的活动动因,应当同了解其生活规律的成人接触。成人不要阻止儿童活动;不要只保护他们、指导他们、让他们活动,却根本不考虑他们的需求。

儿童置于这个环境,他们向我们显现的形象和以往贪玩、消磨时光的形象截然不同。他们变成勤劳的工作者、细致的观察者,而不再是破坏者。在完成自己工作时,表现出的准确(肯定比我们准确得多)和一丝不苟难以置信;他们善于从事具体活动,善于控制自己的运动,他们特别喜欢肃静,严格执行命令。他们不仅仅服从,而且是兴高采烈地服从,并且没有和同学竞争的动因。所有这一切都发生在儿童和其环境之间,在儿童及其工作之间。如果成人以导师及统治者身份进行干预,就不会发生这种现象。相反,成人在这样的儿童身旁,感到自身产生某种奇异的新东西,开始感到被边缘化。成人产生了谦逊感,从而他们想到:"这类儿童可以做许多事情,无须我直接帮助,无须我督促。"

由此可见,儿童自身和为其创造的社会环境中存在神奇指令。这种现象不止一次地得到证实:在为儿童特意准备的美好和富有魅力的环境中,三四十个孩子一起工作;如果教师暂时离开,他们继续工作,生活正常继续,每个孩子都能完成自己的工作。我们经常听到这类对话:

"谁教给你做这个的？""谁做的这个？""我必须自己做。""我自己学会的。"

由于儿童能够工作，并能够和现实世界直接接触，他们才能这样健康成长。这不是教学的结果，而是由于积极的行动，通过努力和直接工作而产生的现象。

我们曾认为儿童在玩耍时幸福；相反，他们工作时才幸福。

对我们方法一无所知的人们，我想谈谈我们为儿童所做的事情。我们为三四岁幼童提供一个拥有家庭用具的环境：笤帚、陶瓷餐具、小桌椅等，所有物品都是袖珍型的。那些儿童兴高采烈，因为他们工作得完美，生活在伟大活动中展开。此外，这些幼童在家中的行为举止也发生很大改变。家长常来学校问我们："请告诉我们，我们的孩子怎么变得如此平静、积极？"不止一次，孩子的某些疾病，比如贫血症、消化不良都消逝了（这是非常奇特的现象）。这证明在儿童日常生活中感到痛苦，因为生命发展需求没有得到满足。在我们第一批学校里，学童全都来自贫困家庭。第一组由工人子女组成，工人必须上班，孩子就在街上游逛。那些孩子胆小，带有弃儿的所有特征。然而，这些曾经有过神经休克的孩子，在为他们准备的环境中，逐渐变得平静和欢乐。即使那些富家子弟，四周总有人陪伴，也从未享有片刻自由，在学校他们通常最不守纪律，但逐渐变得和其他孩子一样。

这样，在这种能够不受打扰工作环境中，所有学童都改变了性格，都变得异常平静和全神贯注。

现在，我不愿相信环境起着神奇作用，而成人完全置身这一环境之外。成人有些事情要做：他们应当教给儿童正确使用物品；譬如，教给如何擦亮金属器皿。为了做到这一点，成人必须准备所有不可或缺的东西：破布、除锈剂等，还要特别细心，因为细心才能引起兴趣。儿童看到他人严格认真、准确无误地工作，也认真、准确地重复工作。然而，他们擦亮一个金属器皿，直至闪闪发光，我们发现令人惊讶的现象（成人做不到）：他们继续擦，三次、四次、多次地重复擦。

由此可见，驱使儿童活动的不是外在目的，而是自我完善。儿童在同现实接触过程中，通过能让其全神贯注的活动不断完善。

儿童的活动方式和我们的截然不同，我们必须懂得这一点。我们重提上文的实例，根据我们的逻辑，儿童应当一次擦亮金属器皿，我们应当阻止他们继续练习。然而，恰恰这种重复练习导致儿童内在发展，其后他们显现出的素质令人吃惊。

儿童能够使用相同用具多次重复相同练习。实验心理学证实这一点，让儿童用立体插件做练习。一个 3 岁孩子用这种教具做了 40 多次练习，他在做练习时仿佛置身环境之外，完全没有受到外部刺激的干扰。无疑，这种注意力的高度集中是发展的动力。

双手的工作总应伴随头脑的工作，根据人格的功能整一性。相反，在普通学校通常把体力活动和脑力活动分开。这一体力脑力相结合原则，让我们能够从事伟大教育事业，让儿童能够同现实世界发生关系。3 岁幼童能够长时间地全神贯注地工作，这一事实让我们懂得儿童具有很强能力，远远超过我们通常认为的水平。在普通学校里，我们为儿童提供他们不感兴趣的教学内容，这很容易造成学习的困难。我们应当发现，儿童的困难何在、程度多大、兴趣多大。

另一现象饶有兴味：儿童对词语不能集中注意力，而对实物很容易集中注意力。

人们已经推断出普通教学的两大困难：其一是普遍承认的，口述教学的困难；其二是引起兴趣的困难。教学问题不在于拥有善于说明看不见事物的优秀教师，或拥有好教材，而在于拥有一个生活环境，在这里存在可以具体代表学习内容的物品。现在，新教育学充分研究教具问题，并广泛应用教具。然而，一种现象没有被认识，学校的所有孩子都患有厌烦症，因为教师教的东西太容易，因此不能让孩子注意力高度集中。

人类需要不断认识，并善于自发学习，其自学能力远比我们想象的强。然而，千真万确，智力若不能充分发展，就会自行衰退，兴趣也会减弱，整个青春期都会能力低下（低于应当具有的水平）。

关于兴趣还有一个至关重要的因素：儿童的兴趣随年龄不断变化，

并非按直线增强。今天让他们感兴趣的东西，以后他们就不再感兴趣。如果人们给5岁和8岁孩子教相同内容，他们学习时不会感到同样容易。我再重复一遍，因为对不同年龄儿童，相同内容不会引起相同兴趣。

因此，教学问题之一是教学根据不同年龄或按不同兴趣划分阶段。我们的经验告诉我们，4岁幼童对认识字母表特别感兴趣，远超过其他年龄的儿童，这一现象给人深刻印象。幼儿兴高采烈地写字，我们把这一现象称作"书写爆发"；但6岁儿童不会发生这种现象。

在语法和数学教学上存在困难，如果在正确的时间讲授，那些困难将迎刃而解。在我的两部近作《心理算术》和《心理几何》中，我描述了7岁儿童发生的事情：他们可以做很难的算术、代数习题，那些代数练习通常要到中学才做；这是因为口述讲解代数和几何确实非常困难。然而，当使用教具为数学抽象提供具体形态时，那些困难迎刃而解。儿童使用这种实际教具，能够根据自己方式理解。在观察儿童时，我们发现他们为了获取知识，持之以恒地做大量练习。譬如，他们做100次、200次练习而不厌烦，相反却感到是在休息。显然，儿童学习的心理过程，会阻止我们把儿童视为某种反映影像的镜子。

学习意味着从事长期工作。譬如，有的孩子受实际兴趣的驱使，做大数的四则运算。我看到一个男孩做一道32位数字乘20位数字的乘法。这种运算非常复杂，很难验算；但这个孩子完成了，因为他自发地需要完成。无论幼童还是儿童都需要重复练习，并根据自己方式走自己发展道路。

这样，从另一观点看，学校仿佛应当是人们通过文化发展自己的地方。文化是手段，不是目的，这种认识有益于教师、教授、父母的活动，并彻底改变教育理念。

无疑，儿童能够独立学习，独立克服许多困难。这种事实使他们心满意足，并提高尊严感。他们可以选择自己工作，这有助于发展其素质（以前通常没有意识到），诸如独立感和主动性。

文化不是生活的全部内容。人降生时不仅有智力，教育不能满足人的所有需求。我相信，对儿童和青少年教育，还应做很多事情。正如我

教育与和平

们为幼童准备适合他们的房屋，同样我们应当为大孩子在外在世界准备促进其社会教育的环境。我们所了解的学校环境远远不够：一个孩子可能接受比其他孩子更好的教育，但他却对世界一无所知，也不具有良好素质。

人的进化不能仅靠文化，问题非常复杂，要求尽快解决。为儿童和青少年，必须准备一个社会环境、一个新世界，从而让个体意识得到发展。

今天需要伟大的教育改革，尤其是社会变革。

教育对实现和平的重要性①

第一个报告②

乔丹（Jordan）教授要求我不要给你们授课，但要利用我们这次聚会，跟你们进行精神交流，把我在儿童身旁的感受告诉你们。

在儿童身旁，我没有感到自己是一位科学人士、一位理论家；在儿童身旁，我什么都不是。接近儿童的最大益处是我不存在，因为这让我看到常人看不到的东西：微小事物、简单真理，却非常珍贵的东西。并不需要总发现伟大事物，发现事物渊源最有价值。全都是些简单的征象，在刚刚发展和进行时就可识别出，它们会变成照亮心灵的火炬，让我们更好地认识和懂得成人社会生活的复杂"迷宫"。

儿童是自发成长的精神胚胎，如果我们从出生起就跟踪，就能发现他们会向我们揭示许多东西。今天的社会生活非常复杂，充满错误和不可理解的矛盾。这是个黑暗时代、精神黑暗时代。先知预言"那一天到来，我们将被黑暗笼罩"，将变为现实。我们四周发生的现象令人费解；人们不再理解自己已经和正在建设的外在东西的起因。今天我们置身于

---

① 1937年12月28日—30日，由荷兰阿默斯福寺市科学协会在国际哲学学校举行报告会。

② 1937年12月28日，蒙台梭利在阿默斯福寺市国际哲学学校所作报告。

一个神奇世界，它是由科学发现所创造的。当我们外在地享用几乎一片光明时，相反我们的精神却被一片黑暗笼罩。

人类具有超过与生俱来的能力，人类战胜距离，成为能量的主人，今天却变得迷惑不解和惊恐万状。可以说今天的人类如同在森林中迷路的儿童，他们不惧怕肉眼所见的东西和藏匿的动物，却惧怕小东西、树叶沙沙作响和幽灵。人类对现实不存在的东西感到惧怕。

人类需要精神安宁及和平，需要光明。

谁能给予他们一点儿光明？

阅读当代作品不能给予我们这方面的清晰认识。当人们探究我们四周现象的原因时，发现我们对环境的认识有巨大进步。人类掌握自然及其能量的一切秘密。然而，对人自身却很陌生。

我们可以相当辛苦地列举物理学的所有发现，但它们是对人类、人类生活、人类目的的发现吗？它们是对错误和真理的发现吗？

无须重复那些由精神直觉向我们揭示的东西。世界已经改变，但人本身、人的情感、人的先入之见发生什么改变？人仍是陌生人，我们用一部名著书名说："人，这个陌生人"。

人的心灵是个谜，在一个不了解的环境中，人的心灵不被理解。即使心理学也未能澄清、说明。

心理学没有发现潜意识典型现象，没有发现本质、真理：对典型现象的说明未能解开陌生人的谜。然而，人是绝对深藏不露、鲜为人知吗？我说，不是。

但我应当加以补充，受压抑的人将永远如此。我们并不能认识人。

必须总重复相同真理：只有儿童能够向我们揭示人类精神生活的秘密。为了能够接受这些揭示，我们成人必须"隐身"，我们要虚心，以便让儿童充实我们。

儿童是精神胚胎，为了让我们走出迷宫，向我们揭示真理。当我们被黑暗笼罩时，是儿童给我们带来光明。

在生物学中也发生类似情况。如何能够理解有机体，不是要从其整体上研究吗？人们开始理解有机体，当研究其发展，当凭借显微镜能够观察细胞分裂时。胚胎学解释了全部生物学。

真理因其朴素被掌握，一般说来真理存在于简单事物中。

复杂社会很难理解，因为它由一开始就由被判罪、受压迫、虚伪的人们组成。儿童向我们揭示了什么？当儿童生活在"适宜气候"中，能够向我们显现出特质，和我们通常认识的截然不同。他们向我们提供活生生的证据：人类能够从源头改变并完善。然而，成人世界必须改变，我们应当团结一致，心向儿童，信任儿童，为他们建构适宜"气候"并改造自己。

于是，儿童向我们预示拯救人类，我们可以说这是圣诞节神秘象征所代表的科学真理。我们再也不必把儿童视为"人子"，而应视为"人的创造者和人之父"。他们向我们揭示更加美好的生活，并带给我们光明！儿童，人之父，善于创造优秀人类。因此，我们必须为儿童服务，并准备能够满足其需求的氛围。

这样，我们能够观察在这种适宜环境中儿童如何发展。我只提及涉及我们生活的几点。儿童向我们显现出各种本能，以前我们并不知道其存在。他们向我们显现一种令人惊奇的基本本能——工作。我们不在习惯含义上使用"工作"这个词语。儿童告诉我们，工作不是一种美德、人的努力，不是必须找到的生存手段！工作是人的基本本能。

人在工作时可以治愈自己的心理疾病。人在工作时精神生活受益匪浅。工作是治愈其所有缺陷的手段：我们通常在儿童身上发现的特征，并非常人的特征。人生来为了工作，具有工作本能是人的特征。必须重构我们的生活，因为在生活中善恶分明。

人们把依恋视为好品质；把服从视为良好道德修养；不爱动、爱想象也都视为优良品质。但所有这一切都会伴随工作而消逝；同时消逝的还有喜怒无常、懒惰、捣乱、说谎。那么，什么保留呢？

涌现出新人，他们没有我们的缺点，他们是工作者，是身心健康者。

这种新人具有真正素质：爱，不是依恋的爱；纪律，不是屈从；能够同现实接触，不是想象。儿童给予我们光明，向我们显现新人、有道德的人和简单、平实的生活，因为健康在于单纯和平实。

我曾提及爱。儿童向我们揭示本质之爱。在自然中我们观察母爱和亲情之爱。我们认识某些爱的形态，而其他形态不为人知，除非有人向我们揭示。

儿童向我们揭示的爱给人深刻印象，直接和工作有关。我们通常了解的爱和人有关，但那种爱是过眼烟云。然而，我们应当思考人类精神并非这种过眼烟云的爱，这是一种永不改变、永不死亡的爱。人们表达这种爱，说远超过对自己家庭的爱，比如对祖国的爱，对上帝的爱。

人们直觉到这种高级形态爱，因为在其心灵中直觉到所有真理，但一般并不应用这些真理。这种高级爱恰恰是儿童的本性。

这种爱是生活不可或缺的火，没有它人不能生存。它不是柔情蜜意。我对你们说，我见过这种爱，我欣赏这种爱，我把它称作"热爱环境"。这意味着什么？这是什么？人们说儿童喜欢五颜六色、漂亮的东西，当他们看到五颜六色、漂亮东西时，他们对那些东西只有感觉，而没有感受到对它们的爱。这不是爱，而是一种感觉现象。和这种感觉呼应的是占有欲。感觉不仅引起神经反射，而且引起心理反应。

通常人们看到一件东西，就想要拥有它。人们越是拥有，就越想拥有。所有人都试图拥有，不管是富有还是贫穷，人人如此！我们不应当说他们是正常的人，而应当把他们视为病人。

存在社会运动致力于剥夺他人财产。占有倾向在社会中组织起来。我们经观察，发现偏离正轨的成人趋向占有和权利，但那不是正常成人的倾向。在偏离正轨的儿童那里，我们清晰地发现这种占有欲：他们永不停息地索要，他们得到越多，就越想拥有。这不是热爱工作的儿童，是有感觉、无爱心的儿童。

热爱环境是人的所有进步和社会进化的秘密所在。善于生存的人们显现出对环境的热爱，他们能够保持廉洁、正直，或者在自身发现正直、廉洁。热爱环境引导人们去认识、研究和工作。

在导致占有的爱和引导工作的爱之间存在什么差异呢？

爱驱使认识，促进所爱事物和生产精神之间的接触，出现工作、生活和正常化。爱驱使对我们觉得令人厌恶的东西的研究。在美国有人对蛇"情有独钟"，便致力于对蛇的生活及其习性的研究。爱的对象并不重要，爱在促进人类智力活动、生产活动和在地球上的劳作。文明的全部成果都是人类劳动创造的，存在的每种新事物都是热爱环境的人们创造的：面包、房屋、家具，等等。我们在社会环境中拥有的一切都是各种劳动形式的产物。

能够感受到爱的人们拥有更多优点。当物和人的精神进行交流时，非常深刻的东西就将苏醒，即人的尊严。

爱是行动的本能—向导。即使在动物中这种本能也苏醒。如果人的这种本能没有苏醒，就不可能有正常生活。人不会产生工作兴趣，相反会感觉疲惫不堪；没有爱心，只有愤恨。疲惫和愤恨就是占有的黑暗迷雾，让智力黯然无光。错误就源于愤恨。

教育人要彬彬有礼，要品行端正：正常化的儿童拥有爱心，他们自发地相敬如宾。哪里精神境界高，哪里良好教育规则就变得多余；然而，没有这种崇高精神境界，一切都应当学习。当人们已经冷漠，并非体贴入微时，外在形式不可或缺。一切都应当学习，一切都落在我们肩上，我们沦为奴隶；我们被教育要努力做到相亲相爱。哪里愤恨占统治地位，那里就不可能相亲相爱。

权利和占有让我们沦为奴隶：不是基于爱和正义的人类社会，而是产生这样一个社会，那里所有人为了生存都不得不戴着面具，把真相隐藏起来。本应成为欢乐源泉的劳动变成负担。让我们牢记原罪："你必须汗流满面才能糊口！"

如果人们没有走上斜路（被抛弃被虐待儿童的后果），将会感受到对环境和工作的挚爱。他们将是正常的人。爱是结果，不是起点。不是宣扬爱有益，不是愿望可以产生爱，爱源于良好道德基础。

杰出人物为我们提供这种爱的范例，阿西西的圣方济各就是如此。

当我们模糊地意识到正常人的出现，我们就可能理解优秀、正常人类必胜。

人感到精神力量促进自己提升，给予人一个光环：热爱"环境"。

神圣的觉醒驱使人去实现神奇目的：创造超自然世界。

人应当征服地球；如果人不正常，就应当通过斗争、愤恨、痛苦变得正常；人如果正常，就会感到生活幸福、身心健康。人应当服从自己生活规律。由于生活规律是隐秘的，因此应当去探寻。

超自然与唯一国[①]

对自然的研究和对动物的观察，成为在整体上解释某些社会现象的关键。

达尔文的理论，在其著作中概括为"生存斗争"、"自然选择"、"适者生存"，事实上帮助我们理解各民族的重大事件。在其理论中隐含着优秀人类观念、人类冲突性质、弱者沦为强者牺牲品的命运。

当然，还存在涉及生命初期——童年——的其他本质现象：儿童软弱无力还不能进行生存斗争。事实上，在达尔文理论中还找不到对此类现象的解释和说明。达尔文理论还缺乏关于动物成体为使幼体具有物种特征而对其保护的阐述。

在动物的生活中，我们没有发现类似现象吗？动物成体在被呼唤保护幼体的时刻，几乎彻底改变其争斗的本能，这样也改变和其他动物的关系；即使猛兽也变得温顺，不再争斗。譬如，重要的现象可以在昆虫中观察到，成虫准备保护幼虫，在幼虫出生前就开始工作并修筑隐藏处：保护幼虫本能指导其工作。

非常奇怪的是，杰出建设者——人类没有提供自觉保护后代的范例。如果我们把人类和蜜蜂比较，我们发现蜜蜂工作总为物种服务，而对自己毫不关心，相反人类并不关心为后代建设。何时和什么情况下，人类才显现出保护后代的本能，为他们建设美好、适用的东西呢？何时成人抛弃自己的利己主义，为物种生存做些贡献呢？个体并不重要，

---

① 1937 年 12 月 29 日，蒙台梭利在阿默斯福特市国际哲学学校所作报告。

未来世代生存至关重要。

在社会生活中，只有汇集许多未知数的宗教表示对人类生存的高度担忧，因此我们有时感到需要求助于宗教。

人们通常把动物本能区分为截然不同的两类：一类关乎保护物种，另一类关乎保护个体。

在我们社会生活中，在我们社会活动中，只显现出成人对新生个体的保护本能。结果，儿童整体被忘却了，还忘却建构正常生活所不可或缺的东西，正常生活不能只是成人特征的结果。生存和存在（为能够解释）要求两种本能同时发挥作用。

在组织人类生活方面存在不少根本错误；基本需要被忽视了，人生命初期缺乏向导。成人犯了大错，他们认为儿童四肢无力、不会推理，因此微不足道。由于成人惯于重视确定行动的外在目的的意愿；儿童在对其意愿一无所知的世界不可能提出目的，因此在成人眼中儿童不值一提。

宗教通常给予崇拜圣母和圣婴以独特地位，几乎为生活中没有表达的东西提供直觉形式。

今天，从生物学上考察生命和地球存在有关，这种观念可以更清晰地说明社会生活的必要性；这种观念比普通观念更接近真理，普通观念认为所有生物为适应自然应努力改变。研究生命就停留在此处：理解为自卫和适应。然而，还有另一观点，其视野更开阔，引导以另一种方式考察生命。

生物需要适应的环境是什么？地球、腐殖土、大陆。必须把土地视为动物所创造；目前状态的腐殖土，也是动物作用的结果。为什么空气和水的成分保持不变？为什么河水永不停息地把碳酸钙带入海洋，海水没有改变成分？植物保持空气的平衡，动物维持水的平衡；石珊瑚夺取了海水中的碳酸钙，并构成岛屿和大陆。

生物创造宇宙平衡；动物生存不仅离不开环境并适应环境，植物同样如此；可以说生命是世界创造力量。

生命维持生命。动物是工人、创造者、环境的净化者和维护者。它们所作所为不是为自身；它们力求达到的目的不是自身物种的保存，而是世界的保存。千真万确：它们的行为，它们的活动，直接致力于保存物种（受保存个体和物种的本能驱使），但它们还服从更高目的：它们的行为不仅为保存物种，更为创造世界。

动物具有某些功能，似乎对保存个体特别需要。某些动物不停地进食，有时吃令人作呕的东西。譬如，蚯蚓就以土为食物。如果蚯蚓为了适应环境，为什么不吃其他东西呢？它们不停地吃土，不是为了自身，而是为了改良土壤，为了产生腐殖土。

还有乳牛不停地吃新鲜青草。这种悠远时代的动物不得不适应这种功能，并形成特殊器官：长着四个胃。乳牛不能吃其他东西吗？我们可以把乳牛比作一种化学实验室：乳牛是永远工作的机器，通过小小努力就能生产重要产品——乳。这是经济所需的工作。昆虫在寻找进食花蜜时，就传播了花粉。保存物种本能驱使蜜蜂构筑神奇的蜂巢。动物往往吞食腐败的尸体，行使净化者的功能，扩大神圣甲虫的有益活动。人们崇拜这些非常奇特的动物。印度人崇拜乳牛，埃及人崇拜甲虫。可见人们并非没有直觉：这些动物承担神圣任务。那么，睿智的人类，拥有大脑和双手的人类，在世界上没有要达到的目的？

常言说，人应当享用创造物；但人根本不会享用！享用什么？享用世界？但人不追求享受，相反作出努力和牺牲。人有更高目的，不在于享受物质生活，也不在于保存物种。如果动物的目的都不限于此，那么人类更不应满足于此。无疑，人拥有精神直觉，虽然被摒弃在生活之外并托付给宗教。

人没有把自己的生存、个体和物种的保存作为基本目的。保存成人个体的努力，仅仅是完成其使命的手段和部分，其要达到的目的，其存在的理由是创造环境。

人或许为了享受而降生，为了做宇宙之王而降生，但他们仅仅在地球上活着，就不可能实现这一目的。人应当为实现其生命目的而活着，这一目的在世界上、在自然中并非显而易见。人向这个目标迈进，但看不见它，且没有意识到它，这个目标就是建构超越自然的东西。但人为此目的而工作，却没有觉察到它，恰恰由于没有意识到它，才迷失和空虚：人并非轻松、愉快地反而费力、痛苦地去行使使命。无人能够逃避这种生活最高目的，只能选择痛苦地还是愉快地实现它。如果人理解自己的使命并自觉服从自己生活规律，那么几乎能够突然改变其生活，以前感到困苦的地方，现在感到欢乐。

正如我已说过，通过对儿童的观察，我们懂得人的基本本能是工作，儿童能够从早到晚地工作而不知疲劳，仿佛他们的工作是由自然安排的。

疲劳不是自然现象，疲劳不是工作的后果，而是错误的后果。儿童工作不会疲劳。他们告诉我们，我们拥有无穷无尽力量，却没有充分地利用。

显然，人生来就是手脑并月工作的。这是创造者——人的唯一天性，人的功能应当是统一的，同时涉及手和脑。从人类出现初期，就发现劳动的踪迹；和其他生物相比，人的劳动方式截然不同：人不总干同一件事，不仅仅在一个周期活动，如同石珊瑚那样。

人在世界上可能承担所有任务：所有动物的，所有无生命的，水和空气的任务。人能够适应并从事所有形式劳动，能够把各种工作分派给个体。

热爱环境驱使人们选择自己工作：他们听到召唤，就去履行自己使命；于是，他们作出牺牲，在劳动同时改造环境，创造另一个世界，它遍及整个自然，它是某种超越自然的东西，是人利用自然中存在一切所创造的东西。

人化超自然和纯粹自然截然不同。

为什么我们把蜜蜂构筑的蜂巢称作"自然，"而不把人修建的石板路称作"自然"呢？为什么乳牛属于"自然"，而化工设备不属于"自然"呢？为什么净化自然是"自然的"呢？

因为人类走得更远，他们在自然界中创造人造东西，从岩石中取水并带给生物，深入地球深处开采煤、金和宝石，并把它们带到地面。

人类是超自然的创造者。他们统治物质：今天他们获得自然本身不能提供的物质；他们还占有地下的能源，并利用它们创造超自然。就像大神朱庇特抓住雷电霹雳创造奇迹：他来征服天空。然而，人未能识别这些现象，未能靠自己智慧把握现象本质，未能发现征服的伟大目的：创造超自然世界。

在这种努力下，人改变了自身；尤其在近期，产生新特征：其智慧倍增，但和其智慧匹配的情感缺失，因为他们生活在谬误中，所以不会产生情感。他们受愤恨支配，不服从自然规律。然而，他们会非常缓慢地萌生崇高情感，正如彼此团结的情感。他们还应当创造和谐。

人是整个地球的统治者：改造并征服环境，从他们创造文化和文明之时就开始征服。人格也在不断地变化，我们看到出现英雄主义、牺牲和献身精神。伴随超自然的建构，人类也在进化，这不仅是自然进化，而且是人格发展。征服由少数人实施。譬如，文字，这种超自然杰作就是某些人给予其他人的礼物，它能够在人类中保存并传播智力作品。数学精神也是本质的：缺少数学精神，不可能设想进步，因为数学智慧促进相当部分进步。因此，儿童应当找到一个能够发展其高级本能的教师。在这种意义上，教育就是人的天性和超自然世界之间的交流。我们还需要认识到：今天人类不再仅是解剖学意义上的自然人，他们还是凭借建构科学智慧而不断进步的人。

人再也不能生活在纯自然环境中，如果他们再不能只用脚旅行，或只用肉眼观察：一切都在可能超越自然界限基础上建构。因此，必须对这种新生活做好准备：这就是教育的必要性。

超自然人不再是自然人。他们是巨大力量的主宰，他们应当会使用这些力量，利用这些力量为自己服务，让这些力量发挥作用。他们已经创造了一个神奇超自然，并利用其能量。从这种创造本身诞生神奇新人形象——超越物质观察、倾听并提升。

人类还完成另一种奇迹，这一奇迹是一切的基础，是一切的关键，它是最大的奇迹，也是意识不到的奇迹：人类智力的进化。人们彼此可以非常容易地交流。在历史长河中，人们组织起的集团越来越大，这样今天全人类构成一个集团；人们并没有意识到这一点，但这就是现实。可以说今天全人类要行使共同职责。不再存在截然分开的集团，直至昨天仍存在。共同利益把各个集团结为一个活跃的机体。没有一个现象只打击一个集团，而不让另一个集团承受后果。或更确切地说，每个集团的利益也是所有人的利益。再不能说一个文明中心，因为文明在扩散，没有办法逃避文明；再没有小偷避难所，也不再有流亡者。全人类形成一个机体，但继续生活在一个过时情感世界内。今天人类要建构唯一统一体：唯一国。

唯一国覆盖整个地球，并把所有人团结起来，所有财富聚集起来。害怕贫穷的情感应当消逝。摆脱这种惧怕的人们应当懂得，不要只在地球——矿山或地面寻找财富。人的唯一财富，创造一切的第一原料，是人类智慧，这是取之不尽、用之不竭的珍宝。

这就是教育不仅应当保护人格，而且应当引导人向更高目标迈进的原因所在。更高目标是挖掘保障人们幸福生活的财富——人类智慧和人的正常发展。不要丧失任何一点儿此种珍宝，正如过去没有丧失地球上其他珍宝一样。一切都应当珍惜。

人的财富是其智慧，是人格平衡和统一机制。由此可见，今天需要的教育是这样的：引导人格实现人的伟大。

个体教育[①]

我们时代的一大特征是，外在文明达到的水平（近几年突飞猛进）和人的发展水平滞后（比原始时代略有提高）的差异。

为了恢复平衡，必须作出普遍努力，旨在提升人格尊严，达到由人类劳动及智力创造环境的高度。因此，今天教育具有至关重要的意义，不仅限于促进文明发展（过于先进）。我们必须毫不迟疑地集体努力以

---

① 1937 年 12 月 30 日，蒙台梭利在阿默福斯特市国际哲学学校所作报告。

益于人格发展。这不是通过教育者的简单共识就可奏效，要求集体潜意识推动才会有效。今天，教育以统一方式进行，走着唯一一条小路，因此不能促进人格发展。

那么，需要怎么做呢？

回答问题不似提出问题那么容易。目的不统一，由于缺少想要从事事业的意识。

我们从澄清某些基本观念开始。什么是人格？对它的界定并非清晰。必须很好区分个性与人格。从一个不确定点出发，但问题在于知道应当发展什么。

这里，正如在许多其他情况下，我们应当虚心向儿童学习，问问他们我们想要懂得什么。从一开始光就向我们闪烁，从一个离虚无很近的点。只有儿童能够引导，当我们内心准备追随他们之后，他们就会引导我们从零开始发展。儿童让我们懂得一件至关重要的事情，它在一般教育实践中未被理解，也未被采用。他们向我们揭示人格全部发展的基础，儿童仿佛超人，在发展其人格时没有有限目标。在这种未定人格内存在某些积极并实际的东西，是不受他人影响独立建构个性。

儿童向我们揭示教育进程原则，其公式为：教我自己学！当成人试图越俎代庖时，他们拒绝成人帮助。成人应当帮助儿童能够自己做事，由于如果儿童不摆脱成人帮助而独立做事，就永远不会实现其智力和道德的充分发展。

心理分析支持这种经验，并且为我们指出心理学的新方向。心理分析告诉我们，一个人依恋另一个人，就会感到没有那人帮助将一事无成，甚至受到某些精神疾病的折磨。只有摆脱那种心理依恋，才能身心健康。

自由个性是一切的基础。没有这种自由，人格就不可能充分发展。自由是一切的基础，当个体不靠他人帮助能够活动，意识到自己是生机勃勃的主体，就迈出了第一步。这是自由的原始定义，它似乎和人的社会性及人类集体功能相冲突。如何能够让个人自由和社会生活相协调，让个人自由受限制并服从社会法律？在社会生活实践中遇到相同困难、相同明显矛盾。然而，自由是构成社会的必要基础。如果没有个人自由，人格就不可能实现。

这里，我们陷入观念的迷宫。只有儿童能够带给我们光明，做我们的教育向导，并且帮助我们理解社会生活的复杂性，以及人无意识地渴望解放，从而能够实现更美好社会。人追求自由，为了建设超自然社会，人要求自由，不是为了孤立，而是为了生活。

我们应当求助于生物学，它揭示许多长期不为人知的生命秘密，以便廓清个体和社会的关系。我们考察动物的进化。原始动物形成群体，在群体中每个个体一起过着相同生活。譬如，腔肠动物如同形影不离的兄弟：有的个体负责消化，其他个体负责外部防御。通过多个个体体现整一生命体。这是腔肠动物没有进化的情况。然而，动物进化的顺序从分开的个体开始。

只有个体能够构成社会。譬如，蚂蚁由数不胜数的个体组成一个"社会"，而在原始动物那里不可能做到。

分开的个体不仅显现出更大复杂性，而且存在无数个体联合的可能性。它们不仅仅能够形成集群，而且能够形成真正"社团"，在于根据社会功能进行分工。

当进行集体行动时，就出现"社团"，正如当鸟群进行定期迁徙时，各个独立个体形成群体。

存在一种基本自由——个体自由，它对不同物种进化不可或缺，有两个理由：

1.它给予个体完善的无限可能性，为人提供全面发展的一个起点。

2.它提供形成人类社会的可能性；自由是社会基础的问题。

必须让个体能够自由，不依附他人。问题复杂性在于为人格自由发展提供包括环境在内的手段。环境不仅应当让个体自由成为可能，还应当使形成社会成为可能。必须为人类培养提供科学准备基础，并且一步一步地跟随人类培养。

我们学校迈出的第一步，是给予儿童可能性——向我们做伟大揭示，并帮助我们科学地跟踪。首要问题（其余问题取决于这个问题）是帮助儿童发展其自由个性及所有个体功能，促进益于实现社会组织的人格发展。

个体的自由、孤立本能驱使能够独立活动，它构成一个"教育层面"。这是教育本身的第一个"层面"。第二个层面引向社会、成人的组织。在我们看来，第一个层面可以在学校——小学——确立，由于需要为组织自由活动提供材料。第二个层面在中学确立，人们隐约可见人格和社会组织大发展的可能性。这就是人类社会发展的两个层次，如果教育宗旨是培养人及其人格，为人类真正进步并拯救人类做贡献的话。

这种观念把人类提高到发展环境的水平，并消除人类和环境之间的不平衡。为拯救人类教育不可或缺，教育不是首先促进物质进步，所有努力都应当为培养内在人做贡献，而不是和环境做斗争。我们必须认真思考、积极工作，以便深化对人类心理和（作为对人帮助）教育的认识。教育的目的不应当是利用人类力量发展环境，由于人们终于开始懂得教育基于人格发展，在此意义上，教育对于拯救人类具有至关重要的意义。

如果教育是这样的，无须对学校、教学大纲等担忧。教学大纲总是作为辅助手段，但不应当为了一个尚未意识到的目的，就把它们强加于人类。人类必须清晰认识教育的目的所在。然而，今日教育并不重视人格，也没有发展人格，因为它从一个不仅错误，而且危险的观点出发。它建立在虚假基础之上，这个虚假基础构成对人类的真正危险。今日教育不了解人格，就会把社会视为没有个体的群体。今日教育没有认识到依附和顺从在扼杀人格。观念相当混乱，以致人们认为在自由人格和社会之间存在矛盾。人们提问："一旦人格变得自由，社会将沦为什么？"

我们必须从这种误解中走出，因为它代表没有出路的危险。这种误解是对组织社会认识充满错误、缺乏清晰概念的结果，那些错误对人的进步，有时对人的生活本身造成障碍。

今天，我们认识必须给予自由，必须教育群众、所有人。这是无意识的呼喊，要求人们看清事物，这是捍卫人类的呐喊。

"教育方针"应当有一个基础、一个人类目的：人的进步成长；通过儿童实验，我们揭示出这一点，由于受启发的自由活动的儿童向我们显现人类的真正规律。

今天，我仅谈两个层面，通常我们区分教育层面是四个。这种顺序不是我的，也不是儿童的，这是成长中的生命的顺序。我们成人生活在巨大混乱之中；我们能够给予社会组织一个可怕混乱基础。

儿童显现出对秩序的基本需要，从降生第一年开始；儿童强烈希望环境的秩序，当儿童自由地并符合天性地生活时，观察他们如何遵守纪律将饶有兴味。

成人没有教他们守纪律，他们也不认识纪律，但从生命初期开始其成长就需要纪律。让我们重新思考《圣经》所言："在人类社会存在伟大事物：国王、财富；但有一个事物从未看见，即纪律。"这就是许多文明终结的原因所在。

纪律是人的基本本能，儿童向我们揭示出这一点。这是其正常天性受保护的需要，保障不偏离自然之路。

当我们谈及自由人时，我们首先应当修正某些观念。当人们认为自由人和社会秩序及社会纪律相冲突时，存在巨大的思想混乱。相反，通过帮助人遵循其本性规律不断成长，将会实现比我们社会更完美的社会。如果我们反对将人沦为奴隶的人为纲领的话，并不意味着我们反对确为实际规律的秩序和纪律。我是以我的主——儿童的名义这样说的。

儿童——自由人，应当教导我们和社会：实现平静、秩序、纪律及和谐。当我们帮助儿童时，我们就产生爱心，为让人们和睦相处，为了创造幸福生活，我们特别需要有爱心。

目的不是学习。和人类创造的奇迹相比，教育处于非常荒谬的低下水平。我相信，人们很快就会感到不可思议：教育被限制在如此狭小范围内，导致它根本不可能解决社会问题。我们可以把教育看作是对童年全部生活各个细节的强制性、专制性干预；这种暴君权力徒劳无益，不会给任何人带来好处。这种组织背离良知和效用，由于我们今天生活在人们强烈渴望自由的时代。认识这种奴隶制很困难，它从人一降生就阻碍人成为自身，从而从根上切断不可或缺的人格。朴素真理向我们表明，成人给儿童规定的清规戒律是强制性的，必须去除这些清规戒律，因为生活规律能够指导儿童成长。教育纲领是可以改变的；但生活规律是不可改变的。如果我们把教育建立在生活规律之上，我们就会创造真正的"教育纲领"，而不是教学大纲。

个人自由是第一个"教育纲领"的基础。我们应当想方设法让儿童能够独立活动（我们在上文已经提及）。成人应当提供帮助，而不是设置障碍；应当首先帮助儿童，千万不要用盲目权威（不考虑其目的）欺压他们。我们应当真正帮助儿童满足其需求；让他们自己活动，因为只有活动才能生存。必须让他们自己工作，不工作就会患病，我们常常看到偏离正轨的儿童受到真正精神疾病的折磨。

不仅限于人的帮助，还应当让环境帮助，因为在环境中功能得以实现。新教育学的科学方向是研究发展所需的环境。当我们说成人不应当干预儿童活动时，我们背离某些人的观念。那些人提出质疑：莫非我们应当让儿童独处、被抛弃？

我们生活在超自然环境中，我们不可能生活在纯自然环境中。我们为儿童的超自然环境未做一事，而蜜蜂甚至低级动物为它们后代做了许多好事。为发展自由人格，正常儿童需求广泛，但我们把他们关在家中，为他们大包大揽，不为他们提供自己活动的手段。我们必须为儿童和青少年创造其发展所需的"超自然"环境，直至他们进入社会生活。为了保护我们人类，要由我们建设这种环境。

这就是教育的使命。因此，我们要团结起来，努力建设这种环境，让儿童和青少年独立生活，以实现大家期望的目标：人格的发展，形成超自然世界和美好社会。心灵应当在超自然世界建构。

由此可见，儿童应当拥有自己的环境，成人应当帮助儿童。这里，我们谈谈教育实践。需要做什么？停止给儿童讲故事？停止游戏和体育运动？有时人们认为，自由在于迫使儿童接受特别艰难生活，而现代教育想要阻止这样做。

然而，或许生活不是艰难的事情吗？自由生活是一件严肃的事情，而且儿童再一次教导我们，当能做有益事情时，努力去做实际、强大、困难和严肃的事情（某些建设性事情），会感到无比幸福，因为人类倾向于天天向上和有目的地行动。为了发展心灵和智力——儿童生活，需要大量教育和一个适宜环境。

人们错误地指责我们想要剥夺儿童的欢乐。完全不是这样！我们不想给予也不想剥夺儿童的欢乐。我们的学童不爱玩，工作让嫉妒消逝，工作让懒惰消逝，他们想做各种工作！和其他儿童相比，他们要早熟。个体为了其智力发展显现出独立工作倾向，同时产生爱心并导致幸福社会。

儿童脱离生活，在游戏中不会感到幸福。那些只会娱乐的人们很快患上忧郁症，就证明这一点。学校有责任让生活（真正人的生活）更幸福，应当提供和他们相匹配的环境：袖珍建筑、袖珍家具，或向他们介绍伟大思想、伟大发明；将成人的抽象东西具体化，从而让崇高的东西进入他们头脑。必须让儿童通过物后手段上升到精神秩序的高度。必须为他们提供伟大思想、伟大发明。这样，儿童才能够生机勃勃、满腔热忱，并且神奇地持之以恒地工作而不知疲劳。显然，个体为了自己成长而工作；每个人都想着自己（虽说不是有意为之），每个人都为自己行动。因此，可以把儿童视为利己主义者。然而，他们不是通常意义上的利己主义者。利己主义来自有财产和权力的地方。儿童的利己主义类似于修士，后者想要远离尘世，独立地修炼自己心灵。

我们如何能够培养儿童个性而不让他们和我们分开呢？

童年是个体应当脱离他人独立成长的时期。这就是自我教育的生活。在一个困难、庞大的世界里，恰恰是儿童感到虚弱。他们需要的是保护，而不是暴政。当成人送给儿童东西时，让他们感受到成人的强势，这也是一种专制形式。处于自由的儿童也感到需要保护。他们需要激励并寻找激励；他们并不傲慢，去向成人炫耀自己的工作；他们兴高采烈，是因为工作出色，是因为了解所做工作。他们需要激励，为了继续其艰难工作：人格发展，精神胚胎工作。

因此，童年时期特征是保护人的自由，生活在人造氛围中的人，应当被满足需求的环境被包围。环境应当是袖珍的，但绝不是成人物品的机械缩小。如果人们想给儿童讲授宗教课，所有这些思想在宗教理念中都有概述。在给幼儿介绍宗教时，应当把它理解为上帝对个体的保护。儿童总受到守护神的保护，守护神肯定不是暴君。祈求上帝关心自己及其亲人的儿童，在祈祷个人保护。儿童知道有主关心自己、爱自己、保护自己。这是儿童的宗教观，和其生活形态相一致。智力没有充分发展的成人也存在这种观念，他们在宗教中只寻求保护。这种情况表明人的发展滞后。

当儿童经过个体形成期以进入人格形成期时，人们根据第一层面构想的中学教育和天性冲突。

现在，必须改革教育方针。开始社会形成环节，必须让个体能够获得社会经验。

认为大学为社会生活做准备，这种看法不成立。所有学校都成为个体为社会生活成长的障碍。如果大批青少年不得不关在一种监狱里，如何想象社会教育？不存在社会生活。存在我们没有发觉的巨大矛盾。学校不为社会生活做准备，却为一种职业做准备；让人为从事体力或脑力劳动做准备。所有人都奴隶般地从事自己职业。说真话，由于犯了损害社会生活的错误，我们真正牺牲了社会生活。我们不可能支撑社会，相反面临陷入毁灭的危险，因为学校只为谋生培训职业技能，但社会需要的是真正的人。在更好的社会，他们当然可以维持生活，但仍需要给予他们大量系统、广泛的知识，因为在成长期可以接受许多观念。我们只给予必不可少的教育：这太少，这是严重错误。必须走一条不同的道路。

由于目前青少年不得不把所有时间用于学习，他们不可能获得社会经验。为了让青少年获得社会经验，社会必须为他们准备合适环境、适合他们的超自然环境，在此环境中他们可以实际、有效地实验社会的方方面面。

在这个时代需要另一层面的独立性，由于在社会生活中也需要独立性。在社会功能中，劳动和为生必须彼此独立。社会应当提供特殊环境，在此环境中青少年可以为生。应当为他们提供真正可能性，因为他们要从事建设超自然环境事业。因此，必须为他们提供实际生活、学习、智力和双手训练的可能性。然而，不能用中断学习、体罚来促进进步，体罚会引起心理疾患。人格应当通过各种可能全面展现。目前，人们被"判处"从事体力劳动或脑力劳动，我们可以说脑力劳动者是残废者，而工人是斩首者。人们尝试靠情感实现和谐，但这是不可能的；必须凭借功能才成。人格应当全面展现。可能存在优势，但应根据不同个性进行选择；个性总是如此，但不是本质的。发展应当跟随生命（高于我们现在生命）整体表现，那时我们将提升到更高层次。

这就是第三层面，其特点是为二作准备人类心灵，作为基于社会经验的生命功能。人进入世界，应当首先感到其社会责任。如果没有社会责任感，作为社会个体，我们将不仅仅无头无手，不仅仅自私自利，而且没有良心，不负责任。在一个如同我们社会的社会里，充满复杂性和危险性，这种责任重大。因此，必须培养负责任、有担当的人。

在大学里根据考试成绩授予学位，但这些考试成绩往往取决于偶然情况。社会把它不了解的人接受到其组织中，那都是一些没有觉悟的人。真正的考试应当是精神的，应当通过其事业显现其能力；这样社会就能知道候选者的价值，认识到他们是有用之才，他们意识到自己的责任，这种责任感指导其行动。这样，就抛弃学校，打开生活的大门。

第四层面是生活本身。我们放弃那种强制教学，这种教学迫害青少年，让青少年成为其牺牲品（他们不知道它会把他们引向何方），在学习数年后就把他们抛给社会，就不再关心他们。他们到哪儿去学习不知道的一切呢？他们能够给予社会什么保障呢？这个社会每天都在产生无觉悟者和残疾者。

必须团结所有群众，让他们永远团结在一起。应当教育群众并能够让他们经常接受教育。在第四层面上，社会应当帮助所有人，并提升所有人达到不断进化环境高度；甚至把人类提升到环境之上，为了能够让环境和自身一起提升。

请为和平而教育①

这个团体的会议本身，就将和平行动原则付诸实施，因为（可以说）和平不是人们的理性活动，而实际上是创造事业。

创造世界的力量也就是创造和平的力量。

全人类为共同幸福而工作，即使没有意识到，确实正在创造新世界，它应当是和平的世界。人们作出巨大努力，他们劳动过、发现过、研究过、忍受过（痛苦），人们的所有工作都将汇集并活在那个和平世界。

即使人们彼此争斗或者争斗过，即使他们彼此交战，即使他们分成相互对立阵营，他们仍在努力建设一个世界，那将是和平的世界。

人们实际上比显现出的要好。甚至，我看到特别善良、仁慈的人类，但美德和仁慈是在没有意识到的情况下实施的，这样，人类没有发现自己的善良和仁慈。可以说人们之间的争斗、彼此的不理解，是某种表面现象，当我们识破这种表面现象，就会发现全部人类历史上的巨大美德和牺牲。美德和牺牲被历史隐藏，不为人类所知。

真理有时显得矛盾。如果不存在这些明显矛盾，把握真理就不会如此困难。大家都在探索真理，因为真理藏而不露，却真实存在。人的心

---

① 1939 年 7 月 28 日，世界信仰团契在伦敦奈塞克斯厅举行报告会。这是蒙台梭利在会上所作报告。

教育与和平

灵生机勃勃，就靠这、探索真理的确定性。

在这个地球上，成人统治并分配财富，似乎人类真正不和。在远离尘世利益的宗教中，人们应当感到接近真理和现实，但这里也存在分歧。贵团体①宗旨是努力争取信仰和谐相处，证明所有信仰都希望相同东西和同样地爱。这就是在你们中间讲授使用所有可能宗教语言祈祷的原因所在，这些语言和表达方式是真正和谐一致的。贵团体的另一宗旨是让生活在地球上的所有人感到心心相印，能够以兄弟或朋友相称。

我们感受到这一真理和团结，谁又没有感受到呢？早在悠远过去，哲学家们和开始超越自己利益的人们，就曾感受到这一真理：人们能够以朋友相称，能够相互理解，能够彼此和睦相处。我们应当扪心自问：为什么通过学习变得更文雅、发现并创造美好事物的人们，彼此斗争更激烈呢？由于什么原因？这也是一个秘密。为什么在深层存在明显团结，但在表面只存在不和？因为（有人说）人们生活在世界中，应当适应这个世界，符合这个世界的要求。无疑，在世界的各个地方，人们彼此千差万别，每人都按截然不同的固定生活方式生活，从而并没有努力祈祷，进行逻辑推理，为了相互理解而采取志愿行动。然而，就没有一条新道路吗？或许没有新人，让我们对他们抱有希望？从宗教观点看，儿童是最强大的力量。无疑，他们和造物主之间存在交流，他们是造物主最显赫的作品。我们可以说：在人世间儿童最虔诚。

如果我们想要寻找纯粹的人，他们同样自由并远离任何哲学观念或任何政党，我们将会发现儿童就是这样中立的人。如果我们认为所有成人说话千差万别，我们也承认儿童先不说话，后准备说任何语言。由此可见，当我们探寻实现和平的道路时，儿童就是我们应当围绕的核心。为什么在呼吁和平大会上没有儿童队伍参加，如果儿童队伍出现在我们中间，潜在和平力量就存在他们身上，我们大家应当激活那种力量，我们应当赞赏他们，并向他们致敬。儿童作为和平导师出现在我们中间。我们应当欢迎他们，为了把握人类秘密，为了在他们那里发现美德的秘

---

① 指世界信仰团契。

密，那种美德在内心深藏，却被生活和行为所否定。令我们特别感兴趣的认识起源在那儿。

如果儿童是爱的导师，我们想想每个家庭都有儿童，在每个家庭爱的原则生机勃勃。当儿童在家中出现，母亲变得更美好，父亲变得更优秀。如果由于他们降生，就已创造爱的氛围，其后他们揭示成长规律，认真观察者就能发现人格伟大的根源。儿童拥有不可置疑的能力和智慧。他们心灵富有正义感，正如爱默生[①]所说，救世主总重返牺牲者中间，为了引导他们走向天国。

我们确信儿童能为我们做许多事，远比我们想为他们做得多。我们墨守成规、故步自封，而儿童让我们天天向上、奋勇直前。儿童导师印象如此强烈，使我们面前浮现儿童新形象（正如我们认为的那样）：不是瘦小枯干、体弱倒地、两臂下垂；而是挺拔站立、张开双臂，在呼唤人类。

---

① 爱默生（R.W.Emerson,1803—1882），美国散文家、思想家、诗人、演说家和19世纪美国超验主义文学运动领袖。

蒙台梭利生平著作年表

1870 年
8 月 31 日生于意大利安科纳省基亚拉瓦莱市。

1876 年
进入安科纳市圣尼科洛（San Nicolo）小学学习。

1883 年
进入罗马皇家米开朗琪罗技术学校学习。

1886 年
进入罗马皇家列奥纳多·达·芬奇技术学院学习。

1890 年
到罗马大学注册学习。

1892 年
转入罗马大学医学院学习。

1894 年
荣获罗利基金会奖（该奖每年只授予一位成绩优异的医科大学生）。

1896 年
罗马大学医学院毕业，成为意大利第一位女医科大学毕业生。到罗马大学医学院附属医院任临床助理医生。出席在柏林召开的国际妇女代表大会。

蒙台梭利生平著作年表

1897—1898 年

在诊断、治疗患精神疾病儿童时，对弱智儿童的治疗产生兴趣。广泛阅读塞甘和伊塔尔的著作。到罗马大学旁听教育学课程，认真研读卢梭、裴斯泰洛齐、福禄培尔的教育理论著作，对隆布罗索和塞尔吉的思想产生兴趣。与蒙台萨诺助理医生相爱；1898 年 3 月 31 日，儿子马里奥出生；但蒙台萨诺拒绝和蒙台梭利结婚。1898 年 9 月，在都灵召开的全国教师代表大会上，提出儿童智力缺陷主要是教育问题而不是医学问题。

1899 年

到罗马女子高等师范学院教授卫生学和人类学（直至 1917 年）。出席在伦敦召开的国际妇女代表大会，抨击资本家雇佣童工。

1900—1902 年

任罗马弱智儿童教育师范学校校长。离开校长职位后，到罗马大学哲学系学习哲学、教育学和实验心理学。在那不勒斯召开的第二届全国教师代表大会上，作关于弱智儿童特殊教育方法的报告。

1903 年

《隆布罗索理论和道德教育》在罗马出版。

1904 年

到罗马大学医学与自然科学系讲授人类学。

1906 年

参加争取妇女选举权的运动。到师范学校毕业生进修班讲授教育人类学（直至 1910 年）。

1907 年

应罗马不动产协会（Istituto Romano di Beni Stabili）会长之邀，在罗马圣洛伦佐贫民区创办第一所"儿童之家"。至 1909 年，在罗马建 4 所"儿童之家"，在米兰建 1 所"儿童之家"。

1908 年

出席在罗马召开的意大利妇女全国代表大会，作《教育中的性道德》报告。批判在生物学意义上女性比男性低下的偏见。

1909 年

成名作《应用于"儿童之家"幼儿教育的科学教育学方法》（以下简称《科学教育学方法》）出版。

1910 年

《教育人类学》在米兰出版。

1912 年

4 月，《科学教育学方法》英译本——《蒙台梭利方法》在美国出版。《科学教育学方法》法译本面世。

1913 年

《科学教育学方法》意文版第 2 版面世。《科学教育学方法》德译本、俄译本和波兰语译本出版。在罗马创办第一个蒙台梭利教师培训班，来自 17 个国家的学员由蒙台梭利亲自授课。应邀到美国讲学，受到热烈欢迎；杜威、爱迪生给予高度评价；威尔逊总统接见并宴请。

1914—1915 年

《蒙台梭利儿童教育手册》在伦敦出版。《科学教育学方法》日语、罗马尼亚语、爱尔兰语、西班牙语和荷兰语的译本出版。1915 年 8—11 月，第二次去美国讲学，在旧金山博览会上作示范教学，获巨大成功，坚信蒙台梭利教学法适用不同种族和文化的儿童。

1916—1917 年

先后到西班牙和荷兰讲学。《小学内自我教育》在罗马出版，这是《科学教育学方法》的续篇。《科学教育学方法》丹麦语译本出版。

1919 年

去英国讲学。在伦敦，隔年开设一期蒙台梭利教师培训班，每期历时半年，直至 1937 年。成立荷兰蒙台梭利学会，至 30 年代初，在荷兰 28 座城市，已建 200 多所蒙台梭利学校。

1920 年

去荷兰讲学，应邀在阿姆斯特丹大学讲演。

1922 年

《教堂内生活的儿童》在那不勒斯出版。

1923 年

首次去奥地利讲学。《家庭中的儿童》在维也纳出版。

1924 年

在罗马成立国家蒙台梭利事业促进会（Opera Nazionale Montessori），该会编辑发行《蒙台梭利理念》月刊，兴办蒙台梭利学校（至1927 年建成 70 多所）。

1926 年

去阿根廷讲学。《科学教育学方法》意文版第 3 版出版。

1929 年

8 月，国际蒙台梭利协会（AMI）在荷兰成立，蒙台梭利任协会主席。随后在一些国家成立分会。

1930 年

再次去奥地利讲学。

1932 年

开始出席在欧洲召开的关于和平的研讨会（直至 1937 年）。

1933 年

头两个月，辞去所有公职。

1934 年

4 月，法西斯当局下令撤销国家蒙台梭利事业促进会，关闭所有蒙台梭利学校，查禁蒙台梭利著作。蒙台梭利和马里奥被迫离开意大利前往西班牙。《心理算术》和《心理几何》在巴塞罗那出版。

1935 年

《科学教育学方法》意文版第 4 版出版。

1936 年

《家庭中的儿童》意文版面世。《童年的秘密》法文版在巴黎出版。

1938 年

《童年的秘密》意文版在瑞士出版。

1939 年

受印度神智学会邀请，并得到甘地和泰戈尔的支持，到印度各地办教师培训班，建蒙台梭利学校，直至 1946 年。

1944 年

去锡兰讲学并办蒙台梭利教师培训班。

1945 年

出席全印蒙台梭利大会。

1946 年

《为新世界而教育》在马德拉斯出版。从印度返回荷兰。去苏格兰讲学。

1947 年

应意大利共和国政府邀请重返祖国，参与重建国家蒙台梭利事业促进会和蒙台梭利学校的工作。在罗马出席"儿童之家"创办 40 周年纪念活动。国际教育学研究中心在佩鲁贾外国人大学成立。

1948 年

《如何教育潜在儿童》在马德拉斯出版。《从童年到青春期》出版。再次去印度讲学。

1949 年

去巴基斯坦讲学。《吸收性心智》在马德拉斯出版。《教育与和平》在米兰出版。出席在意大利圣霍莫召开的第八届国际蒙台梭利大会。应邀在联合国教科文组织总部讲演。被提名为"诺贝尔和平奖"候选人。

1950 年

到斯堪的纳维亚国家讲学。《发现儿童》(《科学教育学方法》第 5 版) 在米兰出版。

1951 年

出席在伦敦召开的第九届国际蒙台梭利大会。再次到奥地利讲学。

1952 年

建议国家蒙台梭利事业促进会编辑发行儿童教育理论月刊《儿童生活》。《儿童的心智（吸收性心智)》在米兰出版。5 月 6 日，因脑出血在荷兰诺德韦克逝世。

译 后 记

2002 年 11 月，我"荣升"为爷爷，开始关注幼儿教育问题，陆续购得一些蒙台梭利著作中译本阅读。然而，我发现这些译本均为转译本（根据英译本移译），所依据的蓝本过于陈旧，译文也不尽如人意。比如，不止一个中译本把 Iasnaja Poliana（雅斯纳亚·波利亚纳）译作亚斯拉加·波利尔，把大文豪列夫·托尔斯泰的故乡名，臆想成一位教育家，虚构出"亚斯拉加·波利尔在其教学法著作中"的奇文。为此，我萌生根据意大利语原版直接、系统翻译蒙台梭利主要著作的意愿。随后，我的计划得到人民出版社的大力支持，中文版《蒙台梭利文集》列入国家新闻出版总署"十一五"国家重点图书出版项目。

《蒙台梭利文集》翻译工作历时四年完成，我甚感欣慰；就像一位果农欣喜地看到，四年前栽下的杏树，经施肥、浇水、剪枝，终于结出果实。

虽然我小心谨慎、"步步为营"，但因原著涉及内容广泛，难免出现疏漏，切望读者赐教。

在《蒙台梭利文集》中译本即将付梓之际，我要感谢国际蒙台梭利协会（AMI）和意大利国家蒙台梭利事业促进会（ONM）的朋友们，没有他们的热情帮助，《蒙台梭利文集》中文版不可能问世。我不会忘记：AMI 主席罗伯弗罗伊德（Andre Roberfroid）先生就"文集"出版提出宝贵意见。在 ONM 工作的保拉（Paola Trabalzini）教授为我耐心、

译后记

细致地解惑答疑，还及时邮寄材料和书籍，使我顺利完成"译者序"和
"年表"的撰写工作。

田时纲

2014 年 1 月 27 日

责任编辑：张伟珍

封面设计：王春峥

责任校对：王　惠

图书在版编目（CIP）数据

儿童的心智　教育与和平 / ［意］蒙台梭利（Montessori, M.）著；
　田时纲译 . –北京：人民出版社．2014.2（2020.12 重印）
（蒙台梭利文集；5）

ISBN 978 – 7 – 01 – 012722 – 4

I. ①儿…　 II. ①蒙…②田…　 III. ①蒙台梭利（1870～1952）–
　儿童教育 – 教育思想　 IV. ① G610

中国版本图书馆 CIP 数据核字（2013）第 247457 号

蒙台梭利文集

MENGTAISUOLI WENJI

第五卷

儿童的心智　教育与和平

［意］蒙台梭利　著　田时纲　译

人民出版社 出版发行

（100706　北京市东城区隆福寺街 99 号）

北京汇林印务有限公司印刷　新华书店经销

2014 年 2 月第 1 版　2020 年 12 月北京第 3 次印刷
开本：710 毫米 × 1000 毫米 1/16　印张：20.5
字数：295 千字　印数：6,001 – 7,000 册

ISBN 978 – 7 – 01 – 012722 – 4　定价：50.00 元

邮购地址 100706　北京市东城区隆福寺街 99 号
人民东方图书销售中心　电话：（010）65250042　65289539